OEUVRES

COMPLÈTES

DE CARON DE BEAUMARCHAIS.

ŒUVRES

COMPLÈTES

DE PIERRE-AUGUSTIN

CARON DE BEAUMARCHAIS,

Écuyer, Conseiller-Secrétaire du Roi, Lieutenant général des Chasses, Bailliage et Capitainerie de la Varenne du Louvre, grande Vénerie et Fauconnerie de France.

> Ma vie est un combat.
> VOLT.

TOME SIXIÈME.

CORRESPONDANCE Ier.

A PARIS,

Chez LÉOPOLD COLLIN, Libraire, rue Gît-le-Cœur.

1809.

AVERTISSEMENT

DE L'ÉDITEUR,

Sur le Compte rendu par M. DE BEAUMARCHAIS aux Auteurs dramatiques (*).

Ce Compte fut rendu en 1780, par M. de Beaumarchais, dans l'assemblée des auteurs dramatiques ; ils l'avaient choisi depuis quatre ans pour être l'un de leurs commissaires et représentants perpétuels, afin d'arranger à l'amiable quelques différends qui s'étaient élevés entre eux et les comédiens depuis environ trente années.

Ce Compte peut être considéré comme l'un de ses mémoires ; aucun même ne montre mieux la lucidité de son esprit, la patience, la persévérance, la véracité, l'exactitude et la facilité qu'il apportait dans les affaires. Ce n'était point sa propre cause qu'il défendait dans celui-ci ; c'était celle des gens de lettres, l'intérêt du théâtre, celui du public. Il était en quelque sorte étranger à ces différends par sa position, par sa fortune, par sa conduite antérieure avec les comédiens ; il n'était mû que par le sentiment qui l'anima

---

(*) Ce Compte est déposé à la Bibliothèque impériale, avec quelques autres pièces qui y sont relatives.

toute sa vie, la passion de repousser l'injustice, de quelque part qu'elle vînt, soit qu'elle agît contre lui, soit qu'elle s'élevât contre un autre.

On se plaint, peut-être sans raison, que le théâtre dégénère. Si le fait est vrai, il importe d'en connaître les causes. Ce n'est pas manque d'auteurs : jamais on n'écrivit autant ; ce n'est pas faute d'acteurs : jamais la comédie française n'en eut un aussi grand nombre ; ce n'est pas faute de spectateurs : jamais on n'a plus fréquenté les divers théâtres.

Le genre noble, le seul utile, le seul qui donne de la gloire, est le seul qui semble négligé. Ce Compte que nous publions jettera peut-être quelque jour sur les motifs qui éloignèrent les esprits les plus féconds et les plus élevés qu'il y eut alors, d'une carrière si attrayante par les illusions les plus flatteuses.

Les théâtres d'Athènes et de Rome ont dégénéré long-temps avant d'être abolis : il y en eut aussi des causes ; elles furent très-différentes de celles qui nuisirent au théâtre de Paris, mais elles finirent par anéantir ces antiques théâtres.

Si quelque auteur, dans ces siècles de décadence, eût fait un ouvrage du genre de ce Compte rendu, il eût peut-être prévenu leur ruine. Nous saurions du moins pourquoi l'on se dégoûta de travailler dans le genre de Sophocle et d'Euripide, de Plaute et de Térence ; pourquoi l'on cessa de jouer les pièces de ces pères du théâtre dans des temps et dans des pays où l'on parlait encore leur langue ; pourquoi, au lieu des Roscius, on n'eut plus que des Bathilles et des Mimes, vils histrions qui inspirèrent un juste scandale aux premiers chrétiens, et dont l'indécence rendit pour jamais l'Église ennemie du théâtre, quoiqu'il fût destiné originairement, comme elle, à nous faire rougir de nos passions et à corriger nos mœurs.

Tout ce qui nuisit au théâtre français dans les temps dont je parle, ne se trouve point dans le Compte qui fut rendu aux auteurs dramatiques; on ne pouvait y traiter à fond toutes les causes qui troublaient la douce paix qui aurait dû toujours subsister entre des hommes qui ne peuvent se passer les uns des autres.

Depuis la rédaction de ce Compte, en 1780, la correspondance de M. de Voltaire avec MM. d'Argental, Thiriot et ses autres amis, a été imprimée et nous a révélé bien des choses qu'on ignorait à cette époque, mais qui toutes justifient ce qui est dit dans ce Compte au sujet des désordres de ce temps-là. Ce génie, qui soutint pendant quarante ans la gloire du théâtre, était très-mécontent de la troupe dont il avait fait la fortune et accru la célébrité; il ne pouvait faire jouer aucune de ses pièces sans en abandonner le bénéfice aux comédiens ou à quelqu'un d'entre eux; il était irrité de leur conduite, et se plaignait de leur ingratitude.

On voit encore dans cette correspondance que M. de Voltaire désirait ardemment que le roi permît d'ouvrir à Paris un second théâtre; qu'il invitait les auteurs à se réunir pour résister aux obstacles dont on hérissait leur carrière. On ne peut douter, en lisant ses lettres, que s'il eût vécu dans les jours de ces débats, il n'eût invité les auteurs à former une académie dramatique.

Les Académies, en rapprochant des hommes qui s'estiment, adoucissent souvent les aspérités du caractère, dissipent des préjugés que la diversité des opinions engendre quelquefois entre des hommes qui ne se sont jamais vus; elles font naître de l'amitié entre leurs membres, les engagent à se rendre justice et à se faire valoir mutuellement.

Les meilleurs esprits, fatigués des dégoûts qu'ils éprouvaient en travaillant pour la comédie française, de la perte du temps qui s'écoulait avant qu'on pût ou qu'on voulût jouer leurs pièces, cherchèrent d'autres occupations; les uns abandonnèrent entièrement la scène française. Piron porta ses talents à la farce dite *théâtre italien*; Le Sage, et d'autres auteurs, suivirent cet exemple.

Un misérable théâtre de la foire acquit de l'importance, et s'éleva par les travaux de quelques hommes dont les talents auraient fait, et ont fait même quelquefois, honneur à la scène française.

Favart mit de la régularité et de l'intérêt dans ce théâtre forain; Sedaine en augmenta la force et le charme; Marmontel y ajouta de l'énergie. Insensiblement ce théâtre prit une marche dramatique, pénétra dans la capitale, s'y domicilia, et devint enfin un rival doublement redoutable pour la comédie française.

Je dis doublement redoutable, car il leur enlevait de bons auteurs, et empêchait qu'il ne se formât de bons acteurs.

Avant l'existence de l'opéra comique, les théâtres de province étaient une école de déclamation. Préville, Brizard et mille autres comédiens s'y formèrent; mais depuis la création de cet opéra, ces théâtres devinrent une école de chant. Les directeurs préférèrent les jeunes gens qui avaient un peu de voix à ceux qui montraient un vrai talent pour la déclamation.

Ainsi les grands acteurs devinrent plus rares à l'époque où les auteurs d'un esprit étendu et flexible s'éloignaient de la scène française.

Ceux qui s'obstinèrent à suivre cette carrière ingrate souffrirent long temps, et finirent par se plaindre.

Le maréchal de Richelieu eut un moment la fantaisie de connaître le sujet de ces plaintes; il s'adressa à M. de Beaumarchais, qui, jouissant d'une grande fortune, et ayant toujours fait don de ses pièces à la comédie, n'avait aucun besoin d'en retirer un mince bénéfice. Ce maréchal, l'un des premiers gentilshommes de la chambre et l'un des plus anciens membres de l'Académie française, possédait tous les titres et toute l'autorité nécessaires pour être l'arbitre de ces différends et pour les appaiser : il ne fallait qu'être attentif et juste. De grandes affaires le détournèrent sans doute; mais de petites intrigues et des séductions, dont les plus grands hommes ne se défendent pas toujours, furent plus puissantes; et il avoua ingénûment qu'il n'avait jamais vu finir aucune affaire de ce genre.

A ces causes cachées et non avouées, il s'en joignit d'ostensibles.

La comédie française avait alors, à l'instar des plus grands seigneurs possesseurs d'un vaste domaine, un conseil d'avocats, quoiqu'elle n'eût point d'affaires domaniales qui demandassent la connaissance des coutumes et la discussion de droits antiques et peu connus, ou des intérêts bien compliqués.

La comédie s'était arrogé, il est vrai, des espèces de droits féodaux sur tous les petits théâtres dits *des boulevards*. Sous prétexte qu'ils lui enlevaient des spectateurs, elle avait obtenu que chacun de ces misérables tréteaux lui payerait une rétribution; elle avait acquis le droit plus singulier d'avoir la censure des pièces qu'on y représentait; et toutes les fois que le comédien censeur trouvait dans ces rapsodies une scène un peu passable, une situation vraiment comique, il la biffait et la retranchait impitoyablement, en alléguant pour tout motif que cette scène était bonne. Ainsi la comédie française, seigneur ou dame suzeraine de ces théâtres, devenait plus indifférente sur sa propre recette, et son répertoire s'enrichissait chaque jour de l'immense héritage des morts : elle en ménageait moins les auteurs vivants; autrefois ses pères nourriciers, ils n'étaient plus guère que des associés importuns qu'il fallait réduire à ne se nourrir, comme les dieux d'Homère, que de fumée et d'encens.

Cependant, car il faut être juste, les obstacles vinrent bien moins des comédiens que de leur conseil.

Ces hommes de loi, accoutumés à défendre et à détruire les prétentions, se piquèrent de faire triompher leurs clients, tantôt par leur éloquence, tantôt par leur astuce dans l'art de la chicane, et tantôt par leur crédit auprès du ministre; ils mirent de l'amour-propre à l'emporter sur le simple bon sens, la droiture naturelle et l'incurie de la plupart des auteurs, hommes isolés, studieux, ignorant les affaires, dénués d'intrigues, de crédit, de tous moyens d'obtenir justice ou protection.

L'un de ces avocats, vain de son élocution un peu verbeuse, quoique brillante, mit sa gloire à jouter contre l'esprit méthodique et calculateur de M. de *Beaumarchais*. S'il égarait la question, s'il captait la bienveillance des supérieurs, s'il surprenait une décision au ministre, la cause des auteurs était à jamais perdue. C'est là le secret de toute l'affaire.

Mais pourquoi les comédiens avaient-ils un conseil de plusieurs avocats? Pourquoi ce conseil craignait-il que, dans une discussion avec un auteur, les comédiens ne comparussent, comme les autres sociétés de commerce ou de finance, devant les tribunaux institués pour juger les causes des particuliers? Pourquoi les comédiens, dirigés par leurs avocats, fesaient-ils évoquer au conseil du roi leurs différends avec ceux qui leur fournissaient des pièces de théâtre, quand ils n'y fesaient pas évoquer leurs contestations avec les marchands qui leur fournissaient des objets bien moins essentiels à leur existence? Et pourquoi le Conseil du roi ne jugeait-il jamais aucune de ces sortes d'affaires?

Sans ce conseil d'avocats, les difficultés se seraient aplanies très-aisément, comme se dissipèrent en une seule séance celles qui s'élevèrent entre les acteurs de la comédie italienne et les auteurs qui travaillaient pour leur théâtre. Ces auteurs étaient du nombre de ceux qui ne pouvaient obtenir justice des comédiens français. Mais les italiens n'appelèrent point d'avocats; aucun homme de loi n'arma la chicane contre l'équité, ne mit son amour-propre à triompher de M. Sedaine, qui parlait pour tous. On n'écouta que la raison et la justice : on fut bientôt d'accord, et tout le monde, auteurs, acteurs, musiciens furent contents. Ce fut l'affaire de deux heures : les Gentilshommes de la chambre n'eurent pas même l'honneur d'intervenir dans cette pacification. Mais toutes les folies de ce temps-là ne sont aujourd'hui de nulle importance, et ne sont bonnes que pour ceux qui seront tentés un jour d'écrire l'histoire du théâtre quand il n'existera plus.

Dans nos jours d'une régénération totale, nous devons avoir pour l'avenir des vues plus vastes, plus importantes. Je ne doute même pas que tout ne soit changé à la comédie comme ailleurs ; que les sentiments n'y soient plus honnêtes, les agens plus probes, les comptes mieux apurés.

Le théâtre, objet de patriotisme et de religion chez le Grecs et chez les premiers Romains, dégénéré dans l'empire grec en un vil batelage, est devenu en France, depuis Corneille et Molière, un des objets de la gloire nationale.

L'art dramatique dans la tragédie élève l'ame, agrandit la pensée, enseigne à s'exprimer avec énergie et précision.

Dans la comédie, il apprend à connaître l'homme; il instruit les jeunes gens à fuir l'avarice, la prodigalité, le jeu, l'hypocrisie; s'il ne guérit pas les vicieux, il préserve les ames neuves de ces vices; il en retarde au moins les développements. Les sermons ne sont pas plus efficaces.

Mais, soit tragique ou comique, l'art dramatique a l'immense avantage de maintenir la pureté du langage; il en conserve l'accent et les inflexions; il tend même à le perfectionner.

Les théâtres, en se multipliant dans les provinces, ont fait connaître aux Languedociens, aux Provençaux, aux Gascons, aux Basques, aux Normands, aux Bas-Bretons, aux Alsaciens, comment on parle dans la capitale et à la cour.

Les chefs-d'œuvre de nos grands maîtres ont engagé à ouvrir des théâtres français dans presque toutes les capitales de l'Europe; ils ont étendu la langue française de la Méditerranée à la Baltique.

Les beaux vers de nos grands maîtres, entendus presque chaque jour par tant de milliers de personnes, sont le plus sûr préservatif contre la corruption de la langue; ils accoutument l'oreille à l'harmonie, à la correction du style, et forment la jeunesse à parler et à écrire purement.

L'homme d'État, jaloux de l'honneur national, avide de fortifier le caractère du peuple qui lui est confié, trouvant commode de traiter avec les étrangers dans la langue de son pays, ne verra point dans le théâtre un vain amusement, mais un instrument utile à ses grandes négociations et au progrès de l'esprit humain.

Il doit donc appréhender tout ce qui tend à détériorer l'idiome ; cet idiome dans lequel on a chanté en vers si magnifiques le passage du Rhin, les batailles d'Ivry, de Fontenoy, de Lawfelt, et destiné à célébrer un jour, dans des vers plus sublimes, les batailles plus mémorables des Pyramides, de Marengo, d'Austerlitz, d'Jena, d'Eylau, de Friedland, remportées dans tant de climats divers, et qui ont porté les aigles françaises dans des contrées où l'aigle romaine n'a jamais étendu son vol.

Quel héros, quel Français ne serait pas jaloux de conserver la langue du prince et des vainqueurs qui ont opéré tant de prodiges! Et lorsque les vers de Corneille, de Racine, de Voltaire, ont élevé le génie à une telle hauteur, accoutumé l'oreille à l'harmonie, l'esprit à bien juger, les auditeurs à se bien exprimer, à ne tolérer ni phrases louches, ni mot impropre, quel homme sensé ne verrait pas avec chagrin tout ce qui tendrait à dégrader le goût et le langage, à rabaisser l'esprit, à substituer le grâcieux au sublime, de petites compositions aux grandes conceptions du génie; et ne s'affligerait pas en voyant l'opéra comique et les petits théâtres envahir la capitale et les provinces, y porter le mauvais goût, y faire revivre les expressions vicieuses, et corrompre à la fois le style, la langue et les mœurs? Le grand opéra était moins dangereux. Quinaut et Jean-Jacques Rousseau ont parlé purement.

La musique exige, dit-on, qu'on lui sacrifie la langue, qu'on l'appauvrisse, qu'on la tronque, qu'on la torture, qu'on la détériore; elle donne je ne sais quel charme à tout ce qui est à peine ébauché, à tout ce qui est informe, sans plan et sans style. On se rapproche à son aide, et sans s'en apercevoir, des anciens mimes, et du pur batelage. Le grand opéra donne déjà aujourd'hui, avec succès, des ballets-pantomimes. N'est-ce pas l'exécution de ce plaisant projet, imaginé il y a cinquante ans, par des critiques malins qui ne songeaient qu'à rire lorsqu'ils proposèrent de faire un opéra sans paroles?

M. de Voltaire et tous les auteurs dramatiques ont toujours désiré que les préjugés n'écartassent pas de l'étude de la déclamation des jeunes gens bien nés, bien élevés et nourris de bonnes études. Ils ont toujours cru que des acteurs instruits par une bonne éducation, et formés aux bonnes mœurs, en seraient meilleurs comédiens, sentiraient mieux le prix des talents littéraires, et concourraient avec les auteurs à faire fructifier le bon goût.

Car, si les auteurs doivent bien écrire, les acteurs doivent bien prononcer. Ils sont spécialement chargés de conserver l'accent national, la pureté des tons, la douceur des inflexions, et, si j'ose le dire, la mélodie du discours. Ils devraient être considérés comme les disciples, j'ai pensé dire comme les apôtres de l'Académie française, destinés à répandre ses préceptes, et à les faire connaître à toutes les nations. J'ai entendu mademoiselle Clairon consulter des académiciens, je l'ai vue en suivre les conseils et n'en être que plus applaudie.

L'Académie maintient la langue écrite, et les acteurs doivent conserver la pureté de la diction, les bonnes locutions, les formes de la *langue verbale,* si cette expression peut être hasardée.

Sous ce point de vue, les acteurs acquerraient une juste considération : on priserait davantage l'utilité de leurs travaux ; ils se respecteraient plus eux-mêmes ; et sentant mieux le besoin de l'estime, ils se permettraient moins ce qui les dégrade.

Dans le dessein de rendre plus générale l'habitude de se bien exprimer, il serait nécessaire qu'il y eût à Paris au moins deux grands théâtres où l'on jouât les ouvrages tragiques et comiques de nos grands maîtres ; bientôt une noble émulation accroîtrait les talents de l'un et de l'autre.

Je ne sais même pourquoi, dans les provinces, où il est plus nécessaire encore qu'à Paris d'offrir les modèles d'une bonne prononciation, on n'introduirait pas l'usage de jouer chaque jour une pièce bien écrite avant de donner un opéra comique, ou telle autre farce.

Voilà le fond de ce qui se disait dans les assemblées des auteurs dramatiques ; et tandis que les comédiens et leurs avocats criaient contre nous et nos projets, qu'ils ne connaissaient point ; nous prêtaient des intentions qui n'étaient point les nôtres, nous ne songions qu'à écarter les préjugés, à faire honorer les acteurs, à faire fleurir le théâtre sous le double rapport de la composition et de la déclamation.

Si l'on m'objecte que les talents ne se multiplièrent point, que la tragédie ne fut pas jouée sur différents théâtres, lorsqu'il fut permis à tout le monde de la jouer, je demanderai ce qu'on pouvait obtenir dans ces temps de révolution où tous les talents pacifiques s'éteignaient? Je dirai que ce fut la faute des circonstances; qu'on joignit de puériles intrigues aux malheurs publics; qu'on aima mieux doubler la troupe des comédiens français que de laisser se former des talents sur d'autres théâtres; mais une troupe, fût-elle de cent acteurs, ne se fait entendre que dans un seul lieu, n'a point d'émulation, et ne compte pas un plus grand nombre de jours dans l'année pour ses représentations, que n'en compte une troupe de vingt-trois à vingt-quatre acteurs, telle qu'était l'ancienne. Elle jouerait peut-être plus de pièces diverses, mais aussi elle donnerait moins souvent les chefs-d'œuvre qui ont besoin d'être représentés fréquemment pour la conservation de l'idiome et la connaissance de l'art. La multiplicité des acteurs ferait que les talents de chacun d'eux seraient moins exercés; que la tradition des grands acteurs se perdrait; et que la décadence de l'art arriverait plus tôt.

Lorsque les talents manquent dans un genre quelconque, ce n'est jamais la nature qu'il en faut accuser. Elle prodigue toujours ses dons avec une égale abondance; elle produit, en renouvelant chaque génération, un nombre à peu près égal d'enfants de l'un et de l'autre sexe, et dans une proportion constante des sots et des gens d'esprit, des hommes robustes ou cacochimes, des femmes belles ou laides; mais elle ne met pas toujours les talents ou la beauté en évidence. Il y eut des temps où la cour n'avait pas une belle femme; la nature avait caché la beauté dans des cabanes : il en est ainsi du génie, il faut le chercher.

L'émulation, la considération, et je ne sais quel accueil flatteur dans la société ramèneraient au genre noble les esprits et le goût du public, qui semble s'en éloigner de plus en plus.

L'assemblée des auteurs offrait plusieurs avantages qui pouvaient concourir à le ranimer. Leurs conférences, comme celles des autres Académies, auraient prévenu bien des inconvénients, appaisé bien des divisions; on se respecte plus soi-même quand on veut faire respecter son corps, et qu'on ne veut point rougir devant ses collègues. L'estime de tous, nécessaire à chacun, eût réveillé les talents qui languissent dans l'isolement; elle leur eût donné plus de considération, et en eût donné aux comédiens, dont ils eussent vanté plus solennellement les talents et distingué ceux d'entre eux qui, joignant des vertus personnelles aux dons de la nature, se seraient montrés des hommes estimables. C'était un moyen doux de mille rapprochements précieux, et dont il ne pouvait résulter aucun mal. Jamais les Académies n'ont nui à aucun intérêt, et elles ont produit une foule de biens inestimables.

Pendant le peu de temps que les auteurs dramatiques se sont assemblés, les enfants de Nericault Destouches, et les petits enfants des filles de Racine se sont adressés à eux, comme on le verra par la lettre que M. de *Beaumarchais* adressa à la reine au nom des auteurs dramatiques. Quel recours pouvait être plus honorable? quel encouragement pouvait être plus efficace?

Ne recevant dans cette espèce d'Académie que des auteurs qui auraient eu quelque pièce jouée, c'était n'y admettre que des talents éprouvés, et même indiqués par les comédiens, puisque eux seuls étaient les juges des pièces qu'on leur présentait, et qu'ils étaient les maîtres de les recevoir ou de les rejeter.

Si ce corps eût pris quelque consistance, et s'il eût voulu publier des mémoires à l'instar des autres corps littéraires, les travaux ne lui auraient pas manqué; il avait à faire l'histoire de l'art dramatique chez tous les peuples qui l'ont cultivé, anciens et modernes; des observations sur tout ce qui peut en accroître les progrès; sur les passions théâtrales; sur la variété et la vérité des costumes; sur les rapports de la société avec l'art dramatique; sur la diversité des mœurs; sur la manière de construire des théâtres et de décorer la scène.

Ces recherches faites par les auteurs les plus instruits, et lues devant tous, auraient certainement étendu les idées, varié le spectacle, multiplié les plaisirs du public, augmenté l'instruction générale; car beaucoup de gens qui n'ont pas le temps de lire, n'acquièrent qu'en fréquentant le théâtre beaucoup d'idées, de connaissances, de principes, de morale et de conduite, qu'on n'apprend pas dans le cercle des compagnies frivoles où ils passent leur vie.

Une source puissante d'émulation qu'auraient eue la plupart des membres de ce corps, et qui eût concouru à perfectionner l'art d'écrire, était le désir d'être admis dans l'Académie française.

Ainsi, ce corps littéraire pouvait être d'une grande utilité et n'avoir aucun inconvénient; il ne pouvait nuire qu'à la paresse, à l'ignorance, à la sottise; et c'est, je crois, ce qui l'a empêché d'être constitué.

COMPTE RENDU

DE

L'AFFAIRE DES AUTEURS DRAMATIQUES

ET DES COMÉDIENS FRANÇAIS;

Par PIERRE - AUGUSTIN CARON DE BEAU-MARCHAIS, *l'un des Commissaires des Gens de Lettres, et chargé de leurs Pouvoirs.*

On répand dans Paris que, depuis quatre ans (1), je fais tous mes efforts pour entrer en procès avec la comédie française, parce qu'elle est injuste envers les auteurs; et moi, je vais montrer tout ce que j'ai tenté depuis quatre ans, pour éviter d'avoir ce procès avec la comédie, quoiqu'elle soit très-injuste envers les auteurs.

On ajoute avec un espoir malin, que je vais

(1) Une intrigue, un incident grave, enfin une accusation bizarre, expliquée dans le cours de cet ouvrage, a forcé la société des auteurs dramatiques d'exiger de l'un de ses commissaires, qui travaillait à la discussion de quelques points de l'arrêt du conseil du 12 mai 1780, demandée par le ministre, de changer le plan de son travail, et de justifier, avant tout, la conduite des auteurs et la sienne, en établissant clairement le principe et la loi

faire un mémoire fort plaisant contre les comédiens ; et parce qu'on rit quelquefois aux jeux du théâtre, on croit qu'il faut rire aussi des affaires du théâtre : on confond tout dans la société. Mais que les comédiens se rassurent ! le plus simple exposé de notre conduite réciproque, est le seul écrit qui sortira de ma plume ; il tiendra lieu de ce plaisant mémoire que je ne ferai point.

On dit aux foyers des spectacles, qu'il n'est pas noble aux auteurs de plaider pour le vil intérêt, eux qui se piquent de prétendre à la gloire. On a raison, la gloire est attrayante, mais on oublie que pour en jouir seulement une année, la nature nous condamne à dîner trois cent soixante-cinq fois ; et si le guerrier, l'homme d'état, ne rougit point de recueillir la noble pension due à ses services, en sollicitant le grade qui peut lui en valoir une plus forte, pourquoi le fils d'Apollon, l'amant des Muses, incessamment forcé de compter avec son boulanger, négligerait-il de

---

des droits d'auteur au spectacle ; en développant bien les usurpations de toute espèce que les comédiens n'ont cessé de faire sur ces droits ; les procédés pacifiques des auteurs pour en obtenir la restitution ; et tout ce qu'on a tenté, de l'autre part, pour conserver ces usurpations et les accroître encore. Le commissaire qui tient la plume a sous ses yeux toutes les pièces justificatives, et se fait un devoir de satisfaire en ces termes au désir de ses amis.

AUX AUTEURS DRAMATIQUES. 3

compter avec les comédiens? Aussi croyons-nous rendre à chacun ce qui lui est dû, quand nous demandons les lauriers de la comédie au public qui les accorde; et l'argent reçu du public, à la comédie qui le retient.

On prétend surtout qu'au lieu d'arranger l'affaire des auteurs, qui m'était confiée depuis quatre ans, je me suis rendu redoutable aux comédiens, et montré dur, injuste, intraitable, au point d'offenser personnellement messieurs les premiers gentilshommes de la chambre (*), qui se portaient conciliateurs. Ce dernier trait m'oblige à ne composer mon récit que des lettres et réponses de chacun, c'est-à-dire, à réduire l'affaire aux seules pièces justificatives.

Si cette façon d'exposer les faits est sèche, sans

(*) Les quatre premiers gentilshommes de la chambre du roi, chargés de l'administration des théâtres, étaient alors:

M. le maréchal duc de Richelieu, } l'un et l'autre de l'A-
M. le maréchal duc de Duras,   } cadémie française;
Le duc d'Aumont,
Le duc de Fleury.

Il y avait aussi des intendants des menus plaisirs et affaires de la chambre du roi, tels que MM. de La Ferté et Des Entelles, qui, sous ces quatre premiers gentilshommes, dirigeaient les détails des spectacles de la cour.

Il semble qu'avec de tels chefs aucun désordre n'aurait dû s'introduire:

Mais à l'humanité, quelque parfait qu'on fût,
Toujours par quelque faible on paya le tribut.

grâce, et peu propre à soutenir l'attention du lecteur, au moins n'en est-il aucune aussi propre à montrer qu'après m'être assuré du bon droit des auteurs, je suis depuis quatre ans un modèle de patience devant les comédiens, et ma conduite, un effort de conciliation devant leurs supérieurs.

A la vérité, mes confrères n'auront pas en moi l'avantage d'un défenseur aussi éloquent que M⁰ Gerbier, qui conseille et dirige, et défend les comédiens; mais la cause des auteurs est si juste, qu'elle n'a pas besoin de prestige. Des principes bien posés, des faits accumulés, une discussion exacte, un peu de saine logique, il ne faut pas d'autre éloquence à la vérité.

Procédés des Auteurs envers les Comédiens; Droits des Auteurs usurpés par les Comédiens;

Telle est ma division. Si mes confrères, instruits des vues dans lesquelles je fais cet exposé, le reconnaissent exact, ils en signeront la conclusion. Si les comédiens y trouvent à reprendre, ils nieront les faits ou disputeront sur les conséquences; alors nous espérons que le roi, bien informé du véritable état d'une question que tant de gens ont intérêt d'obscurcir, daignera nous juger dans son conseil, ou nous renvoyer aux tribunaux établis par lui-même pour veiller sur la propriété des citoyens : ce qui nous est également avantageux.

PREMIÈRE PARTIE.

PROCÉDÉS DES AUTEURS ENVERS LES COMÉDIENS.

(En 1776.) Fatigué, peut-être humilié de voir que d'interminables débats sur l'état et les droits des auteurs dramatiques, aigrissaient depuis trente ans les gens de lettres contre les comédiens français, je regrettais qu'un bon esprit n'eût pas eu le courage d'étudier la question ; qu'on n'eût pas essayé tous les moyens de poser de meilleures bases à des droits, toujours contestés parce qu'ils n'étaient jamais éclaircis.

Il venait de paraître un mémoire imprimé de M. de Lonvay de la Saussaye, auteur de *la Journée Lacédémonienne*, dont l'objet était d'obtenir justice des comédiens français. Ils avaient, disait-il, cessé de jouer sa pièce avant qu'elle fût dans l'état fâcheux qu'on nomme à la comédie, *tombée dans les règles*, c'est-à-dire, en français, avant qu'elle fût tombée à une certaine somme de recette, au-dessous de laquelle les comédiens se croyent en droit d'hériter des auteurs vivants, et de s'emparer de la propriété de leurs ouvrages : procédé qui n'est pas tout-à-fait dans les règles ordinaires. M. de la Saussaye citait, avec amertume, un compte à lui fourni par les comédiens pour les *cinq* représentations de sa pièce, et ce compte finissait ainsi :

« Partant, pour son droit acquis du *douzième* » de la recette des *cinq* représentations de sa » pièce, l'auteur redoit la somme de 101 livres » 8 sous 8 deniers à la comédie. »

C'était encore là, s'il faut l'avouer, l'établissement d'une étrange règle : un pareil résultat avait eu de quoi surprendre l'auteur ; j'en fus frappé moi-même en lisant son mémoire. En effet, il était bien difficile de supposer un calcul raisonnable, en vertu duquel une pièce *ayant rapporté plus de* 12,000 *liv. de recette* à la comédie, *en cinq représentations*, pouvait ne rendre à l'auteur d'autre fruit, que l'honneur de payer 101 livres aux comédiens pour son droit de partage dans le produit de la recette.

En ce temps là, les comédiens français avaient refusé, de leur seule autorité, les entrées du spectacle à M. Mercier, auteur d'une pièce reçue. Il y avait eu sur ce fait protestations formées, procès entamé, mémoires répandus, évocation au conseil du roi; surtout beaucoup d'aigreur entre les parties.

M. De Belloy, disait-on, n'ayant d'autre ressource que son beau génie, était mort de chagrin des cruels procédés des comédiens.

M. Collé, auteur de *la Partie de Chasse*

d'Henri IV, de *Dupuis et Desronais*, et d'autres charmants ouvrages, outré de la conduite des comédiens à son égard, venait d'abandonner absolument le théâtre ; et c'était une grande perte.

M. de La Harpe, M. Le Blanc, M. de Sauvigny, M. de La Place, M. Cailhava, M. Sedaine, M. Renou, et presque tous les auteurs, se plaignaient hautement des comédiens ; c'était un cri général dans la littérature.

Tous assuraient que la comédie les trompait de plus de moitié, dans le compte qui leur était rendu de leur droit du neuvième sur une recette atténuée à leur seul préjudice, par une foule d'entrées et d'abonnements abusifs ; par la création des petites loges plus abusives encore ; par la répartition léonine de l'impôt appelé *quart des pauvres ;* par l'accroissement arbitraire de prétendus frais du spectacle ; par le haussement illégal et subit de la somme à laquelle les pièces *tombaient dans les règles ;* par des compensations obscures et ruineuses, entre les frais journaliers et la recette des petites loges ; par l'énorme abus de ne montrer qu'une recette partielle, au lieu du produit entier du spectacle, quand il s'agit de faire perdre aux auteurs la propriété de leurs ouvrages ; et surtout, par l'impossibilité de jamais obtenir un compte en règle, et clairement posé par la comédie : tous autant d'abus qui avaient enfin réduit ce triste droit du neuvième des auteurs, à moins du vingtième effectif.

M. le maréchal de Richelieu, frappé de tout ce bruit, et désirant enfin connaître à qui l'on devait imputer tant de rumeurs et de réclamations, me fit l'honneur, en me remettant les réglements anciens et nouveaux de la comédie, de m'inviter à bien étudier la question, à tâcher d'éclaircir les faits, et de rapprocher les esprits, ou tout au moins, à lui faire part de mes découvertes et du moyen que je croirais propre à terminer ces débats : il me fit la grâce d'ajouter qu'il m'en parlait comme à un homme capable de faire une discussion exacte, et de porter un jugement sain sur les prétentions de chacun. Il crut même avancer l'affaire, en écrivant aux comédiens de me *communiquer* leurs livres *de recette et dépense de plusieurs années;* mais ce fut ce qui la recula.

Les comédiens, indignés, refusèrent net la communication des registres, et me dirent que *la lettre de M. le maréchal ne me donnait aucun droit d'examiner leurs livres d'intérêts, auxquels il était aussi étranger que moi.*

Que cela fût juste ou non, je me retirai, je rendis les réglements à M. le maréchal, et lui promis de saisir la première occasion que mes ouvrages me donneraient de compter avec les comédiens, pour examiner sérieusement qui avait tort ou raison. Je gardai le silence; et quant aux querelles que je devais appaiser sous ses auspices, elles continuèrent avec aigreur comme par le passé.

Pendant ce temps, on avait joué trente-deux fois *le Barbier de Séville* : vrai badinage, et la moins importante des productions théâtrales. Mais comme il s'agissait pour moi d'en discuter le produit et non le mérite, je fis bon marché de ma gloire aux journalistes, et me contentai de demander un compte exact aux comédiens.

Ces derniers, de qui je n'en avais jamais exigé pour mes précédents ouvrages, furent peut-être alarmés de me voir solliciter celui du *Barbier de Séville*. On craignit que je ne voulusse user d'un droit incontestable, pour compulser ces registres si durement refusés, et déterminer enfin si les plaintes des auteurs étaient fondées ou chimériques.

Ma demande existait depuis six mois (novembre 1776); j'en parlais souvent aux comédiens. Un jour, à leur assemblée, l'un d'eux me demanda si mon intention était de donner ma pièce à la comédie, ou d'en exiger le droit d'auteur. Je répondis en riant, comme Sganarelle : Je la donnerai si je veux la donner, et je ne la donnerai pas si je ne veux pas la donner; ce qui n'empêche point qu'on ne m'en remette le décompte; un présent n'a de mérite, que lorsque celui qui le fait en connaît bien la valeur.

Un des premiers acteurs insiste et me dit : Si vous ne la donnez pas, monsieur, au moins dites-nous combien de fois vous désirez qu'on la joue encore à votre profit, après quoi elle nous appartiendra. — Quelle nécessité, Messieurs, qu'elle vous appartienne! — Beaucoup de MM. les auteurs font cet arrangement avec nous. — Ce sont des auteurs inimitables. — Ils s'en trouvent très-bien, Monsieur; car s'ils ne partagent plus dans le produit de leur ouvrage, au moins ont-ils le plaisir de le voir représenter plus souvent : la comédie répond toujours aux procédés qu'on a pour elle; voulez-vous qu'on la joue à votre profit encore six fois, huit fois, même dix ? parlez.

Je trouvai la proposition si gaie, que je répondis sur le même ton : Puisque vous le permettez, je demande qu'on la joue à mon profit mille et une fois. — Monsieur, vous êtes bien modeste. — Modeste, Messieurs, comme vous êtes justes! Quelle manie avez-vous donc d'hériter des gens qui ne sont pas morts? Ma pièce ne pouvant être à vous qu'en tombant à une modique recette, vous devriez désirer, au contraire, qu'elle ne vous appartînt jamais. Les huit neuvièmes de cent louis ne valent-ils pas mieux que les neuf neuvièmes de cinquante? Je vois, Messieurs, que vous aimez beaucoup plus vos intérêts que vous ne les entendez. Je saluai en riant l'assemblée, qui souriait aussi de son côté, parce que son orateur avait un peu rougi.

Depuis, j'ai été instruit que la comédie fesait cette proposition à presque tous les auteurs dramatiques.

Enfin (le 3 janvier 1777), je vis arriver chez moi M. Desessarts, le comédien : il me dit avec la plus grande politesse (car on le lui avait bien recommandé) que ses camarades et lui, désirant que je n'eusse jamais de plaintes à former contre la comédie, m'envoyaient 4,506 liv. qui m'appartenaient pour mon droit d'auteur sur trente-deux représentations du *Barbier de Séville*. Aucun compte n'étant joint à ces offres, je n'acceptai point l'argent, quoique le sieur Desessarts m'en pressât le plus poliment du monde (car on le lui avait fort recommandé).

Il y a beaucoup d'objets, me dit-il, sur lesquels nous ne pouvons offrir à MM. les auteurs qu'*une cote mal taillée*. Ce que je demande à la comédie, beaucoup plus que l'argent, lui répondis-je, est *une cote bien taillée*, un compte exact, qui puisse servir de type ou de modèle à tous les décomptes futurs, et ramener la paix entre les acteurs et les auteurs. Je vois bien, me dit-il, en secouant la tête, que vous voulez ouvrir une querelle avec la comédie. — Au contraire,

Monsieur; et plaise au dieu des vers que je puisse les terminer toutes à l'avantage égal des parties! Il remporta son argent.

Et le 6 janvier 1777, j'écrivis aux comédiens français la lettre suivante.

« Ne portez point d'avance, Messieurs, un faux
» jugement sur mon intention, qui est très-bonne,
» et laissez-moi dire un moment ; vous serez
» contents de ma logique.

» M. Desessarts est venu m'offrir obligemment,
» de votre part, une somme de quatre mille et
» tant de livres, qui, dit-il, me sont dues pour
» ma part d'auteur du *Barbier de Séville*. Grand
» merci, Messieurs, de cette offre ; mais avant
» de l'accepter, je désire savoir exactement com-
» ment s'opère à la comédie française le compte
» de cette rétribution fixée, par un ancien usage,
» au neuvième de chaque recette, et qui a sou-
» vent excité des murmures et de sourdes récla-
» mations parmi les gens de lettres.

» Ce compte à rendre n'a occasionné tant de
» débats entre les auteurs et les comédiens, que
» parce que la question n'a peut-être jamais été
» bien posée. Il n'est pas indigne d'un homme de
» lettres qui s'intéresse à leur avancement, de
» la discuter paisiblement avec vous, Messieurs.
» Voici comment je la conçois.

» Tout auteur dont la pièce est acceptée, fait

» avec les comédiens une entreprise à frais et à
» bénéfices communs, dont la livre, en termes
» de négociants, est de *neuf sous*, les frais équi-
» tablement prélevés et convenus entre les parties.
» Les comédiens prennent *huit sous* dans le bé-
» néfice, et le *neuvième reste net* à l'auteur. Ce
» n'est point ici le cas d'examiner si cette affaire
» est utile ou dommageable aux gens de lettres;
» aussi long-temps qu'elle subsiste, ils n'ont droit
» d'en exiger que l'exactitude. Voilà toute l'affaire
» en trois mots.

» Ce principe une fois posé, il reste fort peu de
» choses incertaines et soumises à la discussion
» des auteurs. Qu'ont-ils à demander en effet à
» la comédie? Le nombre de représentations de
» l'ouvrage qui est le fonds de la société, et le
» produit net de chaque séance : ce produit se
» compose de deux espèces de recettes, celle qui
» se perçoit casuellement à la porte, et celle que
» produit fixement l'affermage annuel d'une
» partie des loges de la comédie. La première
» recette est écrite au grand livre du receveur,
» jour par jour; il ne peut y avoir sur cet article
» d'erreur imputable aux comédiens : ils per-
» draient, comme les auteurs, si le caissier était
» infidèle. On doit croire qu'ils y veillent cons-
» tamment.

» La seconde recette, connue sous le nom de

» *petites loges*, est également sans erreur, et rentre
» aussi dans le produit net de chaque séance au
» profit de la société. Ceux qui les louent et qui
» jouissent du travail de l'auteur et des comé-
» diens, fournissent une partie fixe et connue de
» la recette journalière, qui doit se partager
» entre les comédiens et l'auteur pendant toute
» la durée de l'ouvrage mis en société, ce qui
» n'entraîne aucune difficulté pour le compte. Il
» suffit de bien connaître le produit annuel de
» cet affermage de loges, et le nombre rond des
» séances annuelles de la comédie, pour extraire
» facilement la recette journalière de ces loges
» de leur location annuelle, et la porter au profit
» de la société autant de fois que l'ouvrage en
» question a été représenté. Ce n'est là, comme
» vous voyez, qu'une opération très-simple d'a-
» rithmétique.

» Quant aux frais, ils ne me paraissent pas plus
» embarrassants à fixer que la recette, et doivent
» se partager avec la même équité. Les plus res-
» pectables de tous, sont l'impôt levé sur le spec-
» tacle en faveur des pauvres : il est hors de toute
» conteste; car il se forme du prélèvement net
» d'un quart de la recette annuelle et journalière.
» Cette double recette une fois connue, chaque
» représentation fait supporter à la société le
» quart des deux recettes en dépense; point de

difficulté. — Ou bien cet impôt se forme d'un
» arrangement annuel à bail et fixé, qui le mo-
» dère au profit de la société; point de difficulté
» encore.

» En supposant, par exemple, que cet impôt
» fût annuellement fixé à 60 mille francs, il n'y
» aurait autre chose à faire qu'à recommencer
» l'opération expliquée ci-dessus pour les petites
» loges; c'est-à-dire, former un nombre rond de
» toutes les séances de la comédie dans le cours
» de l'année; lesquelles, supportant en somme
» l'impôt de 60 mille liv., donneraient facilement
» l'impôt journalier de chaque représentation,
» que la société doit alors supporter au marc la
» livre des conditions sous lesquelles elle sub-
» siste; et vous sentez combien cela est simple.

» A l'égard des frais journaliers du spectacle,
» ils sont fixés par un arrêt du conseil qui fait loi.
» Mais comme il n'est pas juste que les comédiens
» soient plus lésés que les auteurs dans une entre-
» prise commune, si les frais montent réellement
» plus haut que leur *fixation* par cet arrêt où
» les comédiens seuls ont été consultés, cet objet
» mérite un examen sérieux et non une cote mal
» taillée; en pareil cas, un calcul rigoureux me
» paraît préférable à l'équivoque, à l'incertitude
» qui subsiste entre une grâce que l'auteur ne doit
» pas recevoir de la comédie, et une injustice que

» les comédiens ne doivent pa
» lui faire.

» A ma façon nette d'exposer les choses, vous
» devez voir, Messieurs, que mon intention n'est
» point du tout d'élever un différend entre la co-
» médie et moi; mais de faire tomber une bonne
» fois le reproche tant répété, d'une prétendue
» lésion faite aux auteurs par les comédiens : opi-
» nion qui ne subsiste apparemment que faute
» de s'être bien entendus en terminant chaque
» société particulière.

» Je vous prie donc, Messieurs, de vouloir bien
» m'envoyer le relevé des articles ci-dessous, sur
» lesquels je vérifierai, à tête reposée, la justesse
» ou l'erreur de la somme qu'on me propose; je
» vous enverrai mon calcul et son résultat à vous
» seuls et sans bruit, pour que vous y opposiez à
» votre tour vos observations, auxquelles j'aurai
» les mêmes égards que je vous demande pour les
» miennes, comme cela doit être entre honnêtes
» gens qui terminent un compte exact et de bonne
» foi.

» Envoyez-moi donc :

» 1º Le nombre des représentations qu'à eu *le*
» *Barbier de Séville ;*

» 2º La recette casuelle de chaque représen-
» tation ;

» 3° Le prix de l'affermage annuel des petites
» loges;

» 4° Le prix des abonnements annuels et per-
» sonnels;

» 5° Le prix de l'arrangement annuel et fixe de
» l'impôt en faveur des pauvres;

» 6° La fixation des frais journaliers par le der-
» nier arrêt du conseil;

» 7° L'état exact des augmentations journa-
» lières que vous croyez juste de faire entrer dans
» les frais supportés par la société.

» Si quelqu'objet exige conférence ou com-
» pulsation des registres, je conférerai volontiers
» avec les gens chargés de votre confiance, et
» je compulserai les registres avec eux.

» Puisse, Messieurs, cette façon honnête de
» procéder, terminer à jamais les querelles entre
» les auteurs et les comédiens! Puisse le résultat
» qui en va sortir, servir de base aux traités
» subséquents! Et vous, Messieurs, conservez-
» moi votre amitié, dont je fais autant de cas
» que j'estime vos talents. Le public souffre de
» nos éternelles divisions; il est temps qu'elles
» finissent, et c'est l'affaire d'une bonne expli-
» cation.

» J'ai l'honneur d'être, etc.

Signé CARON DE BEAUMARCHAIS.

Mes intentions pacifiques étaient si bien expliquées dans cette lettre, que la comédie ne dût point s'y tromper : mais, occupée d'objets plus graves, elle oublia de me répondre ; et le bruit courut à Paris qu'après avoir refusé l'argent des comédiens, je les avais traduits en justice. On voit qu'il n'en était rien. Pour rassurer mes débiteurs qui pouvaient le craindre, je leur écrivis, le 19 janvier 1777, la lettre suivante :

« Tout le monde me dit, Messieurs, que je
» suis en procès avec la comédie française. On
» suppose apparemment qu'il en est du tracas de
» la vie, comme des plaisirs du spectacle ; et
» qu'un petit procès doit me délasser d'un grand,
» ainsi que Patelin détend l'ame après Polieucte.
» Il est vrai que j'ai eu l'honneur de vous écrire,
» il y a treize jours, sur *le Barbier de Séville*,
» et que je n'ai pas reçu de réponse de vous ; mais
» un mécontentement, Messieurs, n'est pas plus
» un procès que cette seconde lettre ne ressem-
» ble à un exploit. Laissons jaser les oisifs. Si
» quelque difficulté dans les calculs suspend
» l'envoi de notre compte, ayez la bonté de me
» faire passer seulement les relevés très-simples
» que je vous ai demandés, je le ferai moi-même
» ce compte, et je vous promets de le faire
» promptement ; car les malheureux auxquels
» je destine cet argent, meurent de froid, en

» dévorant d'avance ce que je leur donnerai
» dans un mois.

» J'ai l'honneur d'être, avec tous les senti-
» ments d'estime et d'amitié que vous me con-
» naissez, etc.

Signé CARON DE BEAUMARCHAIS.

Cette seconde lettre eut à peu près l'effet que j'en attendais, c'est-à-dire, que la comédie m'envoya un simple bordereau que je ne demandais point, et garda pour elle les éclaircissements que je lui demandais. Une lettre de M. Desessarts, pour lui et ses camarades, accompagnait le bordereau.

20 janvier 1777.

« MONSIEUR,

» Nous avons l'honneur de vous envoyer *le*
» *bordereau de compte du* Barbier de Séville,
» *suivant l'usage observé par la Comédie avec*
» *Messieurs les auteurs.* L'argent est tout prêt.
» Mandez-nous si vous souhaitez qu'on vous
» l'envoie, ou si vous aimez mieux l'envoyer
» prendre. Permettez-nous de nous dire, avec
» toute la considération possible,

» Monsieur, vos très-humbles et très-
» obéissants serviteurs.

Signé DESESSARTS, pour les semainiers et ses autres camarades.

En examinant un bordereau sans signature de personne, et dont le résultat, toute balance supposée faite, offrait pour droit d'auteur, de trente-deux représentations de ma pièce, 4506 liv. 14 s. 5 den; en le comparant avec la phrase de la lettre qui disait, *que ce bordereau de compte était fait suivant l'usage observé par la comédie avec Messieurs les auteurs*, je conclus, ou qu'on avait oublié de signer celui-ci, ou que les gens de lettres avaient eu grande raison de se plaindre de cette façon légère de compter avec eux. Je répondis aux comédiens, en leur renvoyant le bordereau, le 24 janvier 1777 :

« J'ai reçu, Messieurs, l'état que vous m'avez
» envoyé des frais et produits du *Barbier de Sé-*
» *ville*, avec la lettre polie de M. Desessarts, qui
» l'accompagnait; je vous en fais mes remercî-
» ments : mais vos préposés aux relevés qui for-
» ment cet état, ont oublié de le certifier véri-
» table, et sans cette précaution, vous sentez
» que tout état est plutôt un aperçu qu'un compte
» en règle. Je vous serai fort obligé de vouloir
» bien le faire certifier et me le renvoyer. M. De-
» sessarts, qui fut praticien public avant d'être
» comédien du roi, vous assurera que ma de-
» mande est raisonnable.

» Pour faire cesser le mauvais bruit qui court
» d'un procès idéal entre nous, vous devriez,

AUX AUTEURS DRAMATIQUES.

» Messieurs, mettre sur votre prochain réper-
» toire *le Barbier de Séville* : c'est le plus sûr
» moyen de discréditer les propos, et de nous
» venger innocemment de vos ennemis et des
» miens. J'ai l'honneur d'être, etc.

Signé CARON DE BEAUMARCHAIS.

Et le 27 janvier étant arrivé, sans que j'eusse aucune réponse à ma lettre, je craignis que mon paquet ne se fût égaré, ou que tous les écrivains de la comédie ne fussent malades. J'envoyai donc un exprès, avec ordre de remettre au semainier la lettre suivante.

« Pardon, Messieurs, de mon importunité ;
» ce n'est qu'un mot : avez-vous reçu ma lettre
» enfermant notre compte, que mon domestique
» assure avoir remise au suisse de la comédie,
» le 24 de ce mois? Comme il ne faut qu'un
» moment pour certifier véritable un compte au-
» quel on a mis tout le temps nécessaire, et
» que voilà trois jours écoulés sans qu'il me
» soit revenu, j'ai craint que la négligence ou
» l'oubli n'eût empêché ce paquet de vous par-
» venir. Je vous prie de vouloir bien éclaircir
» ce fait, et me renvoyer votre état certifié : je
» le recevrai par ce même exprès qui a l'ordre
» d'attendre.

» Je suis malade; on m'interdit pour quelques
» jours les affaires sérieuses; je profiterai de ce
» loisir forcé pour m'occuper de celle-ci, qui ne
» l'est point du tout.

» Je vous demandais aussi, par ma lettre, d'ou-
» vrir une fois cette semaine la boutique peinte
» en bleu de notre Figaro; cela ne ferait point
» mal du tout. On s'obstine à vouloir que nous
» soyons en procès; il serait assez gai de prouver
» ainsi aux bavards qu'il n'en est rien, et que
» vous ne cessez point, comme on le dit, de
» jouer les pièces aussitôt qu'il est question de
» leur produit.

» Je suis avec considération, votre, etc.

Signé Caron de Beaumarchais.

Je m'étais trompé sur le motif du silence; il ne venait que de l'embarras de certifier un compte, aux données duquel la comédie n'avait pas plus de confiance que moi; si je m'en rapporte à sa réponse, qui fut guirlandée d'autant de signatures obligeantes, que le bordereau en avait peu, elle portait le nom de dix membres de la comédie. La voici :

« Monsieur,

» Le compte qui vous a été envoyé peut bien
» être certifié véritable, pour le produit des re-

AUX AUTEURS DRAMATIQUES. 23

» celles de la porte, de chaque représentation,
» parce qu'elles sont constatées.

» Quant au produit des petites loges, on ne
» peut vous en donner qu'un aperçu, cette re-
» cette étant susceptible de variation à tous mo-
» ments, soit par la retraite ou la mort de diffé-
» rents locataires qui ne louent point tous par
» bail, soit pour les non-valeurs, pour raison de
» ceux des propriétaires qui ne payent point;
» soit en raison des saisons, puisqu'il est notoire
» qu'il y a moins de locations l'été que l'hiver, et
» que votre pièce a été jouée dans l'un et l'autre
» temps. Il en est de même des frais journaliers,
» qui ne peuvent non plus être les mêmes tous les
» jours; ils varient nécessairement à chacune des
» représentations en raison du choix des pièces.
» Vous voyez par là, Monsieur, que l'on ne peut
» vous donner de compte que par aperçu, et
» faire, comme on dit, une *cote mal taillée*. Au
» reste, la comédie ne pense point comme le pu-
» blic, et ne sait d'où vient le bruit du procès que
» l'on suppose entre nous.

» Si vous désirez, Monsieur, de plus amples
» éclaircissements, la comédie se fera un plaisir
» et un devoir de vous les procurer. Rétablissez
» votre santé qui nous intéresse; croyez que nous
» donnerons votre pièce au premier moment que
» nous pourrons, et faites-nous l'honneur de nous

» croire avec toute la considération et l'estime
» possibles,

» Monsieur, vos très-humbles et très-obéissants
» serviteurs, tant pour nous que pour nos
» camarades.

(Ce 27 janvier 1777.)

Ainsi *signé* Le Kain, Préville, Drouin, Desessarts, Du Gazon; Mesdames Préville, Du Gazon, Suin, Luzzi et de La Chassagne.

Le ton affectueux de cette lettre m'ayant absolument gagné le cœur, je résolus de tirer la comédie de l'embarras où l'ignorance des affaires la mettait à mon égard; et, toujours plein du désir de fixer le sort des auteurs à l'amiable, par l'exemple du mien, j'envoyai le 28 janvier, aux comédiens, la lettre instructive qui suit :

« En lisant, Messieurs, la lettre obligeante dont
» vous venez de m'honorer, signée de beaucoup
» d'entre vous, je me suis confirmé dans l'idée que
» vous êtes tous d'honnêtes gens, très-disposés à
» faire rendre justice aux auteurs; mais, qu'il en
» est de vous comme de tous les hommes plus
» versés dans les arts agréables qu'exercés sur
» les sciences exactes, et qui se font des fantômes
» et des embarras d'objets de calculs que le moin-
» dre méthodiste résout sans difficulté.

» Par exemple, il est de règle que tout compte
» entre associés doit être d'une exactitude rigou-
» reuse, et que rien de problématique n'y peut
» être admis. Cependant, à la demande très-
» simple que je vous fais de certifier l'état que
» vous m'avez envoyé, vous me répondez que
» *l'on peut, à la comédie, certifier véritable le*
» *produit des recettes de la porte, parce qu'il est*
» *constaté chaque jour;* mais que, *quant au*
» *produit des petites loges, on ne peut en don-*
» *ner qu'un aperçu, cette recette étant suscep-*
» *tible de variation à chaque moment, soit par*
» *mort ou par retraites, non-valeurs, mortes*
» *saisons,* etc. Ici vous proposez *une cote mal*
» *taillée :* je ne la vois pas juste, et voici mon
» observation.

» Votre raisonnement, Messieurs, aurait toute
» sa force, si je vous demandais une évaluation
» exacte du produit futur des petites loges ; mais
» vous savez tous que s'il y a quelque chose d'é-
» ventuel ou d'incertain dans cette location, pour
» les années prochaines, la recette de ces mêmes
» petites loges, pour le cours des années passées,
» est aussi certainement arrêtée et connue au-
» jourd'hui, que celle du parterrre et des grandes
» loges pour les mêmes années.

» Certes, il n'est pas plus difficile à votre
» comptable de relever, sur les livres de 1775

« et 1776, le produit exact des loges à l'année,
» occupées dans tel ou tel mois, que de m'ap-
» prendre exactement ce qu'on a reçu à la porte
» tous les jours de ces mêmes mois ; et c'est faute
» d'y réfléchir qu'il ne vous vient pas à l'esprit
» que le compte à me rendre à cet égard est ab-
» solument semblable à celui que votre compta-
» ble a rendu, sur ce même objet, à la comédie.

» Si, d'après ses tableaux arrêtés, vous n'avez
» eu nulle peine à procéder à vos partages, il
» n'y en a pas plus à procéder exactement au
» mien, dès que je m'en rapporte aux relevés
» dont vous avez été contents pour vous-mêmes.
» Qu'est-il arrivé quand les mois ont été reconnus
» moins forts en location de petites loges ? La
» part de chacun de vous s'est trouvée amoindrie
» d'autant : il en doit être ainsi de la mienne, et
» je ne me rendrai ni plus ni moins rigoureux
» que vous à l'examen de ces relevés. Mais, point
» de *cote mal taillée* entre nous; rien n'est plus
» contraire aux vues honorables dans lesquelles
» je fais cette recherche.

» Pour mieux nous entendre, substituons
» l'exemple au précepte, et permettez-moi de
» vous proposer une méthode assez simple de
» calculer et compter ces produits, applicable à
» toutes les occasions.

» Je suppose, en nombre rond, que vos re-

» gistres vous ont montré pour les mois de jan-
» vier, février et mars 1775, 30,000 livres par
» mois, de petites loges occupées ; elles auront
» donc produit 1000 liv. par jour de recette.

» Maintenant telle pièce nouvelle a été jouée
» douze fois dans le cours de ces trois mois ;
» cela fait pour cette pièce une recette, en pe-
» tites loges, de douze fois 1000 liv., dont le
» neuvième, pour l'auteur, est de 1333 liv. 6 s.
» 8 den.; rien de plus facile à vérifier.

» Dans les mois d'avril, mai et juin suivants, je
» suppose qu'il n'y a plus eu que pour 20,000 liv.
» par mois de petites loges occupées; alors elles
» n'ont produit que 666 liv. 13 s. 4 d. de recette
» par jour. Si la même pièce a été jouée encore
» douze fois pendant ces trois mois, il est clair
» que cela fait pour cette pièce, douze fois 666 l.
» 13 s. 4 d. de recette en petites loges, ou 8000,
» dont le neuvième pour l'auteur, est, sauf erreur,
» 888 liv. 17 s. 9 d. ; ainsi des autres mois et sai-
» sons. Qu'est-il de plus aisé qu'un pareil calcul ?

» Cependant si cette opération, toute simple
» qu'elle est, embarrasse votre comptable, j'ai
» sous ma main, Messieurs, un des meilleurs li-
» quidateurs de Paris; je l'enverrai nettoyer ce
» compte; en huit traits de plume il extraira le
» produit net. Vous n'avez qu'à parler.

» *Quant aux frais journaliers*, sur lesquels

» vous me mandez *qu'on ne peut donner de
» compte que par aperçu,* je ne vois pas non plus
» ce qui vous embarrasse : un arrêt du conseil les
» a fixés à 300 liv. par jour ; *mais,* comme le dit
» votre lettre, *si les frais extraordinaires varient
» à raison du choix des pièces,* et cela est incon-
» testable, il ne l'est pas moins que les frais ex-
» traordinaires d'une pièce une fois connus, ne
» font plus de variété sur les diverses représenta-
» tions de cette même pièce : ce qui éloigne tel-
» lement toute évaluation arbitraire de ces frais,
» que, sans vous en douter, vous en avez fait un
» article fort net du compte que vous m'avez
» envoyé.

» Pour quatre soldats, à 20 sous par jour,
» trente-deux représentations du *Barbier de*
» *Séville.* . . . . 128 liv.

» Pour 4 liv. par jour d'autres frais
» extraordinaires.. 128
                                    ———
                                    256 liv.

» D'où je vois que *le Barbier de Séville* a
» coûté, en frais journaliers, tant ordinaires
» qu'extraordinaires, 308 liv. par représentation.
» Point d'équivoques à cet égard.

» Cet article n'exige donc, pas plus que celui des
» petites loges, *une cote mal taillée.* Eh ! croyez-
» moi, Messieurs, point de *cote mal taillée* avec

» les gens de lettres : trop fiers pour accepter des
» grâces, ils sont trop mal aisés pour essuyer des
» pertes.

» Tant que vous n'adopterez pas la méthode
» du compte exact, ignorée de vous seuls, vous
» aurez toujours le déplaisir de vous entendre re-
» procher un prétendu système d'usurpation sur
» les gens de lettres, qui n'est sûrement dans
» l'esprit ni dans le cœur d'aucun de vous.

» Pardon si je prends la liberté de rectifier vos
» idées ; mais il s'agit de s'entendre, et comme
» vous me paraissez, dans votre lettre, embar-
» rassés de la meilleure foi du monde à donner
» une forme exacte au plus simple arrêté, je me
» suis permis de vous proposer une méthode à la
» portée des moindres liquidateurs.

» Deux mots, Messieurs, renferment toute la
» question présente : Si l'état que je vous ai ren-
» voyé n'est pas juste, il faut le rectifier ; si vous
» le croyez très-exact, il faut le certifier. Voilà
» comme on marche en affaire d'intérêts.

» Je vous remercie des éclaircissements que la
» comédie veut bien me promettre à ce sujet : je
» n'en puis désirer aucun, avant que les bases
» fondamentales de notre compte à régler soient
» posées exactement, et certifiées par vous ; le
» reste ne sera que des points de fait sur les-

» quels, de votre part, le *oui* ou le *non*, bien
» réfléchi, me suffira toujours.

» J'ai l'honneur d'être avec toute la considéra-
» tion et l'estime possibles,

» Messieurs, votre, etc.

Signé CARON DE BEAUMARCHAIS.

Au lieu d'envoyer cette lettre le jour même, je la gardai jusqu'au 31 janvier qu'elle partit, avec le mot suivant :

« J'ai laissé reposer deux jours sur mon bu-
» reau, Messieurs, la lettre ci-jointe, avant de
» vous l'adresser. Je viens de la relire à froid,
» je n'y trouve rien qui doive l'empêcher de par-
» tir : elle est l'expression de mon estime et de
» mes sentiments pour vous ; elle contient une
» méthode aussi claire qu'aisée pour compter,
» avec les auteurs, du produit net des petites
» loges, et des frais extraordinaires que les
» drames nécessitent. Je vous prie de la lire avec
» attention, d'en accueillir les dispositions, et de
» vouloir bien m'honorer d'une réponse accom-
» pagnée de notre compte en règle, afin que
» cette affaire entamée entre nous ne languisse
» pas davantage.

» J'ai l'honneur d'être, etc.

Signé CARON DE BEAUMARCHAIS.

AUX AUTEURS DRAMATIQUES. 31

La comédie, touchée de mes égards, et surtout des soins que je me donnais pour lui en épargner beaucoup, me répondit le 1er février 1777 en ces termes :

« Monsieur,

« La comédie n'a d'autres désirs que de vous
» rendre la plus exacte justice, et de faire les
» choses de la manière la plus régulière et la plus
» honnête.
» Pour y parvenir, elle a assemblé messieurs
» les avocats de son conseil, qui ont bien voulu
» se charger, avec quatre commissaires de la
» société, d'examiner chacun de vos chefs de
» demandes. Dès qu'ils auront pris un parti défi-
» nitif, la comédie aura l'honneur de vous en
» faire part.

» Nous sommes avec considération,

» Monsieur, vos très-humbles serviteurs.

Signé Desessarts, Dauberval,

Le Kain et Préville.

Assembler tout un conseil d'avocats, et des commissaires tirés du corps de la comédie, pour consulter si l'on doit, ou non, m'envoyer un bordereau exact et signé de mes droits d'auteur sur les représentations de ma pièce, me parut un préalable assez étrange. Mais enfin, résolu de porter la douceur et les égards aussi loin qu'on pouvait l'espérer d'un ami du bon ordre et de la paix, j'envoyai au *Courrier de l'Europe* le désaveu d'un mécontentement, qu'on m'y supposait, des comédiens, dans un paragraphe assez dur pour eux; et je leur adressai à eux-mêmes, le 8 février 1777, la lettre suivante pour les en prévenir, en y joignant mon désaveu public.

« Je vois avec déplaisir, Messieurs, que votre
» lenteur à régler notre compte éveille vos enne-
» mis et les met en campagne. Un paragraphe
» du Courrier de l'Europe, que je vous envoie,
» indique assez qu'on veut user de ce prétexte
» et de mon nom, pour vous maltraiter dans les
» papiers publics.

» Il ne me sera plus reproché, Messieurs,
» d'entretenir cette erreur funeste à votre répu-
» tation, même par un silence qui pourrait être
» pris pour un tacite aveu de ma part.

» Ne m'étant plaint encore à personne de votre
» lenteur qui, sans doute, est l'effet de l'exac-
» titude et des précautions que vous mettez à
» la rédaction de notre compte, je désapprouve
» infiniment les libertés qu'on se permet à cet
» égard dans le Courrier de l'Europe, et je me
» hâte de vous envoyer la copie du désaveu

» que j'en viens d'écrire à son rédacteur à Lon-
» dres (1).

» Plus je me rends sévère au réglement d'un

---

(1) Au Rédacteur du Courrier de l'Europe.

Paris, le 8 février 1777.

Je désavoue, Monsieur, l'intention qui m'est prêtée, dans votre dernier Courrier, *de démasquer et de confondre les comédiens français sur aucune infidélité ni mauvaise foi reconnue*, dans le compte qu'ils me rendent de mes pièces de théâtre, 1° parce que ce compte, qui m'avait été remis sans signature, et que j'ai renvoyé, ne m'est pas encore revenu; 2° parce que je sais que les comédiens français ont assemblé un conseil composé d'avocats et de quelques-uns d'entre eux, exprès pour travailler à faire justice aux gens de lettres en ma personne, et me rendre compte avec l'exactitude et la netteté qu'on les a, trop peut-être, accusés de négliger dans ces partages.

On ne pouvait donc plus mal prendre son temps pour renouveler contre eux un reproche dont ils désirent si sérieusement se laver pour le passé ou se garantir pour l'avenir; et l'on ne devait pas surtout accréditer d'avance, en mon nom, une accusation d'infidélité ni de mauvaise foi, que je ne puis former avec raison contre les comédiens, et que je ne veux jamais former sans raison contre personne.

Je vous prie d'insérer dans votre prochain Courrier, Monsieur, cet aveu de l'auteur d'*Eugénie*, des *Deux Amis*, et du *Barbier de Séville*.

» compte qui intéresse également la fortune des
» auteurs et l'honneur des comédiens, moins je
» puis souffrir que des esprits inquiets ou tur-
» bulents donnent au public d'aussi fausses no-
» tions de votre probité, ni qu'ils traduisent in-
» sidieusement devant lui cette affaire particu-
» lière, entamée avec autant d'honnêteté de ma
» part, que j'espère y rencontrer de bonne foi
» de la vôtre.

» C'est dans ces sentiments que j'ai l'honneur
» d'être, *en attendant toujours l'état certifié que*
» *vous devez me renvoyer,*

» Messieurs, votre, etc.

Signé Caron de Beaumarchais.

Les comédiens, touchés encore une fois de mes procédés, voulurent bien m'en faire ainsi leurs remercîments, le 14 février 1777.

« Monsieur,

» Nous avons reçu la lettre que vous nous avez
» fait l'honneur de nous écrire le 9 du courant,
» ainsi que le désaveu que vous écrivez à l'auteur
» du *Courrier de l'Europe,* dont nous vous ren-
» voyons le n° 27.

» Vous êtes bien bon, Monsieur, de vouloir
» réfuter les sottises d'un gazetier, qui, pour

» amuser les oisifs, va recueillant les anecdotes,
» vraies ou fausses, qu'il peut ramasser. Nous
» n'en sommes pas moins reconnaissants de ce
» que votre désaveu contient d'obligeant et
» d'honnête pour nous, et nous vous en fesons
» nos sincères remercîments.

» A l'égard de la lenteur dont vous paraissez
» vous plaindre, soyez persuadé, Monsieur,
» qu'elle n'est pas volontaire de notre part. Il
» s'agit toujours d'assembler notre conseil ; et la
» circonstance du Carnaval, jointe au service
» que nous sommes obligés de faire à la cour et
» à la ville, a empêché jusqu'ici la fréquente
» réunion des différentes personnes qui doivent
» s'occuper de cette affaire.

» Nous avons l'honneur, etc.

Signé Préville, Desessarts,
Le Kain, Dauberval.

Je conclus de cette lettre, que la Comédie était contente de moi; mais que le Carnaval lui paraissait un mauvais temps pour s'occuper d'affaires. Laissant donc danser en paix les comédiens et les avocats, leur conseil, j'attendis patiemment jusqu'à la fin du Carême : mais, ou l'on dansait encore, ou l'on fesait pénitence d'avoir dansé, car je n'entendis parler de personne.

Quatre mois s'écoulèrent dans un profond sommeil où nous serions restés, si je n'eusse été réveillé (le 1er juin 1777) par une visite au sujet du *Barbier de Séville*, qu'on avait en vain demandé plusieurs fois à la comédie sans pouvoir l'obtenir. J'avais, en effet, remarqué que depuis neuf mois, c'est-à-dire depuis l'époque où mes demandes d'un compte exact avaient frappé l'oreille des comédiens, on n'avait plus donné ma pièce. Reprenant donc la plume avec un peu de chaleur, je dépêchai (le 2 juin) la lettre suivante à la comédie.

« Si la patience est une vertu, il ne tient qu'à
» vous, Messieurs, de me trouver le plus ver-
» tueux des hommes. Mais si vous en prenez
» droit d'oublier que vous me devez depuis deux
» ou trois ans un compte *certifié véritable;* que
» je vous l'ai demandé bien des fois verbale-
» ment et par écrit; qu'après beaucoup d'échap-
» patoires, vous avez dû me l'envoyer le 20 janvier
» dernier; que, sur de nouvelles représentations
» de ma part, vous vous êtes excusés, le 14 février
» dernier, sur les fatigues ou les plaisirs du Car-
» naval, de ne vous être pas mis en règle à cet
» égard; que le Carême, le temps de Pâques, celui
» de la Pentecôte se sont écoulés, sans que j'aie eu
» nouvelle de cet imprésentable compte; et que
» nous ne sommes pas plus avancés en juin 1777
» qu'en janvier 1776, vous conviendrez, Mes-

« sieurs, que c'est me traiter un peu légèrement,
» et qu'il ne tiendrait qu'à moi d'en être offensé;
» car il y a des bornes à la patience même la plus
» absurde.

» D'autre part, je sais que, toutes les fois qu'on
» propose à vos assemblées de jouer quelqu'un
» de mes ouvrages, la réponse de vos sages est
» qu'on ne peut en jouer aucun, parce que vous
» êtes en dispute avec l'auteur. — En dispute,
» Messieurs! est-ce vous disputer quelque chose
» que d'user les mois et les années à vous prier
» de faire justice? Et votre compagnie a-t-elle,
» entre autres beaux priviléges, celui de refuser
» constamment d'ouvrir un compte avec ses be-
» nins associés? Je l'ai vainement cherché dans
» nos réglements.

» Hier encore, M. le président de F***, qui
» permet qu'on le cite, est venu me dire que
» beaucoup de dames étrangères l'avaient prié
» de demander *le Barbier de Séville* à la comé-
» die, en payant les loges prescrites par les ré-
» glements, mais qu'on l'avait constamment re-
» fusé sous plusieurs prétextes; et que la dernière
» réponse des comédiens avait été, que cela ne
» dépendait pas d'eux, mais de l'auteur unique-
» ment.

» Vous savez, Messieurs, que je ne me suis

» jamais opposé qu'on donnât ce léger ouvrage,
» qu'on a même usé de mon consentement ac-
» quis dans des occasions très-dangereuses pour
» la pièce, et que j'ai reçu plus d'une fois de la
» comédie les remercîments de mon excessive
» complaisance à ce sujet.

» J'ai donc promis à M. le président de F***
» que j'aurais l'honneur de vous en écrire, et je
» le fais.... le plus poliment que je puis, car je
» trouve assez étrange la maxime adoptée de
» cesser de jouer un ouvrage, aussitôt que l'au-
» teur parle de compter.

» Enfin, Messieurs, vous donnerez la pièce ou ne
» la donnerez pas, ce n'est pas de cela qu'il s'agit
» aujourd'hui : ce qui m'importe, est de fixer un
» terme à tant d'incertitudes. Convenons donc,
» si vous l'acceptez, que je recevrai, sous huit
» jours, de votre comptable (et non de votre
» conseil absolument étranger à cet objet), un
» compte certifié que vous me retenez depuis si
» long-temps; et que ce terme expiré, je pourrai
» regarder votre silence comme un refus obstiné
» de me faire justice. Alors, ne trouvez pas mau-
» vais que, faisant un pieux usage de mes droits
» d'auteur, je confie les intérêts des pauvres à
» des personnes que leur zèle et leur ministère
» obligeront de discuter ces intérêts plus méthodi-

» quement que moi, qui fais vœu d'être toujours
» avec le plus grand amour pour la paix,

» Messieurs, votre, etc.

Signé Caron de Beaumarchais.

La comédie, réveillée par ma lettre, comme je l'avais été moi-même par la visite du président, se hâta de réparer sa négligence, en me répondant neuf jours après en ces termes obligeants :

10 juin 1777.

« Monsieur,

» Il nous est absolument impossible de regarder
» notre conseil comme étranger dans le compte
» que vous nous demandez. Le sieur de Nesle était
» encore notre caissier lors des premières re-
» présentations du *Barbier de Séville;* notre con-
» seil ayant assisté aux comptes que M. de Nesle
» nous a rendus, ce n'est que par ses lumières
» que nous pourrons nous guider. Vous nous
» avez toujours proposé d'assister à telle assemblée
» qui lui serait loisible d'indiquer pour traiter
» cette affaire : si c'est encore votre intention,
» prononcez, et nous le prierons de s'assembler.

» Quant au refus que vous prétendez que nous
» fesons de jouer vos pièces, la circonstance pré-

» sente vous prouvera le contraire, la dame La
» Croisette débutant par Eugénie (*).

» Nous attendons votre réponse avec la con-
» fiance de gens qui ne demandent que la con-
» tinuation de la paix que vous invoquez, et qui
» auront toujours pour vous les sentiments de la
» plus parfaite considération.

» Nous sommes avec toute l'estime et l'attache-
» ment possibles,

» Monsieur, vos très-humbles, etc.

Signé Brizard, *semainier;* et Monvel, *semainier.*

Je jugeai bien à cette lecture que les comédiens n'avaient plus pensé à mon affaire dès que j'avais cessé de les en presser. Aussi, pour les tenir en haleine, et mettant toute la réflexion possible à ma démarche, je leur écrivis sur-le-champ :

« Proposer quelque chose, Messieurs, est au
» moins aller en avant; je vous en remercie.
» Quoique je comprenne mal pourquoi il faut
» tant d'appareil pour un objet aussi simple qu'un
» relevé de recettes, j'accepte avec plaisir la

(*) *N. B.* Qu'Eugénie n'appartenait plus à l'auteur, qui en avait fait don à la comédie dès la première représentation.

AUX AUTEURS DRAMATIQUES. 41

» conférence avec vous, assistés de votre conseil.
» Si vous l'agréez, ce sera jeudi, le matin ou
» l'après-dînée, à votre choix; mais, en vérité,
» l'on pouvait s'épargner cet embarras, en or-
» donnant tout simplement à votre comptable de
» faire un état exact de mes droits d'auteur, de
» le certifier et de me l'envoyer. Au reste, comme
» la forme ne fait rien, pourvu qu'on s'entende,
» je recevrai votre réponse pour l'heure agréée,
» et j'irai vous renouveler, où l'on m'indiquera,
» l'assurance de la considération et de l'attache-
» ment avec lequel j'ai l'honneur d'être, etc. »

J'avais repris, comme on voit, ma douceur et mes anciens procédés; et si le rendez-vous que j'attendais fut encore retardé, j'en reçus au moins, le 11 juin 1777, les excuses de la comédie, en ces termes :

« Monsieur,

» Pour nous conformer à ce que vous souhai-
» tez, j'ai prévenu M. Jabineau, hier matin, de
» l'assemblée que vous avez fixée à jeudi; je reçois
» actuellement sa réponse par laquelle il me pré-
» vient que MM. les avocats du conseil, ayant tous
» des engagements pour cette semaine, il est im-
» possible de les rassembler, mais qu'ils prendront
» jour pour la semaine prochaine, et qu'ils vous
» le feront savoir. Je ne puis, Monsieur, que vous

» témoigner combien je suis fâché de ce retard
» qui vous dérangera peut-être; mais dès qu'ils
» auront fixé le jour, je prendrai la liberté de vous
» en avertir.

» Je suis, Monsieur, avec estime, votre, etc.

Signé Desessarts.

Ce mercredi matin, 11 *juin* 1777.

Je trouvai les comédiens bien bons de croire qu'après avoir attendu plus d'un an leur commodité, j'irais m'offenser d'un nouveau petit retard de quelques jours; j'étais trop accoutumé à leur façon de faire, pour perdre patience à si peu de frais. Je résolus donc d'attendre le moment qu'il leur plairait d'assigner à cette assemblée si fugitive; et je l'attendais en effet, lorsque je reçus, le 15 juin 1777, de M. le maréchal de Duras, que je n'avais pas encore eu l'honneur de voir une seule fois sur cette affaire, la lettre suivante :

« Ayant appris, Monsieur, que vous aviez des
» discussions avec les comédiens français, et dé-
» sirant vivement les terminer, et empêcher l'éclat
» que cette affaire pourrait avoir, je voudrais
» bien que vous voulussiez en conférer avec moi.
» Je crois entrer dans vos vues en cherchant les
» moyens qui pourront vous être agréables. Je
» vous prie en conséquence de vouloir bien m'in-

» diquer le jour où nous pourrions en causer, je
» vous attendrai; et si cela ne vous gêne pas, je
» préférerais la matinée. Je vous prie de vouloir
» bien mander vos intentions, et d'être persuadé
» des sentiments avec lesquels je suis très-parfai-
» tement, Monsieur, votre, etc.

Signé le maréchal duc de Duras.

Qu'avait-on donc fait entendre à M. le maréchal, puisqu'il désirait *empêcher l'éclat que cette affaire pourrait avoir?* Je n'avais pas dit aux comédiens que je voulusse donner de l'éclat à l'affaire. Nous étions rentrés dans les termes de la conciliation, il ne s'agissait que d'une assemblée pacifique; elle était proposée de leur part, acceptée de la mienne; et j'attendais toujours en me prêtant à tout ce qui pouvait excuser la lenteur de la comédie.

Un peu blessé pourtant de ce qu'au lieu de convoquer l'assemblée, les comédiens avaient été se plaindre à M. le maréchal de Duras, en invoquant sa protection contre mes mauvais desseins, je me hâtai d'adresser à M. le maréchal la réponse suivante, datée du 16 juin 1777.

« M. le Maréchal,

» Il m'est bien doux d'avoir à plaider l'intérêt
» des lettres, devant un des chefs de la littéra-

» ture aussi respectable qu'éclairé. Mais **on vous**
» a trompé sur l'état de la question : s'il y a loin
» de la discussion à la dispute, l'affaire n'est pas
» près d'éclater, puisque je n'en suis pas même
» encore à discuter avec les comédiens.

» Depuis un an, je leur demande un compte,
» et je ne puis l'obtenir. Nous sommes associés,
» leur dis-je, en une affaire commune, à frais et
» à bénéfices communs : la livre, entre nous, est
» de 9 sous; vous en prenez 8, et m'en laissez un.
» C'est vous qui tenez les livres, et qui, par con-
» séquent, rendez les comptes. Certifiez-les s'ils
» sont exacts, rectifiez-les s'ils ne le sont pas.

» A des demandes si justes, les comédiens se
» regardent, usent le temps, tergiversent, assem-
» blent leur conseil, me font attendre une ré-
» ponse plus de six mois, cessent de jouer mes
» pièces, ne m'envoient aucun compte, et finissent
» par vous importuner de leur puéril embarras;
» mais il n'y a qu'eux au monde, qu'un dilemme
» aussi simple puisse mettre en cervelle.

» Vous vous intéressez trop, M. le maréchal,
» au progrès du plus beau des arts, pour n'être
» pas d'avis que si ceux qui jouent les pièces des
» auteurs y gagnent 20 mille livres de rentes, il
» faut au moins que ceux qui font la fortune des
» comédiens, en arrachent l'exigu nécessaire.

» Je ne mets, M. le maréchal, aucun intérêt

» personnel à ma demande; l'amour seul de la
» justice et des lettres me détermine. Tel homme
» que l'impulsion d'un beau génie eût porté à
» renouveler les chefs-d'œuvre dramatiques de
» nos maîtres, certain qu'il ne vivra pas trois mois
» du fruit des veilles de trois années, après en
» avoir perdu cinq à l'attendre, se fait journaliste,
» libelliste, ou s'abâtardit dans quelque autre
» métier aussi lucratif que dégradant.

» N'est-ce donc pas assez, M. le maréchal, que
» les ouvrages des gens de lettres dépendent pour
» éclore de la fantaisie des comédiens, sans que
» leur chétif intérêt soit encore soumis aux cal-
» culs arbitraires de ces terribles associés?

» J'aurai l'honneur de me rendre à vos ordres
» demain dans la matinée. Le premier avantage
» de cette discussion sera pour moi de vous re-
» nouveler l'assurance du très-respectueux dé-
» vouement avec lequel je suis,

» M. le maréchal, votre, etc. »

En effet, je me rendis, le 17 juin 1777, chez
M. le maréchal de Duras; j'eus l'honneur de lui
communiquer tout ce qu'on vient de lire; il parut
un peu surpris de ma conduite modérée, et des
termes où j'en étais avec la comédie, bien différents de ceux qu'on lui avait présentés; mais,
comme la fiction n'est pas un crime dans la bouche

des comédiens, je pris le parti de donner ce nom au petit déguisement dont ils avaient usé envers leurs supérieurs : et disposé que j'étais à faire tout ce qui pourrait plaire à un si honorable médiateur, je lui demandai ses ordres.

M. le maréchal, persuadé qu'une plus longue obscurité sur les données des comptes présentés par la comédie aux auteurs, pouvait éterniser les querelles, mais jugeant à la conduite des comédiens combien ils redoutaient d'entrer en éclaircissement à cet égard, voulut bien me proposer d'échanger la discussion de nos droits contre un plan qu'il avait dans la tête. Il ajouta qu'il croyait un nouveau code ou réglement très-nécessaire au théâtre, et que si je voulais entrer dans ses vues, et réunir quelques-uns des auteurs les plus sages pour former ensemble un projet qui pût tirer les gens de lettres des chagrins d'un débat perpétuel avec les comédiens, et de mille autres entraves qui offusquent le génie, il se livrerait entièrement à cette réforme utile.

L'indiscipline ou l'indocilité des comédiens ne paraissait pas l'arrêter. M. le maréchal était même d'avis que le plus bel usage de l'autorité était de venir au secours de la raison et de la justice ; et il se promettait de déployer celle qu'il tenait du roi sur la comédie, si elle tentait de s'opposer à la réforme.

AUX AUTEURS DRAMATIQUES. 47

M. le maréchal y portait une chaleur si obligeante pour la littérature dramatique, que j'en fus vivement touché.

J'abandonnai donc mes idées pour me livrer entièrement aux siennes, et c'était bien le moins que je crusse lui devoir. Je me permis seulement de lui représenter que les auteurs étant indépendants les uns des autres, il était plus décent de prendre l'avis de tous, que de prétendre en soumettre une partie à l'opinion de l'autre. Il *m'engagea* de les assembler, de m'occuper sérieusement de ce travail avec eux, et de le lui communiquer promptement.

Le 27 juin j'écrivis à tous les auteurs du théâtre français la lettre circulaire qui suit.

« Une des choses, Monsieur, qui me paraît le
» plus s'opposer aux progrès des lettres, est la
» multitude des dégoûts dont les auteurs dra-
» matiques sont abreuvés au théâtre français,
» parmi lesquels celui de voir leurs intérêts
» toujours compromis dans la rédaction des
» comptes, n'est pas le moins grave à mes yeux.

» Frappé long-temps de cette idée, l'amour de
» la justice et des lettres m'a fait prendre enfin
» le parti d'exiger personnellement, des comé-
» diens, un compte exact et rigoureux de ce qui
» me revient pour *le Barbier de Séville*, la plus
» légère des productions dramatiques, à la vé-

» rité; mais le moindre titre est bon, quand
» on ne veut qu'avoir justice.

» M. le maréchal de Duras, qui veut sincère-
» ment aussi que cette justice soit rendue aux
» gens de lettres, a eu la bonté de me faire part
» d'un plan, et d'entrer avec moi dans des détails
» très-intéressants pour le théâtre ; il m'a prié de
» les communiquer aux gens de lettres qui s'y
» consacrent, en m'efforçant de réunir leurs avis
» à ce sujet.

» Je m'en suis chargé d'autant plus volontiers,
» que je mettrais à la tête de mes plus doux suc-
» cès, d'avoir pu contribuer à dégager le génie
» d'une seule de ses entraves.

» En conséquence, Monsieur, si vous voulez
» me faire l'honneur d'agréer ma soupe jeudi
» prochain, j'espère vous convaincre, ainsi que
» messieurs les auteurs dramatiques à la suite
» desquels je m'honore de marcher, que le
» moindre des gens de lettres sera, en toute oc-
» casion, le plus zélé défenseur des intérêts de
» ceux qui les cultivent.

» J'ai l'honneur d'être avec la plus haute con-
» sidération,

» Monsieur, votre, etc.

Signé Caron de Beaumarchais.

Ces messieurs (le 3 juillet 1777) me firent presque tous l'honneur de se rendre à mon invitation. Après leur avoir rendu compte de tout ce qui avait précédé la lettre de M. le maréchal de Duras, et de ma conversation avec lui, il fut unanimement arrêté que les vues de M. le maréchal, très-avantageuses au théâtre français, méritaient la plus grande reconnaissance des gens de lettres, et la plus sérieuse application à former le nouveau réglement théâtral, sur un plan sage et modéré, tel enfin qu'il était désiré par M. le maréchal de Duras et par nous tous.

Chacun offrit de communiquer ses idées par écrit; mais comme la rédaction de tous ces matériaux, et le soin de les faire adopter, exigeaient plutôt le travail suivi d'un seul homme, ou de peu de personnes, que le concours d'une assemblée nombreuse, il fut arrêté d'en confier le soin à plusieurs d'entre nous, qui en rendraient compte à tous les auteurs, dans des assemblées *semblables* à celle qui venait de réunir nos intérêts et nos vues. Il en fut sur-le-champ dressé une délibération signée de tous, et conçue en ces termes:

« Aujourd'hui trois juillet 1777, nous sous-
» signés, étant assemblés sur l'invitation de M. de
» Beaumarchais, en raison de ce qui suit : Il
» nous a présenté une lettre de M. le maréchal

» de Duras, à lui écrite en date du 15 juin
» 1777, annexée à la présente délibération,
» ainsi que la réponse qu'il y a faite; et nous a
» rendu compte de la conversation qui s'en est
» suivie entre M. le maréchal et lui, et des inten-
» tions dans lesquelles il a trouvé MM. les pre-
» miers gentilshommes de la chambre, de faire
» un nouveau réglement à la comédie française,
» relatif aux gens de lettres qui se sont consacrés
» à ce théâtre. Après avoir délibéré sur toutes
» les questions agitées dans la présente assem-
» blée, nous avons arrêté ce qui suit, savoir : que
 » Nous avons prié et prions M. de Beaumar-
» chais de nous représenter comme commis-
» saire et représentant perpétuel, nommé par
» nous, pour suivre l'affaire présente, et tous
» autres événements qu'elle peut embrasser par
» la suite, tant auprès de MM. les premiers
» gentilshommes de la chambre, que de toutes
» autres personnes qui pourraient y influer;
» discuter nos intérêts, nous rendre compte de
» ses travaux, recevoir nos observations, les ré-
» diger; et enfin, porter le vœu général de tous
» nous autres gens de lettres, partout où nos
» intérêts l'exigeront : et pour partager entre
» plusieurs le fardeau de tous ces soins, nous
» avons prié et prions MM. *Saurin*, *de Mar-*
» *montel* et *Sedaine*, de se joindre à lui en

» mêmes qualités de nos commissaires et repré-
» sentants perpétuels : et en cas de longue ab-
» sence de l'un de nos susdits commissaires et
» représentants perpétuels, pour causes d'affaires
» ou maladie, nous avons arrêté que nous nom-
» merons, à sa réquisition, dans une assemblée
» à ce sujet, l'un de nous pour le suppléer.
» Quant à ce qui regarde les auteurs dramati-
» ques avoués par notre dite assemblée, et qui
» n'ont pu se trouver et signer à la présente dé-
» libération, nous avons arrêté qu'ils seront in-
» vités d'en prendre lecture, d'y faire leurs
» observations, et d'y donner leur adhésion.

» N'entendons, par la dénomination d'auteurs
» dramatiques ayant droit d'avis et voix délibé-
» rative entre nous, que les auteurs qui ont une
» ou plusieurs pièces représentées à la comédie
» française ; et nous convenons de n'admettre
» à délibérer désormais avec nous, que les au-
» teurs dramatiques qui seront dans le même
» cas expliqué ci-dessus.

» Ont signé, *Rochon de Chabannes, Le Mierre,*
» *La Place, Champfort, Bret, de Sauvigny,*
» *Blin de Saint-More, Gudin de La Brenellerie,*
» *Du Doyer, Lefevre, Ducis, Favart, Dorat,*
» *Lemonnier, Cailhava, Leblanc, Barthe,*
» *Rousseau.*

» *Plus bas est écrit :* Et nous quatre, com-
» missaires honorés de la nomination de la pré-
» sente assemblée, avons accepté et signé la
» présente délibération.

» *Saurin, Marmontel, Sedaine, Caron de*
» *Beaumarchais.* »

Voilà donc l'affaire absolument dénaturée : il ne s'agit plus d'un compte que je demandais aux comédiens, et que je n'ai pu obtenir après un an de soins et de patience ; aujourd'hui c'est un code ou réglement nouveau proposé, par lequel les auteurs, dégagés du soin de compter, c'est-à-dire, de disputer sans cesse et sans fruit avec les comédiens, doivent avoir un sort décent, équitable, enfin, indépendant.

Le plan de M. le maréchal de Duras est que l'on forme d'abord une somme fixe, équivalente au cinquième de la recette, et qu'elle soit touchée, chaque représentation, par l'auteur d'une pièce nouvelle, sans autre débat que d'aller recevoir cette somme, autant de fois que la pièce ne sera pas *tombée dans les règles*, c'est-à-dire, *tant que la recette entière du spectacle* ne sera pas tombée deux fois de suite au-dessous de 1200 livres. Le reste était abandonné à la prudence des auteurs.

Les différents travaux furent répartis entre tous

les membres de l'assemblée ; les commissaires, chargés de les rédiger et mettre en œuvre, y travaillèrent avec tant de suite et de zèle, qu'on fut en état, dès le 23 juillet (c'est-à-dire au bout de trois semaines), de proposer à M. le maréchal de Duras la communication du plan général que la société des auteurs avait embrassé.

Les comédiens, effrayés de voir les auteurs s'assembler et travailler sérieusement à un projet de règlement pour le théâtre, se récrièrent hautement contre la forme et le fond d'une chose qu'ils ne connaissaient pas encore : on les livrait, disaient-ils, aux auteurs, qui en abuseraient pour les ruiner et perdre la comédie.

Ils avaient crié contre la demande du compte, ils criaient contre le vœu d'un règlement ; ils criaient surtout contre l'assemblée des auteurs. Ils avaient eu si bon marché de chacun d'eux séparés, que ce qu'ils craignaient le plus était leur réunion : ils les voulaient bien en baguettes, et les redoutaient en faisceau.

La réponse de M. le maréchal, en date du dimanche 2 août 1777, fut telle que nous pouvions la désirer, et ne fit qu'encourager nos travaux.

« J'ai reçu, Monsieur, les deux lettres que
» vous avez pris la peine de m'écrire. Quand

» vous aurez totalement fini l'ouvrage dont vous
» avez bien voulu vous charger, nous en confé-
» rerons ensemble, et je vous communiquerai
» les réflexions que je croirai devoir vous offrir.
» J'espère que nous viendrons à bout de terminer
» cette besogne, et je me ferai un grand plaisir
» de concourir à la satisfaction des gens de let-
» tres, et à la vôtre en particulier ; soyez-en
» aussi persuadé, je vous prie, que des senti-
» ments avec lesquels je suis très-parfaitement,
» Monsieur, votre, etc.

Pour concourir à des vues si utiles et pour appaiser les clameurs des comédiens, nous nous hâtâmes de remettre, dès le 12 août 1777, à M. le maréchal de Duras, le projet de réglement, revêtu des motifs qui en avaient fait adopter les articles.

Nous en transcrivons ici le préambule, afin qu'on soit en état de juger dans quel esprit de sagesse et de paix les gens de lettres s'occupaient du spectacle français.

Aux Auteurs assemblés.

Nous, commissaires et représentants perpétuels nommés par vous, Messieurs, pour travailler à la formation et rédaction d'un nouveau réglement dramatique désiré par nous tous, et qui nous a été demandé par Messieurs les premiers gentilshommes de la chambre ; après avoir réfléchi sur le mécontentement perpétuel qui éloigne les auteurs des comédiens, et sur l'intérêt constant qui les en rapproche, nous avons pensé, Messieurs, que tout moyen dur, tout réglement nouveau qui tendrait à subordonner l'un de ces corps à l'autre, irait contre le but qu'on se propose, le progrès de l'art du théâtre, et la bonne intelligence entre ceux qui le cultivent : il en serait comme de ces lois mal digérées, qui, contrariant la nature, finissent par tomber en désuetude, ou n'ont que des effets fâcheux.

En effet, supposons que par un réglement impératif on parvînt à remettre le comédien, dont le talent est de débiter, dans un degré de subordination convenable à l'auteur qui créa l'ouvrage, en un mot, à la seconde place, il ne faut pas se dissimuler que les comédiens reprendraient bientôt la première ; et peut-être encore faudrait-il excuser de ne pas se tenir à leur place, des gens dont l'unique métier est d'en sortir continuellement ; d'ailleurs, le désir de faire agréer un ouvrage à la lecture, et de réussir à la représentation, animant tout auteur, le ramènerait naturellement à cette dépendance du comédien dont on cherche à le tirer ; et la supériorité de droit reconnue dans l'auteur, mais toujours balancée par la dépendance de fait dans laquelle il rentre aux deux moments critiques de la lecture et de la représentation, jetterait l'homme de lettres dans la succession perpétuelle de deux états très-opposés de prééminence et de dépendance : et comme la supériorité, qui n'est que de droit, tend toujours à s'affaiblir lorsque la dépendance de fait va toujours en augmentant, il résulterait de ce conflit une nouvelle guerre affligeante pour l'homme de lettres, et sa rechute assurée dans l'état fâcheux qui fait l'objet de la réforme projetée.

Nous induisons en conséquence, Messieurs, qu'il est à propos d'adopter pour principe fondamental de notre travail, d'exclure du nouveau réglement toute clause qui tendrait à classer durement les comédiens, qui les humilierait et les aigrirait, sans remédier aux maux réels des auteurs, dont la division avec les comédiens est la source éternelle.

Si vous nous entendez bien, Messieurs, si vous approuvez nos vues et sentez la nécessité où se voit l'homme de lettres de caresser souvent le comédien pour l'intérêt de la gloire, essayons seulement d'opposer un intérêt aussi fort, qui tienne toujours le comédien dans l'obligation de se rendre agréable aux gens de lettres, en remplissant ses devoirs.

Ne pouvant empêcher que le triomphe et le succès des auteurs ne dépendent un peu de la bonne volonté des acteurs, fesons en sorte que l'intérêt et l'avancement des comédiens soient toujours déterminés par le suffrage et le concours d'opinion du corps des gens de lettres (avancement soumis, comme de raison, au jugement de MM. les premiers gentilshommes de la chambre du roi, supérieurs nés des comédiens, et présidant toutes les affaires de la Comédie), de façon que l'augmentation des parts, le passage d'une classe inférieure à la supérieure, et tout jugement tendant à l'accroissement du bien être et de l'état de comédien, dépendent en quelque sorte du témoignage que le corps des gens de lettres rendra du talent et de la conduite théâtrales de l'acteur, à ses supérieurs.

Ce moyen doux, mais plus fort que tout règlement qui classerait et blesserait les comédiens, balancerait sans cesse une dépendance de fait par une dépendance aussi de fait; et tous les débats, qu'on n'a pu jusqu'ici résoudre ou concilier, s'éteindraient bientôt, de cela seul que le corps des auteurs et celui des acteurs auraient le mutuel pouvoir de se contenir et de s'obliger alternativement.

N'oublions pas surtout qu'entre ces deux corps, si les rangs diffèrent, les intérêts sont les mêmes; et que si la supériorité appartient de droit aux auteurs, ils ne doivent jamais s'en souvenir, à moins que les comédiens ne l'oublient.

Toutes les idées de détails, ou secondaires, du nouveau réglement, me paraissent devoir découler de ces idées primitives, de ce principe également doux et fort, de toujours balancer une influence par une autre, et d'engager les comédiens, qui sont les premiers à juger du talent des auteurs, à bien servir ceux qui deviendront à leur tour les soutiens de leur fortune et les arbitres de leur avancement.

Si ces vues générales vous semblent propres, Messieurs, à fonder solidement le nouvel édifice du théâtre, unissons-nous pour travailler à leur accomplissement; tous les intérêts se réunissent ici :

1° L'intérêt de l'État est de faire fleurir un art à qui la langue française a l'obligation d'être devenue celle de toute l'Europe, et qui, mettant notre théâtre au premier rang, attire à Paris le concours d'étrangers que nous y voyons; un art surtout qui, en s'épurant, a rendu la fréquentation du spectacle essentielle à l'éducation, et a fait du théâtre français une espèce de code moral où la jeunesse apprend à se conduire et à connaître les hommes;

2° L'intérêt du public est d'entendre et de voir commodément de bonnes pièces bien représentées;

3° L'intérêt des auteurs est de recueillir la gloire et le fruit que leurs travaux méritent;

4° L'intérêt des comédiens est que leurs efforts et leurs talents soient applaudis et récompensés;

5° Enfin, l'*intérêt commun* est de diminuer la dépense et d'augmenter la recette. Mais, pour mettre de justes bornes à ces objets, la satisfaction du public est la boussole qu'il faut toujours consulter.

Nous diviserons donc en autant d'articles séparés tout ce qui se rapporte à chacun de ces divers intérêts; et, conservant ce qu'il y a de bon dans les anciens réglements, nous tâcherons seulement d'y ajouter ce qui nous paraît y manquer, et de faire porter l'édifice entier du théâtre sur des bases plus solides que par le passé.

Nous déférerons, sur la totalité de nos travaux, d'abord à vous, Messieurs, en première instance; ensuite à MM. les premiers gentilshommes de la chambre. De là, ce travail passera sous les yeux du conseil du roi, pour y prendre un caractère auguste émané du législateur même, et viendra ensuite dans le parlement recevoir la sanction publique, qui rend toute loi immuable et nationale.

Tel est notre plan, Messieurs; telles sont les vues équitables et modérées que nous avons cru les plus propres à rétablir l'ordre et la paix entre le corps des auteurs et celui des comédiens, dont les talents doivent toujours être réunis pour concourir au bien du théâtre français.

Les articles suivaient ce préambule. Ils furent soumis en cet état, le 8 octobre 1777, à M. le maréchal de Duras, qui voulut bien (le 12 novembre suivant) donner sur ce projet ses observations en quatre pages écrites de sa main : nous les avons. Ensuite le travail passa dans les mains de M. le maréchal de Richelieu, qui fit le même honneur à nos articles : nous avons aussi ses remarques; et ce fut sur les observations de ces deux supérieurs des comédiens, que nous corrigeâmes les articles à leur satisfaction, ainsi qu'on peut le voir en confrontant les remarques et les corrections.

M. le maréchal de Duras nous envoya depuis, par M. Des Entelles, de nouvelles observations, sur lesquelles nous réformâmes encore les articles déjà réformés.

Tout semblait être fini et arrêté, lorsque, le 19 novembre, M. le maréchal de Duras, qui, dans l'origine, avait résolu de refondre la comédie d'autorité, désira que tous les articles du réglement fussent montrés aux comédiens, mais absolument dépouillés des motifs qui les avaient fait adopter.

Quoique ce nouveau plan nous parût aller contre l'objet même du réglement (les motifs n'y étant joints que pour en démontrer l'esprit de justice), il fut arrêté dans l'assemblée des auteurs, le 18 janvier 1778, qu'en reconnaissance de la bonne volonté de M. le maréchal, on déférerait en tout à son avis, et que les articles seuls du réglement lui seraient remis sans préambule, en le suppliant pourtant d'avoir égard à six mois de travaux qui se trouveraient perdus, s'il arrivait que les comédiens eussent le crédit de s'opposer à l'exécution du réglement. Nous fûmes rassurés par la réponse de M. le maréchal, pleine de force et de justesse, et nous lui laissâmes le réglement, en le priant de vouloir bien en accélérer la décision. Il nous le promit.

Mais le 5 avril 1778, cinq mois après cette conférence, et près d'un an après l'adoption des idées de M. le maréchal de Duras, les auteurs n'entendant plus parler de rien, exigèrent de leurs commissaires (avec un peu d'humeur de ce qu'ils nommaient *notre excès de confiance*) de les rappeler au souvenir de M. le maréchal; ce que je fis par la lettre suivante, datée du 5 avril 1778.

« Monsieur le Maréchal,

» Vous aviez eu la bonté de nous promettre de
» vous occuper efficacement et promptement de
» la réforme de la comédie et du réglement qui
» touche les auteurs. Cependant neuf mois sont

» écoulés depuis qu'on y travaille, et nous n'avan-
» çons pas. Mes amis se plaignent à moi de toutes
» ces lenteurs, et peu s'en faut qu'ils ne se plai-
» gnent de moi, qui ne puis pourtant que vous
» représenter sans cesse, M. le maréchal, que ce
» réglement, ainsi retardé, laisse une foule de
» prétentions indécises, et d'intérêts en souf-
» frances.

» Voilà la quinzaine de Pâques; c'est le temps
» ou jamais de terminer cette affaire. Je vous
» supplie donc, M. le maréchal, de vouloir bien
» accorder aux quatre commissaires une confé-
» rence définitive sur cet objet, s'il est possible,
» avant mercredi, parce que les gens de lettres
» nous demandent une assemblée pour jeudi pro-
» chain, dans laquelle ils exigent que nous leur
» rendions un compte exact de notre gestion jus-
» qu'à ce jour. Les quatre commissaires se ren-
» dront à votre hôtel à l'heure que vous voudrez
» bien leur indiquer.

» J'ai l'honneur de vous renvoyer les observa-
» tions conciliatrices que vous nous avez fait
» remettre par M. Des Entelles : nous y avons
» répondu, et nous espérons que vous ne désap-
» prouverez pas que nous insistions sur plusieurs
» articles essentiels au bien commun des auteurs
» et des comédiens, car nous savons que c'est
» dans ce même esprit que vous avez dicté ces
» observations.

» J'attendrai votre réponse pour la communi-
» quer à mes collègues, et vous aller assurer de
» nouveau du très-profond respect avec lequel je
» suis,

» M. le maréchal, votre, etc.

Signé Caron de Beaumarchais,
pour les quatre commissaires.

Le lendemain je reçus la réponse de M. le maréchal, conçue en ces termes :

Ce 6 avril 1778.

« Ce n'est en vérité pas ma faute, Monsieur,
» si nous ne sommes pas plus avancés. Je vous ai
» communiqué les réponses que je crois que les
» comédiens feraient à plusieurs articles du projet
» que vous m'aviez communiqué. Je serais très-
» aise d'en conférer avec vous et avec Messieurs
» vos acolytes; mais je ne pourrai vous donner
» d'autre heure que mardi ou mercredi à onze
» heures du matin, ayant un tribunal demain et
» une assemblée des Pairs mardi l'après-dînée.

» Je doute fort que nous puissions concilier
» tous les intérêts, et terminer une besogne qui
» vous intéresse.

» Je suis très-parfaitement, Monsieur, votre, etc.

Signé le Maréchal de Duras.

Je reconnus bien dans cette lettre le même esprit de conciliation, de bienveillance, et la même honnêteté qui avaient toujours excité notre reconnaissance ; mais elle semblait annoncer de nouvelles difficultés que nous n'avions pas prévues. En effet, M. le maréchal ne nous cacha point que, sur les vives représentations des comédiens, il lui avait paru nécessaire de conférer du réglement avec les autres premiers gentilshommes de la chambre, ses collègues, ce qu'il ferait aussitôt qu'il trouverait le moment de les rassembler.

Je pris la liberté de lui demander celle de leur présenter moi-même le projet de réglement soutenu de tous les motifs, parce qu'étant le fruit des réflexions les plus profondes, ces motifs nous paraissaient propres à réunir Messieurs ses collègues à son avis, dont nous nous honorions tous d'avoir été. M. le maréchal nous invita de lui remettre encore une fois le réglement entier, tel qu'il l'avait lu d'abord, et de lui laisser traiter seul cette affaire avec ses collègues, sauf à nous admettre après à défendre les articles, s'ils se trouvaient obstinément contestés. Ce réglement lui fut remis à l'instant, avec prière de vouloir bien s'en occuper le plus tôt possible. Il nous le promit.

Le jugement d'un procès qui intéressait autant mon honneur que ma fortune m'ayant appelé, peu de jours après, en Provence, je partis de Paris, et n'y revins que dans le courant d'août. Mon premier soin fut d'aller saluer M. le maréchal de Duras, le 17 août 1778; il m'engagea fortement de voir M. le maréchal de Richelieu avant de convoquer, me dit-il, une nouvelle assemblée des quatre gentilshommes de la chambre, où je serais admis à plaider pour l'exécution du nouveau réglement, parce qu'ils avaient paru désapprouver la plupart des décisions auxquelles il s'était arrêté lui-même.

Je fus reçu (le 28 août) de M. le maréchal de Richelieu avec une bonté particulière et toutes les grâces qui lui sont naturelles; il me montra la meilleure volonté de terminer l'affaire des auteurs. Mais, sur quelques difficultés élevées à la lecture du réglement, qui avait, dit-il, été faite à une assemblée des quatre supérieurs de la comédie, il me renvoya à M. le maréchal de Duras, comme étant celui d'entre eux auquel ils avaient tous remis l'administration de la comédie française, et qui connaissait le mieux le fond de l'affaire.

J'eus donc l'honneur de revoir M. le maréchal de Duras, le 14 septembre 1778; il voulut bien me dire alors que l'objet étant très-important, il se proposait d'en parler à M. le comte de Maurepas, et que sa décision leverait bien des difficultés; que dans peu de temps il entrait d'année chez le roi; que son séjour à Versailles le mettrait dans le cas de saisir les moments favorables d'en conférer avec ce premier ministre.

J'attendis, non sans beaucoup réfléchir sur les nouvelles difficultés que tant de délais semblaient annoncer; mais j'avais résolu de braver tous les dégoûts, et de lasser, à force de constance et de soins, tous ceux qui pouvaient avoir intérêt à nous faire attendre la justice.

Le mois de janvier arriva : M. le maréchal de Duras entra d'année, et moi j'attendis. Trois mois se passèrent sans entendre parler de rien, et j'attendais toujours. Les auteurs perdant alors toute patience, se plaignirent à moi de moi; et d'autant plus de moi, que les comédiens triomphaient hautement, en publiant que M. de Beaumarchais et son réglement étaient.......... ce qu'on nomme au Palais *tondu.*

En effet, mon réglement et moi nous en avions tout l'air. Mes confrères (avril 1779) m'assurèrent qu'on allait jusqu'à dire à Paris que *je m'entendais avec les supérieurs de la comédie pour jouer les auteurs.* — Eh! par quel intérêt, Messieurs?.... Enfin, fatigué de leurs reproches, je pris la résolution d'aller présenter moi-même le réglement à M. le comte de Maurepas; mais comme on était fort empêtré à la comédie par les débats des dames Vestris et Saint-Val, je crus devoir patienter encore jusqu'au moment où les esprits seraient un peu calmés par une bonne décision des supérieurs. La bonne décision des supérieurs arriva : la demoiselle Saint-Val fut exilée, et les esprits ne furent point calmés.

Croyant m'apercevoir qu'ils ne se calmeraient pas de long-temps, je pris le parti de passer outre ; et le 15 juillet 1779, c'est-à-dire après avoir inutilement espéré quelque fin à ces débats pendant une année entière, j'eus l'honneur d'adresser cet interminable réglement à M. le comte de Maurepas, non sans en avoir prévenu M. le maréchal de Duras, qui parut approuver assez ma démarche.

Ma lettre au ministre était une espèce d'excuse d'oser le distraire un moment des grands objets qui l'occupaient, pour lui en mettre un sous les yeux, propre au plus à délasser son esprit à la promenade.

15 juillet 1779.

« Monsieur le Comte,

» Une petite affaire repose quelquefois des
» grandes; et je sais que vous ne regardez point
» la littérature française comme un objet au-des-
» sous de vos soins paternels.

» Depuis long-temps je suis à peu près d'accord

» avec Messieurs les premiers gentilshommes de
» la chambre sur les articles d'un nouveau régle-
» ment à faire à la comédie française, surtout
» dans la partie qui touche les auteurs drama-
» tiques.

» Ce réglement est dressé de concert avec
» Messieurs les premiers gentilshommes ; il ne
» s'agit que de lui donner son exécution. M. le
» maréchal de Duras, après m'avoir envoyé de
» sa main ses objections, que j'ai levées, a désiré
» que j'eusse l'honneur de vous en parler, pour
» avoir votre attache sur un changement si utile
» aux auteurs. Je ne sais autre chose que de vous
» adresser le réglement lui-même, que l'on dé-
» charnera de ses motifs lorsqu'ils auront servi à
» le faire adopter.

» M. le maréchal de Richelieu nous a donné
» aussi ses observations de sa main : ainsi vous
» voyez, M. le comte, que nous ne sommes
» point, comme on le dit, des séditieux qui cons-
» pirent dans les ténèbres ; nous sommes une
» compagnie d'auteurs, dont les uns font rire, les
» autres font pleurer; nous demandons justice aux
» comédiens, et protection aux ministres. Mais
» pour arracher la première, il faut commencer
» par obtenir la seconde ; et c'est au nom de tous
» les gens de lettres que je m'adresse à vous.

» L'ouvrage que j'ai l'honneur de vous adresser

» n'est point pour votre cabinet ; mais il peut
» être excellent pocheté pour vos promenades
» de l'Hermitage : après cela, dites seulement :
» *Je le veux bien*, et tout ira le mieux du monde.

» A voir le ton d'importance qui règne dans
» le préambule des articles, vous rirez peut-être
» de cet air plénipotentiaire; mais vous changerez
» d'avis, lorsque vous réfléchirez que rien n'est
» si chatouilleux que l'amour-propre de tous ceux
» dont je parle, et qu'auteurs et acteurs, nous
» sommes des ballons gonflés de vanité; et qu'en-
» fin, s'il faut lâcher le mot, une comédie est
» beaucoup plus difficile à régler, qu'un État à
» conduire, soit dit sans offenser personne.

» Vous connaissez mon très-respectueux atta-
» chement; il est fondé sur la plus vive recon-
» naissance, etc. »

Quelque temps après, ce ministre, en me rendant le projet, dont il parut content, me dit que M. le maréchal de Duras ne lui avait jamais parlé des auteurs; mais que cela n'était pas étonnant, parce que, dans l'embarras où les querelles des deux actrices mettaient encore la comédie, il paraissait mal-aisé qu'on pût s'occuper de ce qui touchait les gens de lettres.

Je fis ce récit aux auteurs. Frappés du silence de M. le maréchal de Duras, ils m'assurèrent que les soupçons d'un accord secret entre les supérieurs de la comédie et moi, s'affermiraient infailliblement dans l'esprit de tout le monde, si je ne reprenais sur-le-champ le parti de traduire les comédiens aux tribunaux ordinaires, pour obtenir enfin un compte en règle de la comédie. Mais, malgré mon mécontentement, il m'en coûtait trop de regarder comme perdues trois années entières employées à concilier l'affaire, pour aller en avant sans en avoir au moins prévenu M. le maréchal de Duras.

Le 2 août 1779, encore échauffé de la conférence des auteurs, j'écrivis à M. le maréchal la lettre suivante, qui se ressent un peu de la situation où leurs soupçons m'avaient jeté. Comme ce n'est pas une apologie, mais l'exact énoncé de ma conduite que je trace ici, je ne veux pas plus omettre ce qui peut m'accuser auprès de quelques-uns, que ce qui doit m'excuser dans l'esprit de tous.

« M. LE MARÉCHAL,

» Vous avez eu la bonté de me promettre d'as-
» sembler Messieurs les premiers gentilshommes
» de la chambre, vos confrères, et de m'admettre
» à plaider devant eux l'exécution du nouveau
» réglement pour le théâtre français. Depuis
» deux ans et demi cette affaire est remise de

» mois en mois, quoiqu'avec toute la politesse et
» les égards qui soutiennent la patience.

» Mais comme à la fin la volonté se montre,
» même à travers les procédés qui la dissimulent,
» je suis obligé de revenir à l'opinion générale,
» et de croire que vous n'avez jamais eu le dessein
» sérieux de nous faire faire cette justice que
» vous nous aviez tant promise.

» Remettant donc l'affaire au point où elle
» était le jour où vous m'avez fait l'honneur de
» m'en parler pour la première fois, je vous prie
» de vouloir bien me rendre la parole que je
» vous donnai de ne point inquiéter les comé-
» diens sur le compte qu'ils ont à me remettre.

» Mon intention est de donner aux pauvres
» tout ce qui m'est dû au théâtre, et de faire poser
» judiciairement des bornes au déni de justice
» que les comédiens font aux auteurs. Mes droits,
» sévèrement liquidés dans les tribunaux en fa-
» veur des pauvres, serviront de modèle au compte
» que chaque homme de lettres a droit de de-
» mander aux comédiens.

» Vous voudrez bien, M. le maréchal, me
» rendre le témoignage que j'ai fait tout ce que
» j'ai pu pour prévenir cet éclat; et toutes les
» pièces justificatives de la conduite des auteurs
» depuis deux ans montreront au public que ce
» n'est qu'après avoir vainement épuisé toutes les

» voies conciliatoires que je me suis déterminé,
» avec chagrin, à prendre celle d'une discussion
» juridique.

» Je suis, avec le plus profond respect,

» M. le maréchal, votre etc. »

Le 4 août, je reçus la réponse suivante :

« J'ai reçu, Monsieur, la lettre que vous avez
» pris la peine de m'écrire, et je vous avoue que
» j'ai été un peu étonné du reproche qu'elle con-
» tient, puisque vous me paraissez douter de la
» bonne foi avec laquelle je me suis conduit, et
» du désir que j'avais de terminer tous les diffé-
» rends qui s'étaient élevés entre vous et la co-
» médie, et même de faire un arrangement gé-
» néral qui pût éviter toute discussion par la suite
» avec Messieurs les auteurs. Je vous ai instruit
» de ce qui s'était passé entre mes camarades et
» moi, quand je leur ai fait part du projet que
» vous aviez bien voulu me confier, et je vous ai
» prié d'en conférer avec M. le maréchal de
» Richelieu.

» Des affaires personnelles et plus importantes
» vous ont éloigné de Paris, et mon service au-
» près du roi m'a retenu ici depuis le 1er janvier,
» sans avoir été à Paris. Je n'ai reçu de vous ni
» de personne, depuis cette époque, aucune

» lettre ni aucune proposition. Je n'ai pas douté
» que vous n'eussiez remis cette affaire, ou que
» vous ne vous en fussiez entretenu avec M. de
» Richelieu, qui est plus au fait que moi des dif-
» ficultés qui se sont présentées.

» Il me semble même avoir ouï dire que parmi
» Messieurs les auteurs plusieurs s'étaient récriés
» contre l'arrangement. Au surplus, Monsieur,
» vous êtes à portée de vous en éclaircir auprès
» de M. de Richelieu. Mon service ne me per-
» mettant pas d'aller à Paris, je ne serai pas en
» position de les suivre.

» Quant à vos demandes particulières avec la
» comédie, j'en ignore le détail; il me semble
» qu'il y aurait des moyens de vous concilier.
» Établissez vos droits; les comédiens vous ré-
» pondront après les avoir examinés; si vous
» êtes content de leurs réponses, il n'y aura pas
» matière à procès; si vous n'êtes pas satisfait,
» vous aurez toujours la ressource que vous pro-
» posez aujourd'hui.

» Pourquoi venir d'abord à un éclat qui ne
» peut aller qu'au détriment de ce spectacle, qui
» n'est déjà que trop en désordre? Vous êtes trop
» honnête pour saisir un moment où la fermen-
» tation est plus forte que jamais parmi eux. Voilà,
» Monsieur, ce que je pense.

» Je finis en vous priant de rendre désormais

» plus de justice à ma façon de penser, et de me
» croire incapable de cette basse dissimulation,
» qui, dans tous les points, est indigne de moi.
» Je suis très-parfaitement, Monsieur, votre, etc.

Signé LE MARÉCHAL DE DURAS.

J'ai eu depuis plusieurs occasions de juger que M. le maréchal de Duras avait réellement conservé sa bonne volonté pour les auteurs; mais alors je ne vis dans sa réponse qu'un inconcevable oubli du passé, soutenu d'un renvoi à cent ans pour l'avenir.

Bien résolu d'assigner les comédiens, et la tête échauffée de me voir outrageusement soupçonné d'une part, et payé de l'autre par un déni formel de justice, j'adressai sur-le-champ (7 août 1779) à M. le maréchal la réponse suivante, de la chaleur de laquelle je lui ai fait sincèrement mes excuses, lorsque j'ai cru depuis reconnaître qu'il ne nous fesait essuyer que les contradictions qu'il éprouvait lui-même.

« MONSIEUR LE MARÉCHAL,

» La lettre dont vous m'avez honoré est la
» preuve la plus complette que l'affaire des au-
» teurs dramatiques est malheureusement sortie
» de votre mémoire; et je dis de votre mémoire,

» parce que le reproche que vous me faites de
» partager l'inquiétude de mes confrères sur vos
» dispositions à les obliger, ne me permet plus
» d'en douter.

» Lisez donc, je vous prie, M. le maréchal,
» avec attention, le rapprochement de tout ce
» qui s'est passé sur cette affaire, et vous vous
» convaincrez avec étonnement que, revenus au
» point d'où nous sommes partis il y a deux ans,
» nous n'avons fait autre chose que tourner dans
» un cercle oiseux, et perdre nos travaux, notre
» temps et notre espérance.

» Par exemple, vous me mandez qu'*il y aurait*
» *moyen de me concilier avec la comédie; que*
» *je dois établir aujourd'hui mes droits devant*
» *elle, et que les comédiens me répondront après*
» *les avoir examinés.* Mais vous oubliez, M. le
» maréchal, que c'est après avoir vainement posé
» ces droits pendant un an, les avoir établis dans
» trente lettres qui ne m'ont valu de leur part
» que des réponses vaines, vagues et sans effet;
» que je fus traduit par eux devant vous, à l'ins-
» tant où, perdant patience, j'allais forcer, le
» timbre à la main, leur comptable de me re-
» mettre un état en règle de mes droits contestés.

» Vous oubliez, M. le maréchal, que le vif
» désir que vous me montrâtes alors, de changer
» cette discussion personnelle en un arrangement

» général entre les comédiens et les auteurs, me
» détermina sur-le-champ à préférer vos pro-
» messes à la voie juridique, et à rassembler chez
» moi les auteurs mes confrères, pour leur faire
» part de vos bonnes intentions.

» Vous oubliez, M. le maréchal, qu'alors vous
» ne vouliez qu'être bien éclairé sur les demandes
» des auteurs pour trancher la question seul et
» sans Messieurs vos confrères, qui, disiez-vous,
» vous avaient abandonné cette partie.

» Vous oubliez encore que, sur un léger doute
» de ma part que vos occupations vous permis-
» sent de donner à cette affaire toute la suite et
» l'attention qu'exigeait son succès, votre pre-
» mier mot fut que *vous casseriez la comédie,*
» *si elle opposait le moindre obstacle à des vues*
» *aussi judicieuses.*

» Qui n'aurait pas cru, comme moi, d'après
» cela, M. le maréchal, qu'un travail projeté de
» concert avec vous, fait par tous les gens de
» lettres, corrigé sur vos observations, et terminé
» sous vos auspices, allait rendre aux auteurs
» dramatiques les droits, injustement usurpés,
» qu'ils réclament sur leurs propres ouvrages !
» Cependant, après trois ans de patience, je suis
» renvoyé, par vous, à établir de nouveau mes
» droits d'auteur devant les comédiens, c'est-à-
» dire, à recommencer pendant une autre année

» tout ce qui a été dit et fait entre eux et moi,
» pour entamer ensuite un nouveau traité con-
» ciliatoire avec M. le maréchal de Duras, que
» les comédiens ne manqueront pas d'invoquer
» encore à l'instant où l'impatience me fera de
» nouveau recourir aux voies juridiques. C'est-à-
» dire, M. le maréchal, que, sans vous en dou-
» ter, vous m'invitez à parcourir encore une
» fois le cercle fatigant de trois ans de travaux
» perdus et de soins inutiles; autant valait-il alors
» me laisser aller au parlement, comme je me dis-
» posais à le faire.

» Vous me renvoyez, dans votre lettre, *à M. le*
» *maréchal de Richelieu sur les objections faites*
» *contre le réglement, parce que, dites-vous,*
» *votre service de Versailles vous empêche de*
» *vous en occuper;* mais vous oubliez, M. le
» maréchal, qu'à la fin de l'an passé vous vous
» félicitiez d'entrer d'année à Versailles, parce
» que vous espériez qu'étant à demeure dans le
» lieu qu'habite M. le comte de Maurepas, vous
» trouveriez facilement le moyen de régler avec
» lui l'affaire de la comédie, dans des moments
» où celles de l'État lui laisseraient un peu de
» repos.

» Sur cet espoir, j'ai remis à M. le comte de
» Maurepas le nouveau réglement du théâtre avec
» vos corrections. Ce ministre, à qui j'ai depuis

» pris la liberté d'en demander son jugement,
» m'a répondu qu'il en était content, mais que ja-
» mais vous ne lui aviez dit un mot des auteurs dra-
» matiques, et qu'il vous croyait trop embarrassé
» du tracas des acteurs, pour qu'on pût vous
» proposer de penser aux auteurs dans ce mo-
» ment-ci.

» A quelle époque donc les auteurs drama-
» tiques peuvent-ils espérer qu'on s'occupera de
» leur affaire? Y a-t-il, M. le maréchal, une pa-
» tience à l'épreuve d'une pareille inaction? et,
» si tous ces faits étaient connus du public, n'au-
» rions-nous pas autant de partisans de nos plaintes,
» qu'il y a de gens sensés dans le royaume?

» Vous me mandez encore, M. le maréchal,
» que vous avez ouï dire que, parmi les auteurs,
» plusieurs se sont récriés contre l'arrangement;
» mais vous oubliez que vous avez su, par moi,
» dans le temps, que le point de division entre
» quelques membres et le corps entier des au-
» teurs, ne portait que sur le vœu général (de
» l'assemblée) pour l'élévation d'un second théâ-
» tre. Plusieurs voulaient que la demande en fût
» remise au temps où l'on aurait épuisé tous les
» moyens d'avoir justice; et les autres, que l'on
» commençât par cette demande au conseil du
» roi; certains, disaient-ils, que jamais nous
» n'obtiendrions rien de l'administration de la
» comédie.

» Il est bien fâcheux, M. le maréchal, que
» l'événement semble justifier aujourd'hui leurs
» inquiétudes. A la vérité, quelques objets de
» discipline intérieure entre les auteurs ont pu
» les émouvoir dans leurs assemblées; mais avez-
» vous jamais douté que tous les vœux ne se réu-
» nissent pour un réglement qui mettait leurs
» intérêts à couvert, et tendait à consolider leurs
» succès? Il faudrait donc supposer que, mes
» confrères et moi, ne sommes, ni hommes ni
» auteurs dramatiques.

» Vous voulez bien me dire, M. le maréchal,
» que vous me croyez trop honnête pour saisir
» un moment où la fermentation est plus forte
» que jamais parmi les comédiens; mais je ne
» m'adresse point aux comédiens : c'est à leurs
» supérieurs que je demande justice; et qu'im-
» porte alors que les comédiens manquent de
» sagesse ou d'équité, si leurs supérieurs en sont
» suffisamment pourvus? Que font au réglement
» des auteurs les tracasseries des actrices, si l'on
» veut bien ne pas confondre un objet grave avec
» des minuties, et donner à l'affaire des gens de
» lettres quelques-uns des moments trop prodigués
» peut-être à régler la préséance entre ces dames?

» L'usage que je fais de mes honoraires d'au-
» teur en faveur des pauvres montre assez que
» ceci n'est pas une combinaison d'écus, mais

» un moyen forcé, à défaut de tout autre, de
» constater enfin les droits des auteurs, dont les
» reproches m'affligent et me fatiguent, autant
» que leur confiance m'avait d'abord honoré.

» D'ailleurs, quand je ne mettrais aucune im-
» portance personnelle à cette décision, est-il
» possible, M. le maréchal, que vous n'y en
» mettiez pas vous-même, et n'ai-je pas dû penser
» qu'en me présentant à M. le maréchal de Duras,
» très-grand seigneur, gentilhomme de la cham-
» bre du roi, académicien français, de plus, ins-
» titué supérieur du spectacle national pour en
» maintenir la splendeur et redresser les griefs
» qui tendent à le dégrader, n'ai-je pas dû pen-
» ser, dis-je, que je lui fesais ma cour de la ma-
» nière la plus flatteuse, en le priant de vouloir
» bien être l'arbitre d'une querelle aussi intéres-
» sante aux gens de lettres qu'utile à la comédie,
» qu'il est bon quelquefois de séparer des comé-
» diens?

» Quel temps donc, M. le maréchal, croyez-
» vous plus propre à régler les droits des au-
» teurs, que celui où les dissentions intérieures
» du spectacle obligent l'autorité de s'occuper
» du spectacle? Espérez-vous qu'il y ait jamais
» un intervalle sans querelles à la comédie, tel
» que les trois ans qu'on a consumés à nous faire
» espérer une justice que nous n'avons pas obte-

» nue? car il est bien clair que, soit avec inten-
» tion, ou malheureusement, ou par hasard,
» nous sommes arrêtés depuis trois ans sur un
» objet de réglement qui, franchement accueilli
» par vous, M. le maréchal, n'aurait pas dû vous
» occuper trois semaines.

» Il est bien clair encore que M. le maréchal
» de Richelieu va nous renvoyer vers vous, qui
» nous renvoyez vers lui, lorsqu'il aura fait ses
» observations. Pour peu qu'il faille après revenir
» encore à consulter les comédiens, dont on sait
» déjà que l'avis est de tout garder, puisqu'ils ont
» tout usurpé; pour peu qu'on flotte encore une
» autre couple d'années entre nos demandes et
» leurs objections, pour peu surtout que le sys-
» tème de démissions, dont les comédiens mena-
» cent en toute occasion de faire usage, soit mis
» par eux en avant contre nos demandes, à dé-
» faut de bonne réponse, pouvez-vous nous dire,
» M. le maréchal, ce que nous devons faire alors,
» et à qui nous devons nous adresser?

» Puis donc que l'autorité des supérieurs de la
» comédie est sans pouvoir sur les comédiens,
» ne vaudrait-il pas mieux, M. le maréchal, lais-
» ser décider la question des droits des auteurs
» aux tribunaux chargés de veiller sur les pro-
» priétés des citoyens? car, ne pas faire justice,
» et trouver mauvais qu'on la demande ailleurs,

» est une idée qui souleverait tous les bons es-
» prits.

» Je vous supplie, M. le maréchal, au nom de
» tous les auteurs dramatiques, au nom du public
» mécontent de l'appauvrissement général du
» théâtre français, de vouloir bien peser la force
» de mes représentations. Certainement on ne
» peut disconvenir que ce théâtre ne soit aujour-
» d'hui tombé dans le pire état possible, et que
» le plus médiocre théâtre de province, toute
» proportion gardée, avec un chétif directeur,
» et point d'autre loi que son intérêt, ne marche
» mieux et ne contente plus le public que la co-
» médie française, le spectacle par excellence,
» ayant à sa tête, pour directeurs, quatre hom-
» mes de qualité puissants, constitués dans les
» plus hautes dignités, dont deux sont de l'aca-
» démie française, ce qui suppose, outre le mé-
» rite académique, un grand amour du théâtre
» et des belles-lettres.

» Il y a donc un vice, ou dans la constitution
» ou dans l'administration de ce spectacle; et
» quand nous vous proposons des moyens sûrs
» de ranimer l'émulation des auteurs et des ac-
» teurs, nous voyons avec chagrin que les plus
» faibles considérations, qu'une crainte frivole,
» une panique terreur que les gens de lettres ne

» tendent sourdement à dominer l'autorité des
» gentilshommes de la chambre sur le spectacle,
» est le vrai motif qui les empêche de prêter la
» main à nos demandes légitimes.

» Mais puisque c'est à vous, M. le maréchal,
» que nous nous adressons, nous sommes donc
» bien éloignés de contester votre suprématie au
» spectacle. Nous ! vouloir dominer sur la co-
» médie ! Que Dieu préserve tout homme sage
» d'avoir une idée aussi contraire à son repos !
» Et si tout le pouvoir et les lumières réunies de
» quatre des plus grands seigneurs du royaume,
» absolument maîtres en cette partie, ne peuvent
» réprimer la déplorable anarchie qui désole et
» détruit le théâtre français, comment les gens
» de lettres, qui n'ont seulement pas le crédit
» d'obtenir justice pour eux-mêmes, peuvent-ils
» être soupçonnés d'attenter à une autorité qu'ils
» n'ont cessé d'invoquer jusqu'à ce jour ?

» D'après ces observations, j'aurai l'honneur
» de voir M. le maréchal de Richelieu, comme
» vous m'y invitez ; mais si cette tentative ne me
» réussissait pas plus que les précédentes, pour-
» riez-vous trouver mauvais que je fisse assigner
» les comédiens à me rendre en justice un compte
» exact et rigoureux, qui mettrait dans le plus
» grand jour les produits de la caisse et les abus

» qui se commettent, aux dépens des auteurs, à
» la comédie française?

» Je suis avec le plus profond respect,

» M. le maréchal, votre, etc.

Signé CARON DE BEAUMARCHAIS.

Voici la réponse à cette lettre.

« Versailles, le 11 août 1779.

» Je n'entreprendrai pas, Monsieur, de ré-
» pondre à tous les articles contenus dans votre
» lettre du 7. Mon devoir ne me laissant pas le
» temps qui serait nécessaire, je me bornerai à
» quelques réflexions qui doivent détruire les
» soupçons très-mal fondés que vous persistez à
» avoir sur ma façon de penser, et sur ma con-
» duite vis-à-vis de vous.

» *Je croyais vous avoir dit, d'une façon très-*
» *claire*, que j'avais trouvé, de la part de mes
» camarades, une opposition marquée *à l'exé-*
» *cution du projet que nous avions arrêté. Je l'ai*
» *discuté très-long-temps vis-à-vis d'eux, et je*
» *n'ai pu les vaincre. Je n'ai qu'une voix parmi*
» *eux, elle n'est pas prépondérante.* Je vous en
» ai prévenu pour que vous puissiez vaincre les
» obstacles, et je vous prie d'en conférer avec

» M. de Richelieu. Ma façon de penser n'a point
» changé, mais elle ne décide pas.

» Je vous ai parlé *du procès que vous vouliez*
» *faire aux comédiens,* parce que j'ai cru qu'il ne
» pouvait *que produire un mauvais effet* POUR
» EUX; car, au surplus, que m'importe à moi
» une affaire de cette espèce? Je suis trop
» ennemi de tous ces détails, pour qu'on puisse
» me soupçonner d'y mettre une grande chaleur.
» *J'ai désiré que ce spectacle pût se soutenir;*
» je me suis occupé de ce qui pouvait y contri-
» buer ; LES CABALES, LES INTRIGUES *y* ont
» *apporté les plus grands obstacles;* j'en suis
» bien fâché, mais je ne peux m'en affecter à
» un certain point.

» *Pour votre projet même,* je peux vous as-
» surer qu'il y a beaucoup d'auteurs qui se sont
» donné beaucoup de mouvements pour en em-
» pêcher l'effet.

» Vous me reprochez de n'avoir pas parlé à
» M. de Maurepas : ce ministre a apparemment
» trop d'affaires pour se souvenir de tout ce
» qu'on lui dit ; mais quand vous voudrez, nous
» lui parlerons ensemble. Je vous avoue que je
» suis un peu étonné que le désir de plaire à
» MM. les auteurs, ne m'attire que des reproches
» et des soupçons, au-dessus desquels je me crois
» en droit de me mettre. *Si je ne l'avais pas*

» pensé, je ne l'aurais pas dit; si je ne l'ai pas
» exécuté, c'est que cela ne dépend pas unique-
» ment de moi. Voilà ma profession de foi.

» Je suis très-parfaitement votre très-humble,

Signé LE MARÉCHAL DE DURAS.

» Quand vous aurez vu M. de Richelieu, si
» vous venez à Versailles, et que vous désiriez
» de me voir, je serai à vos ordres. »

Ainsi, M. le maréchal de Duras a trouvé, dans ses confrères, de l'opposition *à l'exécution du projet que nous avions arrêté*. Nous avions donc arrêté un projet, M. le maréchal et moi. *Il l'a discuté très-long-temps devant ses camarades, et n'a pu les vaincre.* M. le maréchal était donc en tout de mon avis. *Sa façon de penser n'a point changé, mais elle ne décide pas.* L'opposition de ses collègues même n'a donc pu l'empêcher de reconnaître que j'avais raison. *Il m'a parlé du procès que je voulais faire aux comédiens, parce qu'il a cru qu'il ne pouvait que produire un mauvais effet* POUR EUX. Pour eux! cela est clair. M. le maréchal pensait donc que le procès des auteurs était juste ; il ne m'arrêtait que par bonté pour les comédiens.

Tous ces aveux sont bien précieux à retenir, aujourd'hui que l'on paraît changer. *Pour mon projet, il l'approuve; il en a parlé, dit-il, à M. de Maurepas. S'il ne l'avait pas pensé, il ne l'aurait pas dit; et s'il ne l'a pas exécuté, c'est que cela ne dépend pas uniquement de lui.* VOILA MA PROFESSION DE FOI, ajoute M. le maréchal.

Je supplie le lecteur de ne pas oublier toutes ces circonstances ; elles trouveront leurs places. Et moi je continue : mais avant de reprendre ma narration, qu'on me permette une courte réflexion sur la bizarrerie de cette affaire.

M. le maréchal de Duras est de mon avis; il trouve de l'opposition dans ses confrères ; mais ni M. le duc d'Aumont, ni M. le duc de Fleury ne se mêlent du spectacle français ; reste donc M. le maréchal de Richelieu : mais je l'ai toujours trouvé de mon avis toutes les fois que je lui ai parlé des auteurs. Si on lit son billet attaché aux remarques qu'il a faites sur le projet de réglement que M. le maréchal de Duras approuve, on voit combien M. le duc de Richelieu montre de grâces et de bienveillance pour nos succès. Dans son aveu de la justice de mes demandes sur l'amélioration du sort des auteurs, voici ses termes (page 10 du réglement). *Détails très-raisonnables, qui dévoilent la juste nécessité de faire* UNE NOUVELLE APPRÉCIATION *pour ce qui doit revenir aux auteurs.*

J'eus l'honneur de voir M. le maréchal de

Richelieu le jour même (12 août) que j'avais reçu la dernière lettre de M. le maréchal de Duras. Le premier me dit que M. le maréchal de Duras, bien fâché contre moi des reproches dont ma dernière lettre était remplie, lui avait pourtant indiqué un rendez-vous chez lui, où je serais le maître de me trouver moi-même, pour essayer encore une fois d'éviter le procès que je paraissais vouloir intenter à la comédie.

On reconnaîtra, dans le billet que M. le maréchal de Richelieu me fit l'honneur de m'écrire au sujet de l'assemblée projetée, combien il était éloigné de mettre des entraves aux demandes des auteurs.

« Paris, ce 3 septembre 1779.

» M. le maréchal de Richelieu sera prêt à la
» conférence dont M. de Beaumarchais l'instruit
» que M. le maréchal de Duras désire; et, pour
» qu'il ne l'oublie pas, il va lui écrire. Mais,
» comme il y a tribunal lundi, il présuppose que
» ce sera lundi matin; cependant M. le maréchal
» de Richelieu *ne serait point étonné que cette*
» *affaire fût encore fort longue; car, depuis*
» *bien des années, il n'en a vu finir aucune,*
» *de ce genre surtout.* »

D'où il résulte que tous ceux qui ont pris connaissance de mes travaux dans cette affaire, sont de mon avis : que les deux seuls premiers gentilshommes de la chambre, qui se mêlent du spectacle, ont pensé comme moi. Et puis, qu'on trouve après, si l'on peut, d'où a pu sortir la diabolique opposition qui a toujours empêché que le bien se fît.

Le jour de l'assemblée venu (4 septembre 1779), M. le maréchal de Duras nous assura positivement que le roi n'approuvait point qu'on s'occupât d'un projet de réglement, et qu'il fallait s'en tenir à l'objet pécuniaire du droit des auteurs, sur lequel j'étais le maître de revenir, en épuisant les moyens d'écarter un procès qui nuirait beaucoup aux comédiens; et l'on me demanda si je ne voulais pas me prêter à de nouveaux essais.

Ma réponse, un peu sèche peut-être pour l'occasion, fut que j'allais en effet recommencer les recherches de mes droits d'auteur, puisque M. le maréchal assurait que le roi s'opposait à ce que ceux qui ont dix fois raison lui demandassent une fois justice. Et pour qu'on ne prît point le change sur ma résignation, j'ajoutai que quel que fût l'espoir des comédiens d'éluder l'effet de mes recherches, j'assurais bien qu'ils pourraient me fatiguer, mais qu'ils ne me lasseraient point, et que je mettrais tout le temps et les soins convenables à découvrir jusqu'où la comédie française pouvait porter le crédit d'être impunément injuste envers tous ceux que leur malheur mettait en relation avec elle.

J'allais me retirer, lorsque M. de La Ferté, intendant des menus, proposa, pour m'appaiser, de me remettre en main un état de recette et dépense de plusieurs années de la comédie, sous ma promesse de ne le communiquer à personne, pas même à mes confrères, avant que j'eusse fait part, à la même assemblée que nous formions en ce moment, du résultat de mes travaux arithmétiques, et de l'évaluation que j'en tirerais du véritable droit des auteurs sur les représentations de leurs ouvrages.

Cette offre, en effet, m'arrêta. Je promis de suspendre le procès, et de garder le secret sur les papiers qui me seraient confiés, ne demandant pas mieux que de réduire à des chiffres incontestables une question que trois ans de raisonnements et de débats n'avaient pas encore effleurée.

Je ne sais comment on s'y prit, mais enfin, malgré les répugnances de la comédie, je reçus par M. de La Ferté, le 21 septembre 1779, un état des dépenses de trois années, et un état de recettes tant des petites loges que du casuel de la porte de la comédie française pour les trois mêmes années.

Enfin, muni de ces états plutôt arrachés qu'obtenus, après quatre ans de soins perdus; muni de tous les arrêts, lettres-patentes et réglements passés, c'est de ce moment que je puis dire avoir commencé un travail un peu fructueux pour les auteurs mes confrères; et c'est son résultat qui va faire la matière de ma seconde partie, plus essentielle que la première.

SECONDE PARTIE.

DROITS DES AUTEURS USURPÉS PAR LES COMÉDIENS.

Avant de chercher si la comédie rend ou retient aux auteurs ce qui leur appartient sur les représentations de leurs ouvrages, il faut savoir en quoi consistent leurs droits; quelle loi les a fondés; en quel temps cette loi fut donnée; quel était l'état du spectacle lors de sa promulgation; si cet état est le même, aujourd'ui qu'on dispute sur l'exécution de la loi. Toutes ces données sont indispensables, et la question à juger en découle nécessairement.

Il paraît que la première loi fut la convenance réciproque des contractants; ce fut même par une suite de cette libre convenance que les comédiens, craignant de trop payer une pièce présentée en 1653, par Quinaut, jeune encore, crurent la mettre *au plus bas rabais*, en lui offrant le neuvième du produit des représentations qu'aurait sa pièce. Or, ce plus bas rabais d'un ouvrage dédaigné, cette offre du neuvième de la recette, n'en est pas moins l'arrangement qui a subsisté depuis entre les auteurs et les comédiens.

Alors il dut paraître essentiel de fixer au moins jusqu'à quel terme ce neuvième de recette appartiendrait à l'auteur. Le plus naturel était celui qu'on choisit.

Les comédiens dirent aux auteurs : *nous avons l'été pour 300 liv. de frais par jour; et l'hiver ils montent à 500 liv., à cause du feu, de la lumière et de l'augmentation de la garde aux portes. Vous avez droit au neuvième de la recette; mais quand nous ne fesons de recette que nos frais, vous sentez qu'il n'y a rien à partager : et lorsqu'après plusieurs essais nous voyons que la recette ne remonte plus, et que le goût du public est usé sur un ouvrage, vous devez consentir à ce que nous cessions de le représenter.*

Cette règle était si simple et si juste, que les auteurs l'avaient adoptée sans conteste : aussi les premiers réglements qui furent envoyés aux comédiens par madame la Dauphine, en 1685, ne firent que sanctionner une convention si naturelle.

Il est vrai que les comédiens ne parlèrent point alors à l'auteur de ce qui lui reviendrait s'ils reprenaient un jour sa pièce, et si le goût du public, échauffé de nouveau sur l'ouvrage, lui donnait un jour des recettes abondantes. De ce silence, les comédiens ont conclu depuis que les fruits de la reprise des pièces étaient une hérédité prématurée, qu'on ne devait pas leur disputer du vivant même des auteurs.

En 1697, un nouveau réglement, donné pour réformer quelques abus, confirma l'ancien arrangement du neuvième. Ainsi, la loi d'une convenance réciproque, sanctionnée par plusieurs réglements, a maintenu les auteurs, depuis 1653 jusqu'en 1757, c'est-à-dire, pendant plus de cent ans, dans le droit modéré *de toucher le neuvième de la recette, les frais ordinaires et journaliers prélevés; et de jouir de ce neuvième jusqu'à ce que la comédie leur eût prouvé, par deux recettes consécutives au-dessous de 300 liv. l'été et 500 liv. l'hiver, qu'elle n'avait retiré que ses frais, et que le goût du public était usé pour l'ouvrage.*

Mais il paraît que l'année 1757 fut un temps de haute faveur pour les comédiens français. A cette époque, ils avaient fait un tel abus du privilége de se gouverner eux-mêmes, qu'ils devaient 487,000 livres; et ils n'en obtinrent pas moins de la bonté du roi que S. M. payât à leur décharge une somme de 276,000 livres; et au moyen d'une autre déduction également de faveur, ils se trouvèrent, en 1757, ne plus devoir que 179,000 livres.

Ils obtinrent de plus la permission de vendre à vie cinquante entrées au spectacle, lesquelles, à 3000 livres chacune, devaient leur rendre 150,000 livres, et réduire ainsi leurs dettes à 50,000 livres.

Pendant qu'ils étaient en train d'obtenir, il ne leur en coûta pas plus de faire glisser dans un réglement intérieur, et non communiqué, que les auteurs qui jouissaient depuis *cent ans* du neuvième de la recette de leurs pièces, jusqu'à ce qu'elles fussent tombées deux fois de suite à 500 liv. l'hiver et 300 liv. l'été, c'est-à-dire, jusqu'à ce que les comédiens n'eussent fait que leurs frais deux fois de suite, ils firent, dis-je, glisser facilement *que les auteurs cesseraient à l'avenir de jouir du neuvième aussitôt que la pièce aurait tombé deux fois de suite au-dessous de* 1200 *liv. l'hiver et* 800 *liv. l'été.*

C'était plus que couper en deux leur propriété ; car si une pièce, pour tomber à 500 livres de recette, avait pu jouir de douze représentations, on sent qu'elle ne devait plus prétendre qu'aux fruits de cinq représentations, dès que les comédiens la retireraient à 1200 liv. de recette.

On se garda bien de communiquer alors ce réglement aux auteurs qui en étaient pourtant l'unique objet. Mais les comédiens osaient tout, parce qu'ils se sentaient protégés, et qu'ils agissaient contre des gens isolés, dispersés, sans réunion, sans force et sans appui ; contre des gens qui avaient plus d'intelligence de leur art que de connaissance des affaires, ou plus d'amour de la paix que de fermeté pour défendre leurs droits.

Cette usurpation, ou cette heureuse distraction des comédiens, fut le signal d'une foule de distractions de la même espèce, qui se succédèrent depuis sans interruption.

Par exemple, une pièce un peu suivie pouvait ne pas tomber assez tôt au gré des comédiens, *en deux représentations de suite*, au-dessous de 1200 livres de recette, parce qu'un grand jour succédant à un petit jour, il arrivait souvent que la pièce se relevait. Les comédiens, féconds en distractions, trouvèrent moyen de communiquer les leurs au rédacteur d'un nouveau réglement; il oublia d'écrire après les mots, *deux représentations*, ces petits mots, *de suite*, qui se trouvaient dans le premier réglement non communiqué : alors l'alternative seule des grands et des petits jours devant amener en peu de jours *deux représentations séparées* au-dessous de 1200 liv., la pièce se trouva bientôt perdue pour l'auteur.

Il est impossible d'assigner le moyen dont ils se servirent pour opérer dans la tête du rédacteur un oubli qui tendait à raccourcir encore la propriété des auteurs ; ce qu'il y a de vrai, c'est que ces derniers n'entendirent pas plus parler du second réglement, que du premier qui les avait coupés en deux.

On murmurait beaucoup cependant ; mais chaque auteur pouvant à peine attraper le rang d'une nouvelle pièce, en cinq années d'attente, on sent avec quelle facilité un corps permanent assurait le fruit de ses distractions, en les exerçant toujours sur de nouveaux individus.

Après avoir beaucoup lu, beaucoup étudié les principes de l'ancienne convention qui a duré un siècle et a été confirmée par divers réglements adoptés, et les avoir appliqués à l'état des recettes et dépenses de la comédie, au bordereau remis par la comédie en 1776 pour le décompte du *Barbier de Séville*, je suis parvenu à former un résultat si exact sur le droit d'auteur, qu'il m'a paru très-important de le communiquer aux comédiens.

Enfin, après bien des difficultés combattues, et six nouveaux mois de patience encore écoulés à solliciter une conférence où ces objets pussent être examinés, je suis parvenu à faire assembler, le 22 janvier 1780, chez M⁹ Gerbier, avocat, tout le conseil de la comédie, dont il est membre, composé de trois avocats au parlement, deux au conseil, six comédiens français, un intendant des menus; et les quatre commissaires de la littérature, dont j'étais, s'y sont rendus de leur côté.

Pour disposer l'auditoire à me porter une attention favorable et nécessaire, j'ai commencé par lui mettre sous les yeux l'exposé de ma conduite modérée, tel qu'on l'a lu dans la première partie. Puis cessant de montrer ces pièces justificatives de ma patience exemplaire, je leur ai dit:

Pour que la littérature et la comédie, Messieurs, aient également à se louer de mon exactitude, je vais, en vous montrant mes travaux, vous indiquer jusqu'aux procédés mêmes que j'ai employés pour arriver au décompte le plus certain du droit d'auteur.

1° Par l'état de recette et dépense de trois ans, que la comédie m'a fait remettre, j'ai vu que trois années de spectacle n'avaient produit que neuf cent soixante-treize représentations à la comédie. J'ai divisé ce nombre en trois, pour obtenir celui des représentations d'une année commune prise sur trois; ce qui m'a montré que l'année théâtrale n'était pas composée de 365 jours, comme l'année civile, mais seulement de 324 jours. J'ai donc pris ce nombre pour diviseur de la somme de toutes les dépenses et recettes annuelles de la comédie; ce qui donnerait au quotient la dépense

AUX AUTEURS DRAMATIQUES.

où la recette journalière du spectacle dans leurs justes relations avec les totaux annuels.

2° Ce point d'appui trouvé, Messieurs, j'ai cherché quels objets dans la recette et la dépense annuelle de la comédie étaient assez invariables pour qu'on pût en former la fixation journalière par le diviseur 324.

Dans la recette, j'ai reconnu que, d'après l'état remis par la comédie, les petites loges rendent par an, sur le pied de leurs baux, 259,000 livres, lesquelles, divisées par 324, font par jour 800 liv. de recette assurée à la comédie, qu'on doit regarder comme un démembrement de la recette casuelle de la porte, et qu'il y faut ramener.

Sur la dépense, j'ai trouvé que l'abonnement fait avec les hôpitaux pour la redevance appelée *quart des pauvres*, coûte par an à la comédie 60,000 livres, lesquelles, divisées par 324, fixent le coût journalier de cet impôt à 185 liv., dont l'auteur doit payer le neuvième.

3° J'ai examiné la dépense de trois années, montant, suivant l'état fourni par la comédie, à *un million* 24,000 livres, en nombres ronds. Si l'état est juste, il n'y avait qu'à diviser cette somme en trois pour avoir la dépense annuelle, laquelle ensuite divisée par 324, nombre établi diviseur commun, donnerait juste la dépense journalière de ce spectacle : rien n'était si simple encore.

4°. Un seul objet, Messieurs, ne pouvait pas être soumis à cette division générale : c'était la recette journalière et casuelle qui se fait à la porte de la comédie, parce que le plus ou moins d'affluence met une variété infinie dans cette recette; mais comme on en tient des registres fidèles, le relevé de chaque jour, mis dans toutes ses différences en colonne additionnelle, suivant le nombre des jours où chaque pièce nouvelle a été jouée, donnerait fidèlement la recette casuelle sur laquelle un auteur doit prélever son droit acquis du neuvième.

5° J'ai remarqué que, par l'article 25 de l'acte de société des comédiens, en 1757, et des lettres-patentes enregistrées en 1761, la comédie avait obtenu du roi la permission de vendre à vie cinquante abonnements personnels, à 3,000 livres chacun. Sans savoir combien il existait de ces abonnements, j'ai conclu que tous ceux qui avaient été vendus étant un démembrement des recettes de la porte, ainsi que les petites loges, autant il s'en trouverait sur les registres, autant il s'en compterait par jour de représentation; sur quoi l'auteur prendrait son neuvième.

Bien assuré de toutes ces données, je me suis proposé, Messieurs, de comparer en votre présence le bordereau que la comédie m'a envoyé en 1776, de trente-deux représentations du *Bar-*

bier de Séville, d'après lequel il revenait, disait-on à l'auteur, 5,418 livres. Je vais le comparer avec les vrais éléments de ce compte, tels que je viens de les établir, en observant que la comédie avait joint à son bordereau une lettre qui portait que ce bordereau était fait suivant l'usage constant de la comédie avec MM. les auteurs ; d'où il résulte que si ce compte offre une somme exacte d'après les données dont nous venons de tomber d'accord, tous les auteurs qui avaient sourdement réclamé, depuis trente ans, contre de prétendues usurpations de la comédie, seront reconnus dans leur tort; et que, dans le cas contraire, ce sera la comédie : c'est ce qu'il fallait essayer de fixer une bonne fois pour remédier au mal, de quelque part qu'il vînt, et tâcher de ramener la paix et la bonne intelligence entre les deux partis.

Copie du bordereau envoyé par la comédie.

PART D'AUTEUR.

M. de Beaumarchais, *pour trente-deux représentations du* Barbier de Séville, *comédie en quatre actes.*

Recettes journalières pour trente-deux représentat.	68,566^l	
Abonnements des petites loges, à 300 liv. par jour.	9,600	78,166^l

D'autre part. . . . . 78,166¹ ″ˢ ″ᵈ

Sur quoi à déduire :

Quart des hôpitaux. 19,541¹ 10ˢ
Frais ordinaires et journaliers, à 300 liv. par jour.. 9,600 ″
128 soldats assistants, à 20ˢ..... 128 ″
Frais extraordinaires par jour.... 128 ″
} 29,397¹ 10ˢ ″ᵈ

Reste net de la recette. . . . . . 48,768 10 ″
Dont le neuvième pour le droit d'auteur est de. 5,418 14 5

Alors, fesant mes rapprochements, j'ai dit : Vous voyez, Messieurs, au premier article du bordereau, pour trente-deux représentations du *Barbier de Séville*, reçu à la porte, 68,566 liv. Il n'y aurait pu avoir ici qu'une erreur d'addition ; mais comme elle s'est trouvée sans faute, je passe aux autres points du bordereau.

Deuxième article. Pour l'abonnement des petites loges, 300 liv. par jour, pour trente-deux représentations, font 9,600 liv.

Comparant cette somme de 300 livres avec le produit de 800 livres par jour que portent au quotient les 259,000 livres de recette annuelle, morcelée par le diviseur 324, je demande, Messieurs, quelle explication l'on peut donner de la différence des 300 livres du bordereau de la comédie, au produit réel de 800 livres par jour ?

Mᵉ Gerbier a répondu, pour la comédie, que si les petites loges n'étaient portées sur le bordereau qu'à 300 liv. par jour, quoiqu'elles en rendissent réellement 800, c'est qu'on offrait à l'auteur une compensation raisonnable, en ne lui comptant aussi les frais journaliers que sur le pied de 300 liv., quoiqu'ils coûtassent beaucoup davantage à la comédie : ce qu'on reconnaîtrait à l'examen de l'article des frais.

Je me suis permis de répliquer qu'il me semblait plus convenable, en présentant un compte, d'y porter la recette et la dépense à leur valeur exacte, que d'altérer l'une et l'autre par une compensation obscure ou arbitraire ; question sur laquelle je me proposais de revenir à l'article des frais. Et j'ai continué l'examen avec eux.

Dans le bordereau, Messieurs, la comédie porte le quart des hôpitaux, sur la recette des trente-deux représentations du *Barbier de Séville*, à 19,542 liv., dont le neuvième, supporté par l'auteur, est de 2,171 liv. 8 sous. Je ne puis m'empêcher d'observer ici que, suivant l'état général des dépenses fourni par la comédie, elle convient ne payer aux hôpitaux que 60,000 l. par an, lesquelles, divisées par 324, donnent une dépense journalière de 185 liv. au profit des pauvres. Si, multipliant, ai-je dit, ces 185 liv. par trente-deux représentations, on trouve en résultat les 19,542 liv. portées au bordereau de la comédie, ce bordereau sera exact; mais trente-deux fois 185 liv. ne font que 5,920, dont le neuvième à payer par l'auteur est 657 liv. La différence de cette somme à celle du bordereau, 2,171 l., forme donc encore au dommage de l'auteur une erreur de 1,514 livres. Que d'erreurs, Messieurs! que d'erreurs!

M⁰ Gerbier a répondu, pour la comédie, que l'abonnement qu'elle avait fait avec les pauvres ne pouvait profiter à MM. les auteurs; *qu'à la vérité, ils prenaient part pour un neuvième dans la société le jour de chaque représentation de leurs pièces,* mais qu'*ils n'étaient pas associés à la comédie ni aux comédiens :* d'où il résultait que l'abonnement annuel qu'elle avait fait avec les pauvres, était son affaire particulière; que si elle y gagnait, c'était un bénéfice qui n'avait rien de commun avec celui des représentations dans lesquelles les auteurs ont droit; que si elle y perdait, MM. les auteurs seraient bien fondés à rejeter cet abonnement comme une chose étrangère; en un mot, que ce traité était un marché particulier que toute personne aurait pu faire avec les hôpitaux, et qu'il était contre tout principe de vouloir en faire une ferme commune entre les auteurs et la comédie.

Je me suis permis de répliquer, 1° que M⁰ Gerbier savait aussi bien que moi qu'il n'y avait arrêt ni réglement qui soumît les auteurs à payer ni l'orchestre, ni les ballets, ni l'illumination, ni les pauvres; mais qu'il est dit seulement, dans les réglements, *qu'après tous les objets de dépense journalière acquittée par la comédie, la somme qui reste en recette sera divisée en neuf parts, dont huit appartiendront aux comédiens, et la neuvième à l'auteur :* d'où il résulte que le neuvième de l'auteur doit se prélever net sur la recette entière appartenante aux comédiens, tous frais journaliers acquittés par eux. Or, une portion de ces frais journaliers étant cette somme de 185 liv. que la comédie paye aux pauvres, je n'entends pas bien par quel principe les comédiens prétendraient faire passer à l'auteur, dans leurs frais journaliers, sur le pied de 610 liv. 14 s. 7 den. de dépense, un impôt qui ne leur coûte à eux-mêmes que 185 liv. par jour. C'est faire payer aux auteurs, sur le pied de 198,000 liv. par an, ce qu'ils ne payent que 60,000 liv. Il y a 138,000 liv. d'erreur sur cet article, au préjudice des auteurs.

2° Que si les comédiens se sont rendus fermiers des pauvres sur le débet de leur quart, ils se sont aussi rendus fermiers des riches sur la recette des petites loges; or, on sait bien qu'afin de louer ces loges pour tous les jours de l'année, ils donnent, sur le pied de 2 liv. 10 s. par jour, trois cent vingt places, dont plus de la moitié aurait rendu 6 liv. chacune, toutes les fois que les nouveautés attirent du monde, si ces places eussent été laissées au public; et si l'argument de M⁰ Gerbier est bon, qui dit qu'*en cas de perte sur un abonnement annuel, que la comédie voudrait faire partager aux auteurs, ceux-ci seraient bien fondés à rejeter l'abonnement comme chose étrangère à eux,* ils ont donc le droit rigoureux, suivant M⁰ Gerbier lui-même, de rejeter cet abonnement de petites loges, et de demander compte aux comédiens de trois cent vingt places, partie sur le pied de 6 liv., qui rendraient de 16 à 1800 liv. par jour, au lieu de 800 liv. que la comédie leur passe ; car il n'y aurait ni raison ni équité de prétendre forcer un auteur à entrer dans l'abonnement annuel des petites loges, qui lui fait perdre gros, en refusant de l'admettre à celui des hôpitaux où il y a quelque bénéfice à faire.

Ne trouvez donc pas mauvais, ai-je continué, que nous usions de votre propre argument pour démontrer que notre réclamation sur le quart des pauvres est non seulement juste, mais toute entière à l'avantage de la comédie ; car si l'on nous renvoyait en l'état de payer les hôpitaux, et de toucher franchement toute la recette, sans entrer dans aucun affermage des pauvres ni des riches, il y aurait 100 pour 100 de gain sur le marché pour les auteurs.

Quatrième article du bordereau de la comédie.

A 300 livres de frais par jour, trente-deux représentations font . , ... , . 9,600 liv.

Je me rappelle ici, Messieurs, ai-je dit, que la comédie, dans sa première réponse, a proposé la modicité de cette dépense comme une compensation du même prix de 300 livres, auquel elle réduisait vaguement le produit des petites loges par jour; et ma réplique fut qu'un compte exact de la dépense valait mieux qu'une altération obscure de la recette, pour servir de compensation à cette dépense aussi vaguement altérée : je crois donc devoir en fixer arithmétiquement les rapports devant l'assemblée.

En examinant le compte de la comédie, j'ai trouvé pour trois années, au total de la dépense, 1,023,476 livres, fesant pour chaque année 341,158 liv. en nombre rond, dont j'ai cru devoir retrancher douze articles abusivement portés en dépense, fesant ensemble une somme de 107,402 liv.; ce qui réduit la dépense réelle de chaque année à 233,756 livres. Alors, usant du diviseur 324 établi pour extraire de tout ce qui est annuel la recette ou la dépense journalière, j'ai cru reconnaître évidemment que les frais journaliers dans lesquels les auteurs doivent entrer pour un neuvième, montent à 721 livres, *le quart des pauvres compris;* et en supposant encore que tous les articles portés sur l'état soient exacts, ce que je me propose d'examiner. Puis retranchant de cette dépense journalière de 721 liv. la somme de 185 liv. pour le quart des pauvres, je suis arrivé à la solution exacte du problème des frais intérieurs de la comédie, qui se montent à 536 liv. *par jour.*

Ainsi la comédie, selon moi, se proposant de compenser les petites loges par la dépense journalière, sans le quart des pauvres, se trompe encore, au préjudice des auteurs, de 264 livres par jour. Eh, quoi! Messieurs, pas un seul article sans perte?

A cela M⁰ Gerbier a répondu, pour la comédie, que sur les douze articles retranchés par moi, de la dépense, et montant par année à 107,400 liv., la comédie passait condamnation sur six, comme justement taxés par moi d'erreur, de double ou de faux emploi; lesquels sont:

Soldats assistants.	4,318^l	6^s	8^d
Jetons du répertoire. . . .	9,101	»	»
Jetons de lectures.	7492	»	»
Parts d'auteurs.	14,386	»	»
Voyages à la cour.	7,027	6	8
	42,324	13	4

D'autre part. 42,324ˡ 13ˢ 4ᵈ
Capitation, et frais y at-
tachés. . . . . 1,542 » »
———————
43,866 13 4

Mais il a observé que les six autres articles, qui sont :

Pensions d'auteurs retirés.. 18,902ˡ 8ˢ »ᵈ
Pensions d'employés retirés 387 » »
Rentes constituées 24,753 6 8
Intérêts des fonds d'acteurs. 8,580 » »
Feux d'acteurs. 9,110 6 8
Jetons aux pensionnaires. . 1,800 » »
———————
63,533 1 4

Il a, dis-je, observé que ces six articles devaient rentrer dans les dépenses journalières.

Mais ce n'étaient pas de simples aperçus qui pouvaient militer contre l'étude approfondie que j'avais faite des objets mal portés en dépense aux auteurs, et qu'il en fallait soustraire. Pour le prouver, je me hâtai d'en discuter le plus fort article en leur présence, celui des 25,000 liv. de rentes constituées par la comédie.

Vous vous rappelez, Messieurs, qu'en 1761, lors de l'enregistrement de l'acte de société des comédiens, et des lettres-patentes, le roi étant venu au secours de la comédie qu'un désordre antérieur avait endettée de 487,000 liv., elle se trouva, grâce à la générosité de sa majesté, ne plus devoir que 179,000 liv. Vous vous rappelez aussi que les abonnements à vie, vendus 3,000 liv. chacun par la comédie, avec la permission du roi (et qu'on dit être au nombre de dix), ont fait rentrer alors à la comédie une somme de 30,000 liv. applicable au paiement du reliquat de ses dettes, ce qui les réduisaient, en 1764, à 149,000 liv., sans compter tous les fonds destinés par les lettres-patentes à ce même aquittement, et qui sont provenus depuis des parts ou portions de parts de comédiens morts ou retirés, mises en séquestre jusqu'au remplacement des acteurs ; ce qui, en seize années, a dû éteindre, et au-delà, les 149,000 liv. que la comédie redevait alors.

Néanmoins la comédie présente aux auteurs, en 1780, pour 25,000 liv. de rentes par elle constituées, au paiement desquelles elle prétend les forcer d'entrer pour un neuvième, d'où l'on voit Messieurs, qu'au lieu d'avoir payé les 149,000 liv. qu'elle devait en 1764, la comédie a fait depuis pour 600,000 liv. de dettes en quinze ou seize ans, malgré une recette annuelle de plus de 720,000 liv. Qu'en doit-on conclure ?

Ou ces 600,000 l. empruntées ont un emploi fructueux, et alors cet emploi compense, et au-delà, l'intérêt de l'emprunt ; ou cet emprunt est le fruit d'un nouveau désordre : alors il devient encore plus étranger aux auteurs. Un pareil abus pourrait se propager à l'infini; il dénote un vice actuel et toujours subsistant dans l'administration du spectacle : aussi, loin d'entrer dans ces dépenses abusives, les auteurs sont-ils en droit de les écarter, tant qu'on ne leur expliquera pas clairement à quel titre on a emprunté 600,000 liv. en quinze ans, et ce qu'elles sont devenues! Voilà pourquoi je les ai rejetées de l'état des dépenses.

Si tous les autres articles, Messieurs, étaient soumis au même examen, il pourrait bien se trouver sur chacun d'eux un pareil abus. Jetons un coup d'œil sur l'article appelé *feux d'acteurs*, montant à 9,110 liv. Ou ce nom sert à couvrir une rétribution que chaque acteur prend sur la masse des bénéfices, alors c'est un article de recette pour la comédie, et non une dépense : il y a faux emploi; ou ce sont réellement des voies de bois achetées pour le chauffage, cela en fait environ quatre cents voies, sans les feux généraux des foyers, des poêles, etc., qui se montent, suivant l'état de la comédie, à 3,000 liv. ou cent trente voies de bois; cela ferait donc, en tout, cinq cent trente voies pour chaque hiver à la comédie! Chose aussi improbable que les 600,000 l. de dettes contractées en quinze ans.

Enfin, profitant du silence de l'assemblée que cette manière austère et juste de compter étonnait un peu, j'ai ajouté, sans m'arrêter : Un mot aussi, Messieurs, sur les pensions d'acteurs retirés. Cet article, qui monte à 19,000 liv., est également étranger aux auteurs.

La comédie gagne par an (y compris le neuvième des auteurs, et ses dépenses payées) 483,677 liv. 12 s. Si les auteurs vivants partageaient tous les jours de l'année le neuvième de cette recette, ils toucheraient par an 53,742 liv.; mais, suivant les comptes donnés par la comédie, pour trois années, les auteurs vivants n'ont touché, par an, que 14,386 liv. de neuvième : il est donc resté aux comédiens pour leur héritage des auteurs morts, ou ne partageant plus, et en pur gain alors sur tous les neuvièmes d'une année, 39,356 liv. Cette somme, prise sur les auteurs retirés, est plus que suffisante pour payer 19,000 l. de pension aux acteurs retirés ; car ici l'emploi se trouve identique : il reste encore sur cet objet plus de 20,000 liv. de bénéfice aux comédiens en exercice ; ainsi du reste.

Mais je m'aperçois, leur dis-je en me reprenant, que la comédie voit avec chagrin qu'on porte une inquisition aussi sévère sur ses affaires intérieures ; je lui avoue à mon tour que c'est avec peine que je m'y livre, et que j'entrerai volontiers dans tous les moyens décents de lui épargner cette recherche, qui pourrait se renouveler désagréablement pour elle à chaque décompte d'auteur; car ils en ont le droit rigoureux.

Il ne fut rien conclu dans cette séance, non plus que dans beaucoup d'autres conférences particulières entre les conseils de la comédie et moi. M⁰ Gerbier, voyant qu'il n'était pas possible de m'entamer en détail, proposa de trancher en gros sur toutes les difficultés, en fesant une masse de la différence que tous les objets contestés pouvaient produire, et se relâchant ensuite de part et d'autre de la moitié de cette masse.

Je n'acceptai point cette offre, parce qu'elle ne présentait aucun point fixe qui pût servir, dans la suite, de base aux comptes qui seraient à faire avec les auteurs, ce qui était le principal but de mes travaux; et parce que ceux-ci avaient trop à perdre dans le sacrifice qu'on leur demandait.

Après avoir cherché, proposé, débattu plusieurs autres idées de conciliation, y avoir même appelé de nouveau les autres membres du conseil et les députés de la comédie, pour en délibérer avec eux, on s'est enfin unanimement fixé dans le conseil de la comédie à me proposer de faire justice aux auteurs,

1° Sur les six premiers articles par moi retranchés des dépenses, et montant à peu près à 44,000 l.

2° De convenir avec moi d'un examen ultérieur sur l'article des 600,000 liv. de dettes de la comédie, et autres articles retranchés par moi, pour juger en connaissance de cause s'ils font partie, ou non, de la dépense que les auteurs doivent supporter.

3° De ne faire supporter aux auteurs le neuvième du quart des pauvres, que sur le pied de l'abonnement annuel.

4° De leur tenir un compte exact du produit des petites loges, suivant la teneur de leurs baux; au moyen de quoi MM. les auteurs n'éleveraient plus de difficultés sur tous les articles de dépense, qui demeuraient fixés par mon examen : le droit d'examen de tous les chefs de dépenses, m'ayant fait accepter les conditions offertes.

Me Gerbier a conseillé à toute la comédie de beaucoup réfléchir sur cet exposé, sur le vœu de ses conseils et des comédiens députés qui ont eu la connaissance la plus détaillée de tous mes calculs; et de prendre une délibération qui, dans la position des choses, ne pouvait plus être que de souscrire à ce plan d'arrangement, ou de plaider avec les auteurs.

Sur quoi, le premier mars 1780, la matière mise en délibération, il a été arrêté à l'unanimité absolue de la comédie et de ses conseils, que, pour donner à MM. les auteurs une preuve du désir qu'ont les comédiens de vivre en paix avec eux, et d'éviter toute espèce de procès, la comédie adopte le plan d'arrangement ci-dessus; mais on a verbalement ajouté que son engagement à cet égard ne peut avoir lieu que pour les comptes à faire par la suite, et pour les comptes seulement qui restent à finir avec ceux de MM. les auteurs qui n'ont pas encore touché leur neuvième.

J'ai observé à mon tour que, d'après la discussion que je venais de faire des articles du bordereau de la comédie pour *le Barbier de Séville*, il était évident qu'il en résultait pour l'auteur une perte de plus d'un tiers pour ses droits; et que, sur l'assurance que la comédie m'avait donnée que ce décompte était modelé sur tous les décomptes passés, envoyés par elle aux auteurs, on devait conclure que depuis trente ans chaque auteur ayant reçu un pareil bordereau, avait souffert une pareille perte.

Que, dans tous les tribunaux du monde où l'erreur de compte ne se couvre point, et l'usurpation ne prescrit jamais, la restitution que j'obtenais pour moi devenait un titre de réclamation pour tous les auteurs qu'on avait trompés sciemment ou par erreur, dans tous les comptes rendus de leur droit de partage; que le sacrifice que l'on demandait de toutes les distractions que la comédie s'était permises à leur préjudice, était un objet trop considérable pour que je prisse sur moi de l'imposer aux auteurs, à l'instant même où je venais d'en démontrer et l'existence et l'étendue ; qu'en conséquence, je ne prenais en leur nom d'engagement à cet égard que pour l'avenir, laissant à chacun des auteurs qui avaient terminé leur compte avec la comédie, le droit de réclamer, s'ils le jugeaient à propos, ce qui leur a été retranché injustement de leur part dans les produits, ainsi que je venais de le faire pour moi-même ; ce qui, j'espérais, n'arriverait pas, si l'accord à l'amiable s'exécutait de bonne foi.

Cette assemblée n'a rien terminé de positif.

Mais le dimanche 5 mars 1780, la comédie ayant député sept de ses membres, pour assurer aux quatre commissaires de la littérature, en présence de tout son conseil assemblé chez M⁰ Gerbier, que l'intention de la comédie était de terminer à l'amiable *à ces conditions*, dont il serait fait un exposé très-exact, j'ai répondu qu'en acceptant cet arrangement pour les auteurs, je voyais avec peine subsister encore dans ce plan même le germe de perpétuelles difficultés, parce que l'on ne pourrait ôter à chaque auteur le droit d'examiner tous les chefs de dépenses en comptant avec la comédie ; qu'à la vérité, il n'y aurait plus de contestation sur les objets de recelles qui n'étaient que des démembrements de celle de la porte, dans laquelle ils rentraient tous, suivant le produit réel, et comme en ayant été abusivement retranchés; mais que j'aurais bien désiré qu'une pareille fixité pût être établie sur les objets de dépense, afin de tirer la comédie du danger d'une inquisition future, qui ne pourrait que lui déplaire et lui susciter souvent beaucoup d'embarras.

Enfin, frappé comme d'un coup de lumière, j'ai proposé à l'assemblée de chercher une somme moyenne, et d'y fixer les frais journaliers de la comédie, dont chaque auteur, à l'avenir, supporterait le neuvième sans examen ni conteste; au moyen de quoi le décompte de chaque pièce se ferait très-aisément.

Tout le monde applaudit : on me demande quel est mon mot? Je réponds que mes calculs m'ayant donné 523 liv. de frais journaliers, je propose cette somme comme la plus juste qui me vienne à l'esprit.

Me Gerbier prie les quatre commissaires de la littérature de passer dans une autre pièce, pour que les sept comédiens puissent délibérer avec leurs conseils.

Mais en rentrant, on se trouve plus éloigné que jamais, et Me Gerbier soutient le refus des comédiens par l'argument que la masse totale des frais, tels que la comédie les a toujours comptés aux auteurs, se monte à plus de 1300 liv. par jour; que ma plus grande réduction les portant à 523 liv., le moyen terme ne pouvait être cette somme ainsi réduite, mais un milieu entre les deux sommes.

Et moi qui vois qu'on oublie le principe, je me hâte de leur rappeler qu'ils prennent l'abus pour la loi : que, par les données et discussions qu'on a vues, *la surpaye du quart des pauvres, la perte résultante pour l'auteur d'une fausse compensation entre la recette des petites loges et la dépense journalière, les six objets retranchés par eux de la dépense comme faux ou double emploi*, devant être proscrits puisqu'ils étaient le fondement trop réel de justes réclamations des auteurs dramatiques, il ne fallait chercher un moyen ferme entre mon résultat et celui de la comédie, qu'après que tous ces objets, reconnus vicieux, seraient absolument rejetés du compte ; que MM. les comédiens étant de plus convenus prudemment d'en retrancher aussi les intérêts de l'emprunt abusif de 600,000 liv., je trouvais, moi, que leur résultat donnait pour la dépense journalière (non compris le quart des pauvres) 536 liv., qui pourraient encore se trouver réduites lorsque j'en scruterais avec soin les détails; que pour finir à l'amiable je consentais à porter les frais journaliers pour l'avenir à 560 liv., mais que je n'irais pas au-delà.

Alors M. Jabineau, l'avocat, s'étant écrié : Messieurs, 600 liv.! c'est le double de ce qui est fixé par l'ancien arrêt du conseil, pour les frais journaliers, et les comédiens seront contents! Chacun s'est réuni à son cri de 600 liv., même les trois autres commissaires des auteurs, qui ont voulu faire un dernier sacrifice à la paix ; en sorte que, malgré ma résistance trop bien fondée, je me suis vu forcé d'y accéder, et de passer les frais à 600 liv. par jour.

L'on est convenu de proposer à la comédie le résultat de cette dernière assemblée, pour qu'elle réfléchît encore une fois sur le parti qu'elle devait prendre.

Ce qui suit est copié sur l'acte conciliatoire entre les auteurs et les comédiens, tel qu'il est annexé à la minute de l'arrêt du conseil du 12 mai 1780.

« Cejourd'hui onze mars 1780, la matière mise
» en délibération, il a été arrêté *à l'unanimité*
» *absolue de la comédie et de ses conseils :* que,
» pour donner à MM. les auteurs une preuve
» d'égards, de considération, et du désir sincère
» qu'ont les comédiens de leur faire justice, et

» d'éviter toutes sortes de procès et de difficultés
» avec eux, la comédie adopte en entier le plan
» d'arrangement concerté entre son conseil, ses
» propres députés, et MM. *Saurin*, *Marmontel*,
» *Sedaine* et *Caron de Beaumarchais*, comme
» commissaires et députés de MM. les auteurs,
» dont ils ont été priés de joindre à cet acte les
» pouvoirs de transiger en leur nom ; en con-
» séquence il a été arrêté et fixé ce qui suit :

» 1º A compter de ce jour, soit pour les pièces
» nouvelles qui seront jouées à l'avenir, soit pour
» celles dont les auteurs n'ont pas encore touché
» leur neuvième, tous les frais journaliers et or-
» dinaires de la comédie demeureront fixés par
» chaque jour de représentation, à la somme de
» 600 livres, laquelle somme sera prélevée sur
» la recette brute du spectacle, ainsi que le quart
» des pauvres, dont il va être parlé; et le neu-
» vième, douzième, ou dix-huitième du restant
» du produit net (suivant l'étendue des pièces)
» appartiendra à chaque auteur, tant qu'il aura
» droit au partage avec les comédiens.

» 2º Par rapport aux frais extraordinaires, la
» comédie en traitera avec l'auteur à l'amiable,
» lorsqu'il sera question de mettre la pièce à l'é-
» tude pour la représenter; et, dans le cas où
» l'auteur croira ces frais et embellissements né-
» cessaires au succès de son ouvrage, il est arrêté

» qu'il entrera pour un quinzième dans lesdits
» frais exraordinaires : et cette convention sera
» inscrite sur le registre des lectures, et signée
» par l'auteur.

» 3° Les auteurs supporteront en outre le neu-
» vième de la somme journalière à laquelle se
» trouvera monter l'abonnement présent ou futur
» que la comédie a fait ou fera du droit des pau-
» vres avec les hôpitaux, en le divisant par trois
» cent vingt-quatre représentations, nombre
» commun des jours de spectacle d'une année.

» 4° La masse de la recette journalière sera
» composée non seulement de ce qu'on reçoit
» casuellement à la porte, mais de ce que pro-
» duiront les loges louées par représentation, les
» loges louées à l'année sur le pied de leurs baux
» annuels, ramenés au produit journalier par le
» même diviseur 324, comme à l'article précé-
» dent, le produit évalué sur le pied de l'intérêt
» à dix pour cent des abonnements à vie; et enfin,
» de tout ce qui forme les parties intégrantes de
» la recette entière du spectacle, sous quelque
» dénomination qu'elle se perçoive, suivant la
» lettre et l'esprit de tous les réglements; dans
» laquelle masse l'auteur prendra son neuvième
» net (déduction faite des frais expliqués ci-
» dessus), tant qu'il aura droit au partage avec
» les comédiens, suivant le présent décompte.

» 5° Que, dérogeant à tous usages contraires
» à la présente délibération, sur tous les points
» contenus en elle, et pour servir d'exemple et
» de modèle à tous les décomptes futurs (*), soit

(*) *Résumé du compte de ce qui revient à l'auteur du* Barbier de Séville, *sur le produit de quarante-six représentations de cette pièce.*

RECETTE BRUTE.

Produit des recettes à la porte, pour les 46 représentations....	95,961^l	15^s	»^{d}
Produit des petites loges, *idem*......	34,263	»	10
Abonnements à vie, au nombre de neuf, à 3,000 livres de principal, et représentant chacun une rente viagère de 300 liv., ou, au total, une somme annuelle de 2,700 livres, laquelle divisée par 324, diviseur commun des différents articles de recette ou dépense annuelle, donne un produit journalier de 8^l 6^s 8^d : pour 46 représentations....	383	6	8

Total: 130,608^l 2^s 6^d

AUX AUTEURS DRAMATIQUES.

» des auteurs dont on donnera des pièces nou-
» velles, soit de ceux qui n'ont pas encore reçu

D'autre part . . . . 130,608^l 2^s 6^d

DÉPENSE A SOUSTRAIRE.

Quart des hôpitaux, lequel, étant fixé à 60,000^l par an et divisé par 324, donne par jour 185 livres 3 sous 8 deniers, et pour 46 représentations. . . . . 8,518^l 8^s 8^d } 36,118 8 8

Frais journaliers, fixés à 600 livres ; 46 représentations . . . . 27,600 » »

PRODUIT NET 94,489 13 10

Dont le neuvième pour le droit d'auteur est de 10,498 17 1

FRAIS EXTRAORDINAIRES.

184 soldats, à 20^s. . . . 184 » »

Frais de théâtre, à 4^l par jour ; 46 représentations . . . . . 184 » »
                           368

Dont le 15e seulement à déduire sur le droit d'auteur est. 24 10 8

Il reste dû à M. de Beaumarchais, tous frais faits. 10,474 6 5

» leur neuvième, le décompte particulier du
» *Barbier de Séville*, fait sur le plan, les prin-
» cipes et les données ci-dessus expliqués, sera
» annexé à la suite de la présente délibération,
» pour y avoir recours en cas de besoin.

» Et pour que la présente délibération ait toute
» l'authenticité nécessaire, elle sera présentée à
» MM. les premiers gentilshommes de la chambre
» du roi, en les suppliant de vouloir bien l'agréer
» et confirmer; puis il en sera fait deux copies,
» dont l'une sera annexée aux registres de la
» comédie, et l'autre, signée de tous les comé-
» diens, sera remise à MM. les commissaires des
» auteurs dramatiques, pour, à l'avenir, avoir
» forme et force de loi.

» Fait et arrêté dans l'assemblée de la comédie,
» tenue dans la salle des Tuileries, le dimanche
» 11 mars 1780.

Conseil. { Signé *Coqueley de Chausse Pierre,
Jubineau de la Voute, Gerbier,
Brunet.*

Comédiens. { *Préville, Brisard, Bouret, Vanhove,
Desessarts, Bellecour, Fleury, Molé,
Drouin, Préville, Vestris, Suin,
Molé, Dugazon, Courville, Luzzi,
Dazincourt, Dorival, Pontheuil,
Bellemont, Contat, Doligny, La-
chassagne.*

» Vu et approuvé pour avoir son exécution, à
» Paris, ce 31 mars 1780.

» Le Maréchal Duc de Duras.

» Le Maréchal Duc de Richelieu. »

Je remis aux comédiens le décompte de ma pièce, pour être écrit sur les registres de la comédie, et servir de modèle aux décomptes futurs, avec parole de le signer sur ce registre, quand on m'avertirait qu'il y était inscrit; et d'y transporter aussi le pouvoir donné par tous les auteurs à leurs commissaires, pour terminer en leur nom, comme nous venions de le faire.

Ainsi l'accord semblait tellement arrêté, que chacun se félicite, et dit en se serrant la main, *voilà donc tout fini;* et moi, bon homme ainsi que mes confrères! je dis avec les autres, *voilà donc tout fini;* mais quelqu'un du conseil de la comédie souriait dans sa barbe, et gromelait en lui-même, — *et moi je dis que* TOUT N'EST PAS FINI.

Il s'en fallait de beaucoup que tout le fût, et nous connaissions mal les gens avec qui nous traitions. Je me suis dit plus d'une fois, est-ce donc une chose si naturelle, et tellement inhérente à la comédie, de ne pouvoir vivre et prospérer sans piller les auteurs! que des droits bien reconnus, une discussion profonde, un décompte exact, et enfin un accord signé de tous, ne puissent arrêter cette fureur d'usurper? Et croira-t-on que, dans ce même cabinet de Me Gerbier où nous fondions un accord public sur d'aussi grands sacrifices des auteurs, et dans le moment même où nous le terminions, on travaillait à minuter sourdement un arrêt du conseil (qu'on se gardait bien de nous communiquer), et par les clauses duquel on était bien sûr de regagner, sur les auteurs, deux fois plus que mes travaux ne venaient de forcer les comédiens de leur restituer!

O comédiens! les gens de lettres qui sont les distributeurs des réputations, se taisent sur votre compte, ou ne parlent pas trop bien de vous! Comment n'avez-vous su qu'aliéner les seuls hommes capables de vous rendre par leurs écrits ce que le préjugé vous refuse, la considération publique? Vous êtes applaudis comme gens à talens; pourquoi ne voulez-vous pas être loués comme une société de gens honnêtes, la seule chose qu'il vous importe aujourd'hui d'acquérir?

En effet, trois semaines après la signature de l'accord, les auteurs apprennent qu'un nouvel arrêt du conseil existe (25 avril 1780). On en fait un grand mystère, et ce ne fût que plus d'un mois après qu'il eut été lu à la comédie, que je parvins à en obtenir une copie. On citait entre autre l'article 7, dont quelqu'un avait fait le relevé.

Article VII. « *Les sommes au-dessous des-*
» *quelles les pièces seront censées être tombées*
» *dans les règles, demeureront fixées,* COMME
» ELLES L'ÉTAIENT DANS L'ANCIEN RÉGLE-
» MENT, *à* 1,200 *livres pour les représentations*
» *d'hiver, et à* 800 *livres pour les représentations*
» *d'été*,....

Arrêtons-nous un moment : ceci mérite un double examen.

Cet article 7 semblait d'abord n'être fait que pour rappeler, confirmer, donner enfin force de loi à l'usurpation sur les auteurs insérée en 1757 dans un réglement non communiqué, lequel avait abusivement porté la chute dans les règles, de 500 livres, où elle était depuis cent ans, à la somme de 1,200 livres.

Voilà bien la confirmation d'un réglement secret, que l'on veut appuyer, en 1780, après vingt-trois ans d'abus, de l'autorité d'un arrêt du conseil.

Usurpation, possession, oubli du principe, et sanction, voilà comment les trois quarts des droits s'établissent.

Mais pourquoi s'arrêter en si beau chemin, ont dit les comédiens? En coûterait-il plus de sanctionner tout de suite une autre usurpation nouvelle et du même genre ? Les auteurs sont bonnes gens : essayons; et l'on a fait ainsi la suite de l'article :

» .... *sans que pour le calcul de ces*
» *sommes* (1,200 *livres et* 800 *livres*) *on puisse*
» *demander d'autre compte* QUE CELUI DE LA
» RECETTE QUI SE FAIT A LA PORTE. »

Certes, cette phrase n'est la confirmation d'aucun article existant, d'aucun réglement quelconque; ici l'on saute à pieds joints par dessus la pudeur et l'honnêteté, pour donner, pendant qu'on y est, la même sanction d'un arrêt à un autre abus introduit sourdement à la comédie depuis celui des petites loges.

Ainsi les comédiens, assistés de leurs conseils, qui avaient déjà diminué le sort des auteurs de plus de moitié, en fesant glisser, en 1757, dans le réglement non communiqué, que la chute dans les règles (alors au-dessous de 500 livres) aurait lieu pour l'avenir *lorsque les pièces tomberaient à* 1,200 *livres de recette;* ainsi les comédiens, dis-je, profitant de ce que le silence, la faiblesse ou la bonhomie des auteurs avait laissé passer et subsister cet abus, essayent en 1780, non seulement de sanctionner par un arrêt l'ancien accroissement abusif de 500 liv. à 1,200 liv., mais encore de porter tout d'un coup, par un second accroissement plus abusif, la somme de 1,200 livres à celle de 2,000 livres ; car 1,200 liv. prises sur la seule recette de la porte, et 800 liv. de la recette des petites loges (oubliées dans ce dernier compte), font tomber les pièces dans les règles justement à la somme de 2,000 livres de recette entière.

Ainsi (car on ne peut le présenter sous trop de faces) les auteurs, à qui je venais de faire restituer, par la sévérité de mes calculs, plus d'un tiers de leurs droits usurpés sur le compte abusif de chaque représentation, reperdaient tout d'un coup par cet article d'arrêt, sur leurs droits entiers, les deux tiers retranchés du nombre des représentations ; car si, pour tomber dans les règles à 1,200 livres de recette, et perdre sa propriété, un auteur avait pu jouir du fruit de vingt séances, il n'en devait plus espérer que douze, attendu que 1,200 livres sont à 2,000 liv. de recette, comme vingt représentations sont à douze. Ici la preuve est complète de la plus mauvaise volonté, de quelque part qu'elle vienne ; et les gens de lettres auraient dû me regarder comme un lâche complice de cette usurpation, si je l'avais passée sous silence.

Outré d'une pareille conduite, et muni de cet étrange arrêt, je vais à Versailles (26 avril 1780) faire les plus vives représentations à M. Amelot.

J'explique le motif de ma plainte, et j'apprends que le ministre, étranger à tous ces détails, avait regardé le projet d'arrêt qu'on lui avait présenté, comme le résultat de notre accord avec la comédie. Eh! comment le ministre ne s'y serait-il pas trompé! M. Jabineau, avocat, et conseil de la comédie, en apportant le projet à Versailles, avait assuré qu'il était minuté de concert avec moi, ce qui l'avait fait expédier sans difficulté.

Non seulement les conseils de la comédie l'avaient assuré au ministre, mais ils en avaient tellement imposé à M. le maréchal de Duras, qu'ils étaient parvenus à lui faire écrire à M. Amelot que cet arrêt était fait de concert avec les auteurs, tandis qu'il est bien prouvé qu'aucun d'eux n'en avait jamais eu connaissance. On alla même jusqu'à publier à Paris que j'avais donné les mains ou présidé secrètement à sa rédaction.

Cette ruse tendait à m'attirer les reproches des auteurs, et à me faire abandonner leurs intérêts, par l'indignation d'une pareille injure.

En effet, mes confrères m'en parlèrent avec amertume. Ce trait de ma part leur paraissait l'accomplissement des avis qu'on leur avait fait donner plusieurs fois, que je m'entendais avec les supérieurs de la comédie pour jouer les gens de lettres.

J'avais désabusé le ministre; je désabusai mes

confrères, en souriant avec eux de la maladresse de nos adversaires; et je courus, le 2 mai 1780, chez M. le maréchal de Duras, qui, toujours rempli de son ancienne bienveillance, et me voyant si bien instruit des moyens qu'on avait employés pour tromper le ministre, voulut bien me dire que la chose n'était pas sans remède; et que si je lui communiquais mes observations sur cet arrêt, il prierait lui-même M. Amelot d'en expédier un autre sur le nouveau plan que je projetterais.

En pareille occasion, perdre un moment eût été d'une imprudence impardonnable. Je fis mes observations sur l'arrêt dans la même journée, et je pris la liberté de demander, dès le second jour, un nouveau rendez-vous à M. le maréchal de Duras, qui eut l'égard délicat de me l'accorder pour le lendemain, 4 mai. Je m'y rendis, accompagné de MM. *Saurin*, *Marmontel* et *Sedaine*, commissaires, et de MM. *Bret*, *Ducis*, *Chamfort* et *Gudin*, nos confrères; car je me fesais un point d'honneur d'être lavé devant eux, par l'attestation de M. le maréchal de Duras, de la fausse imputation d'avoir connu un seul mot de cet arrêt injuste, avant son expédition.

Ce premier point bien éclairci, nous présentâmes nos observations sur l'arrêt, et M. le maréchal les trouva si justes, qu'il voulut bien nous réitérer l'assurance de signer la rédaction du nouveau projet d'arrêt, aussitôt que je l'aurais achevée sur ce nouveau plan ; ajoutant qu'il avait déclaré la veille à l'académie française, qu'il était l'ennemi juré des injustices que les comédiens fesaient aux gens de lettres. Il n'y eut donc encore que des grâces à lui rendre.

Je revins achever la nouvelle rédaction ; et le 6 mai 1780, jour que M. le maréchal m'assigna pour la lui porter, M. Des Entelles, intendant des menus, et deux des premiers comédiens français, MM. Préville et Monvel, s'étant trouvés comme par hasard chez lui, je le suppliai de les admettre à la lecture que j'allais lui faire du projet d'arrêt, désirant ne rien dissimuler à personne de mes travaux ni de leurs motifs.

A la lecture de l'article 7, le plus important de tous, M. Préville fit une observation qui me force à le rapporter ici tel que je l'avais rédigé.

Art. 7. Les sommes au-dessous desquelles les pièces seront tombées dans les règles, demeureront fixées comme elles étaient dans l'ancien réglement, à 1200 liv. pour les représentations d'hiver, et 800 liv. pour les représentations d'été. Bien entendu que, pour ce calcul, toutes les recettes brutes, sans aucune déduction de frais et sous quelque dénomination que ce soit, rentrent dans la recette brute de la porte dont elles ont été successivement retranchées. Et cela, selon la lettre et l'esprit de l'accord fait entre les auteurs et les comédiens, signé d'eux tous, des premiers gentilshommes de la chambre, approuvé, confirmé par S. M., et annexé au présent arrêt.

M. Préville observa donc que, vu l'abondance de la recette ordinaire, si la comédie était forcée de jouer les pièces nouvelles jusqu'à ce qu'elles tombassent à 1200 liv. de recette entière, le public, las de les voir si long-temps, abandonnerait le spectacle; car, y ayant déjà 800 liv. de recette par jour en petites loges, aucune pièce ne pouvait plus tomber l'été dans les règles, et l'hiver elles y tomberaient tout aussi peu, puisque la plus mauvaise pièce donnerait au moins 400 liv. de recette casuelle à la porte : ce qu'il ne disait pas, ajouta-t-il, pour toucher à la propriété des auteurs, mais afin qu'on cherchât un moyen d'empêcher une pièce, usée pour le public, de traîner long-temps à la plus basse recette.

Je répondis que la remarque était juste, et qu'il ne fallait pas que le public souffrît de la loi qui fixait la propriété des auteurs à un certain taux, mais que cet inconvénient ne venant que d'une recette constamment abondante, et qui donnait chaque jour *un produit assuré plus considérable que les frais du spectacle*, il y avait un moyen simple de ménager tous les intérêts, qui était de restituer au droit des auteurs, sur le fruit de chaque représentation, ce que le respect dû au public forcerait de retrancher sur le nombre des représentations.

Je rappelai encore ici le principe de la chute dans les règles, dont l'esprit n'avait pas été de dépouiller un auteur vivant dans la vue d'enrichir les comédiens ; mais seulement de permettre à ces derniers de cesser de jouer une pièce, lorsque la comédie *prouvait à l'auteur* que le goût du public était usé sur l'ouvrage, *puisqu'elle n'avait fait en recette que ses frais* deux fois de suite, ou trois fois par intervalle : ce qu'il ne faut jamais oublier.

La chose fut bien débattue ; et enfin M. le maréchal me proposa, par esprit de conciliation, de porter à 1500 liv. *de recette entière* le terme où les comédiens pourraient cesser de jouer régulièrement une pièce nouvelle. Et moi, qui voulais la paix autant que lui, je consentis à ce sacrifice, à cette augmentation de *cent écus* en faveur de la comédie, pourvu que l'auteur conservât son droit de propriété sur sa pièce, s'il plaisait un jour aux comédiens de la reprendre ; et ce, tant qu'elle ne serait pas tombée deux fois de suite à 1200 liv. de recette, etc. J'écrivis sur-le-champ au bureau de M. le maréchal cette addition de clause à l'article 7e, et elle me sembla le terminer à la satisfaction de tout le monde.

Pendant que je la rédigeais, les deux comédiens français s'entretinrent un moment dans une pièce voisine avec M. le maréchal; et lorsqu'ils rentrèrent, on me demanda si, pour compenser cette conservation de propriété des auteurs, je ne consentirais pas que les pièces nouvelles fussent jouées de deux jours l'un, sans distinction de grands et de petits jours, afin d'aller plus vite et de représenter par an plus d'ouvrages nouveaux, ce qui plairait fort au public.

On craignait sans doute que je n'acceptasse point la proposition, car sitôt que j'eus dit que je n'y voyais point d'inconvénient, M. le maréchal me proposa d'y soumettre les auteurs par ma signature, et comme chargé de leurs pouvoirs. Je consentis à le faire, pourvu toutefois qu'on accoutumât le public à ce changement, en rompant l'ordre des jours de la comédie, et donnant, sans distinction de grands et de petits jours, pendant trois ou quatre mois, des tragédies ou comédies anciennes, avant de soumettre à cette épreuve les ouvrages nouveaux. Ce qui passa pour arrêté.

La rédaction de l'article fut faite tout de suite, et signée de moi pour les auteurs; elle le fut aussi de M. le maréchal de Duras, et de MM. Préville et Monvel pour les comédiens. J'ai cette minute entre les mains; et j'appuie sur ce mot, parce qu'on ne tardera pas à juger de quelle importance cette minute est devenue pour démêler l'intrigue élevée contre ce second arrêt du conseil.

Je fis mettre au net la minute entière du projet de l'arrêt : le 9 mai j'en portai l'expédition à M. le maréchal de Duras, avec cette minute, pour les confronter; et M. le maréchal, après en avoir pris lecture, écrivit de sa main, au-dessous du dernier article immédiatement (je dis *de sa main*) :

« Ce projet m'ayant été communiqué, je prie
» M. Amelot de vouloir bien veiller à son exécu-
» tion. Paris, ce 9 mai 1780.

» Le Maréchal Duc de Duras. »

Et sur-le-champ, au même bureau de M. le maréchal, j'écrivis au-dessous de sa signature :

« Ce projet d'arrêt du conseil ayant été com-
» muniqué à l'assemblée des auteurs dramatiques,
» ils ont chargé le soussigné, l'un de leurs com-
» missaires et représentants perpétuels, de sup-
» plier M. Amelot de vouloir bien lui faire donner
» la plus prompte expédition. Ce 9 mai 1780.

» Caron de Beaumarchais. »

Si ce n'est pas là marcher en règle et conserver tous les égards, je n'ai plus aucune notion de la manière ouverte et franche dont on doit se comporter en affaire importante.

On fit un paquet du tout, qui fut envoyé à M. Amelot, à Versailles; et M. le maréchal en était si content, que j'obtins, dans cette même séance, qu'on livrerait à mes observations un nouveau réglement ignoré des auteurs, et qu'on avait annexé au premier arrêt secret dont nous venions de réparer les torts, sous l'offre que je fis de n'insister vivement que sur les articles qui intéresseraient personnellement les auteurs.

Ce réglement me fut remis deux jours après par M. Des Entelles, intendant des menus. Je le trouvai fait absolument dans le même esprit que le premier arrêt du conseil non communiqué : partout un dessein formé d'asservir les auteurs aux comédiens, d'envahir leurs droits et de les dégoûter du théâtre, comme gens dont on croit n'avoir plus aucun besoin pour vivre agréablement.

Presque tous les articles en furent refondus sur le modèle du réglement dont on a lu le préambule dans ma première partie; et le 12 mai 1780, M. le maréchal de Duras, toujours plein de bienveillance, en entendit la lecture devant quatorze auteurs dramatiques, et l'intendant ou commissaire des menus. Dans cette assemblée, les articles subirent encore quelques retranchements et additions; puis on en fit une seconde lecture publique; et M. le maréchal de Duras en ayant paraphé tous les bas de pages et additions en marge, arrêta le réglement en ces termes, et le signa :

« Arrêté le présent réglement avec toutes les
» modifications et augmentations qu'il contient,
» tant dans le corps des articles que dans les
» marges; et je prie M. Amelot de vouloir bien
» l'annexer tel qu'il est, *ne varietur*, à l'arrêt
» du conseil, à l'expédition duquel il donne ses
» soins actuellement. Ce 12 mai 1788.

» LE MARÉCHAL DUC DE DURAS. »

Il est impossible de rien ajouter à la reconnaissance des auteurs, et à la satisfaction qu'en ressentit M. le maréchal; il porta la grâce et la bonté jusqu'à dire aux quatorze personnes qui le remerciaient : *puisque vous êtes contents, Messieurs, ce jour est le plus beau de ma vie, et vous me trouverez inébranlable dans ces dispositions.*

Cet arrêté, ces corrections, ces paraphes, cette signature, et ce que M. le maréchal avait écrit *de sa main* au bas de l'arrêt, le 9 mai, et ces procédés touchants d'un chef respectable de la comédie, ne doivent pas sortir de la mémoire du lecteur ; on en verra les conséquences avant peu.

Je fis faire deux copies collationnées de ce réglement, tel qu'il venait d'être arrêté : l'une fut remise à M. le maréchal de Duras ; j'eus l'honneur d'envoyer l'autre à M. Amelot, le 13 mai, après en avoir certifié l'exactitude en ces mots, au-dessous de l'arrêté de M. le maréchal de Duras :

Je soussigné, l'un des commissaires et représentants perpétuels des auteurs dramatiques, certifie que l'original du présent réglement, signé, arrêté et paraphé à toutes les pages, additions en marge, par M. le maréchal duc de Duras, en présence de quatorze députés de la littérature dramatique, aujourd'hui 12 mai 1780, est resté en dépôt dans mes mains, avec tous les papiers relatifs à la présente affaire, pour que je puisse répondre de la fidélité de la présente copie que je certifie conforme à l'original.

Signé CARON DE BEAUMARCHAIS.

Je joignis dans le même paquet une copie collationnée de l'accord à l'amiable fait entre les comédiens et les auteurs, signé de toutes les parties, pour être aussi annexé à l'arrêt du conseil que M. Amelot fesait expédier ; et le paquet fut adressé à M. Robinet, avec la lettre suivante.

« A Paris, 13 mai 1780.

J'ai l'honneur, Monsieur, de vous adresser une copie bien collationnée et certifiée véritable, du réglement fait pour la comédie française, et une copie aussi collationnée et certifiée de l'accord entre les auteurs et les comédiens ; pour les deux pièces être annexées à la minute *de l'arrêt du conseil, dont je suis chargé de vous renouveler la demande en double expédition, l'une adressée à M. le maréchal duc de Duras pour la comédie, et l'autre adressée à moi pour le dépôt des auteurs dramatiques.* Il ne nous restera que des remercîments à vous faire ; et l'ordre entier des gens de lettres me charge de vous les présenter d'avance, et de vous assurer de la très-haute considération et parfaite reconnaissance, avec lesquelles nous avons l'honneur d'être,

Monsieur,

Votre très-humble et très-obéissant serviteur,

Signé CARON DE BEAUMARCHAIS,
pour tous les auteurs dramatiques.

M. le maréchal de Duras vous renvoie ici le premier arrêt du conseil pour l'annihiler. »

M. le maréchal de Duras crut devoir écrire à M. Amelot de son côté, pour le prier de lui adresser une lettre au nom du roi, par laquelle *S. M. défendait à tous comédiens ou autres personnes, de faire aucune observation sur l'arrêt et le réglement actuels, tels qu'ils venaient de sortir, et ordonnait qu'on eût à les exécuter à la lettre, etc.*

M. le maréchal espérait par là se mettre à couvert de nouvelles criailleries de la comédie : il se trompait.

M. Amelot envoya, le 20 mai 1780, une expédition de l'arrêt, en parchemin, à M. le maréchal de Duras, et une autre semblable à moi, pour être conservée au dépôt des auteurs. Il écrivit à M. le maréchal, au nom du roi, la lettre demandée; et M. le maréchal ordonna sur-le-champ l'impression de l'arrêt du conseil et du réglement y annexé : *j'en ai vu les dernières épreuves entre les mains de M. Des Entelles.*

Puis tout-à-coup voilà les comédiens, les comédiennes, et les avocats leurs conseils, qui accourent chez M. le maréchal de Duras, et qui, malgré la lettre du ministre et la défense qu'elle contenait au nom du roi, le tourmentent sur tous les articles de l'arrêt dans lesquels ils se prétendent lésés. M. le maréchal, outré, leur déclare qu'il n'en veut plus entendre parler, et que, s'ils ont des observations à faire, ils peuvent s'adresser, s'ils l'osent, au ministre.

Leur douleur amère portait sur ce que les pièces de théâtre, disaient-ils, ne tomberaient plus dans les règles *du vivant de leurs auteurs*, et de ce qu'ils n'auraient plus la liberté de *traiter à forfait*, c'est-à-dire d'acheter à fort bon marché les ouvrages qu'on leur présenterait à la lecture.

On conçoit combien M. le maréchal dut être irrité de cette conduite ; il me fit inviter, par M. Des Entelles, d'en aller raisonner avec lui (le 27 juin). J'eus l'honneur de l'engager de toutes mes forces à écouter les observations des comédiens, parce qu'ils ne disputaient apparemment que faute de les bien entendre, et parce que c'est en quelque sorte altérer la bonté d'un acte que d'empêcher d'autorité les gens qu'il intéresse d'en discuter la teneur et de la bien éclaircir. J'allai même jusqu'à lui représenter que Messieurs ses collègues, moins fatigués que lui, verraient peut-être avec peine les comédiens recourir à une autre autorité que la leur.

L'article 7, qui les blesse le plus, lui dis-je, ne contient aucune innovation, si ce n'est un sacrifice de 300 livres par représentation que vous nous avez engagé de faire à la comédie pour le bien public, et que nous avons fait. La fin de cet article rappelle uniquement l'état naturel et la loi du droit d'auteur expliquée dans tout le cours de l'article. Mais comme je venais d'admettre au nom des auteurs, une restriction de 300 livres sur nos droits, peut-être agréable au public, certainement utile aux comédiens, mais dommageable à nous seuls, il m'avait paru nécessaire d'ajouter, pour qu'on n'abusât pas de cette restriction : *Sans que pour cela l'auteur perde son droit de propriété, pour toutes les fois que les comédiens joueront sa pièce alors mise au répertoire, laquelle ne cessera de lui appartenir que lorsque la recette totale brute, et sans aucune déduction de frais, suivant la spécification de l'art. 4 de l'accord des auteurs dramatiques et des comédiens, aura tombé deux fois de suite à, etc.,* d'après un réglement contre lequel je renonce à réclamer. Tel est l'article 7 ; pouvait-il être plus clair, plus légal et plus modéré ?

M. le maréchal et M. Des Entelles en convinrent, et furent si frappés de la clarté de cette explication, qu'ils me proposèrent de voir Me Gerbier chez lui, pour lui démontrer que l'article était simple, et sans aucune innovation que le sacrifice de 300 livres fait de notre part à la comédie.

Je répondis que Me Gerbier le savait aussi bien que moi ; que, par ces procédés étranges, il avait certainement entendu se délivrer de moi, et me fermer sa porte ; que néanmoins j'allais l'inviter à se trouver chez M. le maréchal, où je me rendrais moi-même à jour indiqué. Et j'écrivis la lettre suivante à Me Gerbier, le 30 juin 1780 :

« Je ne sais, Monsieur, ce que vous pensez de
» notre altercas; mon avis est qu'il ne doit pas
» y avoir de bavardage intermédiaire entre ce
» que je dis de vous et ce que vous pensez de
» moi. Je suis prêt à répéter en votre présence
» ce que j'ai dit tout haut : c'est qu'avoir fait un
» arrêt du conseil et un réglement contraires aux
» principes de l'accord que nous terminions en
» commun chez vous; c'est que, les avoir faits dans
» le temps même où, de concert, nous tâchions
» de rapprocher les acteurs et les auteurs, et
» que, avoir envoyé cet arrêt et ce réglement au
» ministre, en lui fesant dire et écrire que cela
» se fesait d'accord avec moi, à qui l'on n'en
» avait rien dit, est un procédé si étrange, que
» je n'ai pu m'empêcher d'en être fort blessé.

» Or, celui qui a fait le réglement et l'arrêt
» sans m'en parler, n'est-ce pas vous? Celui qui
» a dit à M. Robinet que j'en étais d'accord,
» n'est-ce pas M. Jabineau, votre confrère? Et
» la personne à qui on l'a fait croire, et qui l'a
» écrit au ministre, n'est-ce pas M. le maréchal
» de Duras?

» Dans mon premier ressentiment, j'ai répondu
» à ceux qui m'invitaient d'aller chez vous exa-
» miner les réclamations de la comédie, que vous
» n'aviez pu avoir d'autre intention que de me
» fermer votre porte en me traitant aussi mal;

» mais comme l'intérêt du théâtre français me
» touche beaucoup plus que le mien, j'oublie
» volontiers ce dernier pour ne m'occuper que
» de l'autre ; et j'ai l'honneur de vous prévenir
» que je dois aller lundi, à onze heures, chez
» M. le maréchal de Duras, pour agiter de nou-
» veau cette affaire. Si vous n'avez pas de ré-
» pugnance à vous y rendre, j'aime mieux la
» traiter avec vous qu'avec tout autre, parce
» que, bornant ma prétention modeste au seul
» honneur d'avoir raison, plus mon adversaire
» aura de lumières, moins je craindrai d'être
» contredit par un faux ou fol argument, dont
» le privilége appartient aux comédiens.

» J'ai l'honneur d'être, avec toute la considé-
» ration que vous m'avez refusée,

» Monsieur, votre, etc.

Signé Caron de Beaumarchais.

Mᵉ Gerbier m'écrivit en réponse (2 juillet 1780) qu'il était trop accablé d'affaires pour pouvoir entrer dans aucun détail ni vérification de tout ce qui s'était passé. Il ajoutait : « Si je ne devais
» aux comédiens mes soins en qualité d'un de
» leurs conseils, je renoncerais tout-à-fait à me
» mêler d'une affaire dont il n'aurait jamais dû

» être question, après l'accord que j'étais parvenu
» à conclure à la satisfaction de MM. les auteurs.»

Ainsi M⁰ Gerbier refusait un éclaircissement dont je m'étais bien douté qu'il n'avait pas besoin. Cependant il avait un mémoire tout prêt pour les comédiens; et, malgré ce qu'on vient de lire dans sa lettre, il avait cependant minuté un troisième arrêt du conseil, destructeur du second, et fait sur le plan du premier, qu'on n'avait pas osé soutenir.

Cependant les comédiens, d'accord avec M⁰ Gerbier, écrivaient à MM. *Saurin* et *Marmontel*, mes confrères, et non à moi, qu'ils avaient ordre de M. le maréchal de Duras de les prier de se trouver ce même lundi chez M⁰ Gerbier, pour travailler à cette affaire.

Poussés ainsi à bout, la comédie et son conseil fuyaient tant qu'ils pouvaient la clarté que je versais journellement sur leur intrigue; et dans l'espoir de séduire ou de tromper deux des commissaires des auteurs qui n'avaient pas suivi leurs démarches aussi sévèrement, ils les invitaient seuls, sans M. *Sedaine* et sans moi, à une assemblée chez M⁰ Gerbier; ils compromettaient M. le maréchal de Duras, en abusant de son nom pour m'exclure; et M⁰ Gerbier, qui n'avait le temps de se mêler de rien, se mêlait de tout; et l'affaire dont (par sa lettre) il refusait de s'occuper en ma présence le lundi, chez M. le maréchal de Duras, il se proposait de la terminer en mon absence le même lundi.

Et pour qu'on ne croye pas que j'en impose sur les petites menées des comédiens, voici leur lettre du 6 juillet 1780, à M. de Marmontel.

« Monsieur,

» Monseigneur le maréchal de Duras ayant
» témoigné à la comédie qu'il désirait qu'elle
» pût se concilier avec MM. les auteurs, et vous
» ayant indiqué avec M. Saurin comme devant
» être les représentants de MM. les auteurs dans
» cette conciliation, la comédie a saisi avec em-
» pressement ce moyen de rapprochement; et,
» par sa délibération de dimanche dernier, en
» acceptant la négociation projetée, elle a ajouté
» la proposition d'un troisième auteur (M. *Bret*),
» pour départager les deux autres en cas de
» division dans les avis.

» D'après cette délibération, MM. du conseil
» (c'est-à-dire Me Gerbier) m'ont chargé d'avoir
» l'honneur de vous proposer une première as-
» semblée lundi à midi, chez Me Gerbier, quai
» Malaquai. Je vous prie, Monsieur, de me faire
» savoir si ce jour et l'heure vous conviennent,

» pour que j'avertisse tous ceux qui doivent se
» trouver à cette assemblée.

» J'ai l'honneur d'être avec respect,

» Monsieur, votre, etc.

De La Porte,
secrétaire de la comédie française.

Mes collègues, étonnés d'une invitation qu'on avait eu grand soin de me cacher, se transportèrent chez M. le maréchal de Duras ce jour même, pour s'expliquer sur cette nouvelle intrigue de la comédie.

Personne, lui disent-ils, ne sait mieux que vous, M. le maréchal, que les travaux et tous les soins de cette affaire ont été confiés à M. de Beaumarchais, conjointement avec nous; qu'il a toutes les pièces du procès entre les mains, et qu'il n'est ni décent ni possible qu'aucun de nous accepte une assemblée où M. de Beaumarchais ne soit pas appelé.

M. le maréchal de Duras leur répond qu'il n'a nulle connaissance de la lettre, ni de la malhonnêteté des comédiens; qu'il désapprouve infiniment leur conduite à mon égard, et que cet abus de son nom est une audace dont il doit se ressentir; que loin d'écarter M. de Beaumarchais de la suite de cette affaire, qu'il traitait depuis trois ans avec lui, il se disposait au contraire à lui écrire et à l'inviter à la seule assemblée dont il fût question, pour le vendredi d'ensuite, chez M. le maréchal de Richelieu, où l'on tâcherait de rapprocher les esprits et les intérêts de tout le monde.

M. de Marmontel répondit en ces mots à la lettre du secrétaire de la comédie :

« 7 juillet.

» Je viens, Monsieur, d'avoir l'honneur de
» voir M. le maréchal de Duras. L'arrangement
» qu'il a pris avec M. le maréchal de Richelieu,
» lève toute difficulté. Je vous prie de dire à
» MM. les comédiens que, s'il m'est possible
» d'être à Paris le jour de l'assemblée, j'y por-
» terai, ainsi que MM. mes collègues, l'esprit de
» concorde ou de conciliation qu'on a droit d'at-
» tendre de nous ; persuadé que les intérêts des
» gens de lettres et celui des comédiens, bien
» entendus, n'en doivent jamais faire qu'un.

» J'ai l'honneur d'être, etc.

» DE MARMONTEL. »

Cependant les comédiens, qui croyaient avoir réussi à écarter l'homme dont ils redoutaient le coup d'œil austère, s'en donnaient le triomphe en public. Ils répandaient que M. le maréchal de Duras, outré de ce que je l'avais trompé, en changeant à mon gré les articles de l'arrêt, venait de me fermer sa porte, et de transmettre à d'autres personnes le pouvoir de suivre leur affaire. Beaucoup de gens le croyaient et le répétaient.

Je reçus l'invitation pour l'assemblée du vendredi chez M. le maréchal de Richelieu, et l'on ne parla plus de celle indiquée chez M⁰ Gerbier. La petite intrigue eut la petite confusion de son petit échec; et quant à la personne qu'on s'était promis d'écarter, elle continua de marcher paisiblement à son but, comme s'il ne fût rien arrivé. Je me rendis, le 14 juillet 1780, chez M. le maréchal de Richelieu, accompagné de MM. *Saurin* et *Sedaine;* M. de Marmontel, troisième commissaire, étant à la campagne, fut suppléé par M. *Bret.*

Cependant la comédie, qui a plus d'une ressource, ne désespérait pas encore du succès ; elle se flattait que, hérissé de calculs et de définitions, toujours à cheval sur les principes, ne pouvant souffrir qu'on en tirât de légères ou fausses conséquences, et devant plaider devant six grands seigneurs, protecteurs nés des comédiens, et plus accoutumés à commander d'un geste à la comédie qu'à suivre une discussion pénible qui eût rapport à elle, j'aurais du dessous ; et que je ne tiendrais pas devant l'éloquence parlière, agréable et facile de M⁰ Gerbier, soutenue du suffrage des six supérieurs de la comédie, de deux intendants des menus, des confrères de M⁰ Gerbier, et de quatre comédiens, tous défenseurs de la même cause.

Il m'a paru que le plan de M⁰ Gerbier était de faire passer à cette assemblée un troisième projet d'arrêt du conseil, absolument minuté sur le plan de ce premier, que mes observations avaient fait évanouir : il le tenait tout prêt dans sa poche.

Mon plan à moi fut de poser un premier principe du droit des auteurs, et de montrer tous les abus qui l'avaient progressivement altéré ; de prouver ensuite que mes travaux, depuis quatre ans, étaient une chaîne de notions déduites les unes des autres, et qui établissaient si lumineusement le droit des auteurs, que les comédiens et leurs conseils avaient été obligés de le reconnaître : témoin l'accord fait à l'amiable entre les auteurs et les acteurs. Les débats durèrent pendant neuf ou dix heures.

Mais voyant enfin qu'on ne m'entammait pas, on voulut passer outre, et rayer d'autorité ce septième article : le moment était pressant ; je *protestai* contre. On trouva l'acte et le mot peu respectueux pour les supérieurs de la comédie ; on me le dit avec humeur ; et moi, qui ne prenais point le change sur une querelle ainsi détournée de son objet, j'assurai de nouveau tous les grands seigneurs, devant qui j'avais l'honneur de parler, de mon profond respect; mais j'ajoutai que le respect dû au rang n'entraînait point le sacrifice du droit; et je continuai de protester contre tous changements quelconques de l'article sept.

Ainsi l'arrêt du conseil, du 12 mai 1780, signé *Amelot*, et dont j'avais reçu, de ce ministre, l'expédition en parchemin depuis deux mois et demi, fut maintenu par moi dans toute son intégrité, quoiqu'on n'eût cessé dans toute cette séance de le traiter d'*arrêt subreptice* ou *surpris*, et quelquefois (par bonté pour moi) de simple *projet d'arrêt*.

La discussion ou plutôt le débat s'échauffait, lorsque Me Gerbier, comptant sans doute sur les bontés de M. le maréchal de Duras, se permit de lui dire, en montrant les députés des auteurs avec dédain : *M. le maréchal, s'ils ne veulent point de notre arrêt, livrez-nous les, et laissez faire aux comédiens; ils vous en rendront bon compte.* Cette phrase, très-offensante pour tous les auteurs dramatiques, me fit monter le feu au visage; je pris la liberté de me lever et de rompre la séance.

En me retirant, je m'aperçus bien qu'on fesait peu de cas de ma protestation, et que, regardant comme arrangé ce qui n'avait pu l'être, on se disposait à faire passer au ministre le projet d'arrêt de Me Gerbier, comme absolument fixé par le consentement unanime des parties.

En conséquence, et pour donner à ma protestation toute la force dont elle était susceptible, le lendemain je fis signifier l'arrêt du 12 mai aux comédiens, et je chargeai l'huissier du conseil de leur remettre la lettre suivante :

« Messieurs ,

» La signification que je vous fais faire aujour-
» d'hui, tant en mon nom que stipulant les in-
» térêts des auteurs dramatiques mes confrères,
» de l'arrêt du conseil d'état du roi, du 12 mai
» 1780, portant réglement des droits des auteurs
» dramatiques, n'est point une déclaration de
» guerre de ma part ; il n'est aucun de vous,
» Messieurs, dont j'aie personnellement à me
» plaindre ; et nul n'aime et n'estime autant que
» moi le beau talent de plusieurs d'entre vous.

» Mais, dans une assemblée tenue vendredi der-
» nier chez M. le maréchal de Richelieu, les avo-
» cats vos conseils ont paru douter de l'existence
» de cet arrêt; et dans le cas de son existence

» prouvée, ils ont été jusqu'à le qualifier, en votre
» nom, d'*arrêt subreptice* ou *surpris*.

» Si ces imputations viennent d'une autre cause
» que de l'ignorance où vous êtes de l'arrêt, et
» de la manière dont il a été rendu, la signifi-
» cation que je vous en fais faire va vous mettre
» à portée de poursuivre les prétendus auteurs
» de la surprise faite à Sa Majesté, dans une
» affaire qui vous intéresse, ou de désavouer ce
» propos imprudemment avancé en votre nom.

» Un autre motif de la signification de cet
» arrêt, est que les intérêts de plusieurs auteurs
» et les miens en particulier souffriraient trop
» d'une plus longue inexécution de quelques-uns
» de ses articles. Comme il y a deux mois et demi
» qu'il est expédié et envoyé à MM. vos supé-
» rieurs et à nous, je demande qu'il soit exécuté,
» sans prétendre vous ôter le droit de repré-
» sentation, et avec le désir sincère de pouvoir
» adopter pour mes confrères et pour moi, tout
» ce qui sera proposé pour le rapprochement et
» la conservation de nos droits respectifs.

» J'ai l'honneur d'être avec considération,

» Messieurs,

» Votre, etc.

» Caron de Beaumarchais. »

En conservant ainsi de mon mieux les droits des auteurs, et défendant l'arrêt qu'on voulait attaquer, je ne renonçais pas à l'espoir de parvenir à une conciliation raisonnable ; je fesais la guerre d'une main, en proposant la paix de l'autre.

Les comédiens furent se plaindre à M. le maréchal de Duras de la signification que je leur fesais faire, comme d'un attentat contre l'autorité souveraine ; et moi de mon côté j'eus l'honneur de l'en prévenir, pour justifier la précaution que je venais de prendre.

C'est maintenant que je dois expliquer comment cette foule de précautions que j'avais prises, lors de la discussion et rédaction de l'arrêt du 12 mai 1780, et dont j'ai prié le lecteur de ne pas perdre la mémoire, sont devenues très-importantes : elles le sont devenues à tel point, que si j'eusse manqué d'en prendre une seule, je demeurais entaché sous l'accusation bizarre d'avoir fabriqué, transcrit et fait signifier aux comédiens un faux arrêt du conseil et un faux réglement : puisque, malgré toutes les preuves que j'ai prodiguées du concours de M. le maréchal de Duras à la formation de cet arrêt, de la foule de ses discussions contradictoires, de ses consentements, adhésions, signatures, paraphes sur toutes les pages, lettres au soutien, etc., etc., il passe pour constant, au moment où j'écris, que l'arrêt en parchemin que j'ai fait signifier aux comédiens n'est pas plus le véritable arrêt du conseil, que le réglement y annexé n'est le vrai réglement discuté, arrêté, signé et paraphé par M. le maréchal de Duras, mais un arrêt et réglement de ma façon, dont jamais M. le maréchal n'a eu connaissance.

On est tenté de me croire en démence au récit d'une pareille folie ; mais on cessera de rire, quand on saura qu'entre autres preuves de ce fait, le 8 août dernier, M. le maréchal de Richelieu, dont la bonté pour moi ne s'est jamais démentie, mais auquel M⁰ Gerbier venait à l'instant d'assurer la vérité de ces accusations, me demanda fort sérieusement si j'attesterais bien par écrit *que je n'avais rien changé aux minutes des arrêts et réglements signés par son collègue le maréchal de Duras, en les fesant signifier aux comédiens ?*

Je ne sais s'il prit mon étonnement pour de la confusion ; mais, sur ma réponse que je trouvais un peu dur qu'il parût en douter, il me dit que je lui ferais le plus grand plaisir de signer la déclaration qu'il allait écrire lui-même en mon nom. Il se mit à son bureau, où il écrivit l'énoncé qui suit :

« L'arrêt dont M. de Beaumarchais demande

» l'exécution, est l'expédition fidèle de la minute
» signée et paraphée par M. le maréchal de Duras,
» après discussion contradictoire, sans qu'on y
» ait ajouté un seul mot ; cette minute est entre
» les mains de M. Amelot, et M. le maréchal de
» Duras a écrit à M. Amelot pour lui demander
» une lettre au nom du roi, que M. Amelot a
» envoyée, et que M. le maréchal de Duras a
» dans les mains, par laquelle le roi fait dé-
» fense à toute personne de s'opposer à l'exé-
» cution de cet arrêt, et même d'y faire aucune
» observation ; et M. de Beaumarchais consent
» à essuyer le déshonneur public, s'il y a un mot
» dans cet exposé dont il ne fournisse la preuve ;
» et s'il a fait signifier autre chose que ce même
» arrêt en parchemin, daté du 12 mai 1780, tel
» qu'il l'a reçu de M. Amelot, ni fait aucune
» autre signification ou opposition. »

M. le maréchal voulut bien m'en faire la lecture, et me dit, avec un regard de lynx : « Le plus difficile n'était pas de l'écrire ; mais c'est de vous le voir signer que je suis bien curieux. »

Je pris la plume et j'écrivis au bas de la déclaration :

Je soussigné certifie tout l'exposé ci-dessus conforme à la plus exacte vérité, et je me dé-

voue à l'exécration publique, si je n'en prouve pas tout le contenu. Ce 8 août 1780.

Signé Caron de Beaumarchais.

J'ajoutai de suite au-dessous :

« J'ai de plus entre les mains l'original du rè-
» glement dont l'expédition est aussi remise à
» M. Amelot, et qui est annexée audit arrêt du
» 12 mai 1780, lequel, discuté et rédigé en pré-
» sence et avec M. le maréchal de Duras, de-
» vant quatorze auteurs, est paraphé à toutes les
» pages et à tous les renvois, et enfin signé par
» M.' le maréchal de Duras, même date que
» dessus.

» Caron de Beaumarchais. »

Jamais étonnement ne fut égal à celui de M. le maréchal de Richelieu, quand il lut ce que j'avais écrit. *Par ma foi*, me dit-il, *il est absolument impossible de ne vous pas croire, et dès ce moment je ne doute plus de rien de ce que vous me direz ; mais avouez qu'il y a, je ne sais de quelle part, une infernale méchanceté dans tout ceci !* — Doutez encore, je vous prie, M. le maréchal, jusqu'à ce que l'honneur de me justifier par les faits, ait effacé la honte que je sens d'en avoir eu besoin. Gardez mon écrit, daignez m'en faire délivrer seulement une expédition certifiée de vous : elle sera mon titre pour mettre au plus grand jour ma conduite modérée, celle des auteurs, et leurs droits usurpés ; tout ce qu'on a tenté pour se maintenir dans cette usurpation, et leurs procédés pacifiques pour en obtenir la restitution. Depuis quatre ans ils m'ont confié leurs intérêts ; aucun propos de leur part, mémoire, épigramme ou sarcasme, ne leur est échappé : ce n'est faute assurément ni de chaleur ni de ressentiments légitimes ; mais plus ils ont été modérés et patients, plus il est juste enfin qu'une loi émanée du roi fixe le sort et l'état des auteurs, et les mette à jamais à l'abri de pareilles vexations. — Je suis de votre avis, dit M. le maréchal, et je commence à concevoir où vous avez puisé toute la chaleur de votre plaidoyer dans notre dernière assemblée ; il n'est pas défendu d'avoir un peu de colère quand on est autant outragé.

M. le maréchal me remit la copie de ma déclaration, et écrivit au bas :

Je certifie que la présente copie est conforme à l'original resté entre mes mains. Ce 21 août 1780.

Le Maréchal de Richelieu.

J'ai fait part aux auteurs, mes constituants, de ce qui venait d'arriver ; ils m'ont ordonné de rendre le compte exact qu'on vient de lire, et qu'il est temps de résumer. Mais trop d'objets rassemblés ont souvent rompu le fil des idées qu'il importait d'établir; il faut le renouer en peu de mots.

RÉSUMÉ.

Dans la première partie,

J'ai montré que trente ans d'aigreur et de querelles avaient absolument éloigné les auteurs des comédiens français; que les premiers se plaignaient d'être trompés de plus de moitié dans le compte rendu de leur neuvième, atténué par tant d'abus accumulés, qu'il n'était plus même aujourd'hui le vingtième effectif de la recette.

J'ai montré comment, invité par M. le maréchal de Richelieu, en 1776, d'étudier, d'éclaircir une question qui tenait à l'examen des livres de recette et dépense du spectacle, et porteur d'une lettre de lui, pour qu'on me montrât ces registres, je n'ai pu obtenir des comédiens une communication aussi essentielle au travail demandé par leurs supérieurs.

On a vu comment j'ai attendu que le produit acquis d'une de mes pièces de théâtre, me donnât le droit d'exiger un compte exact de la comédie ;

Comment je l'ai demandé pendant un an, sans

pouvoir l'arracher; les moyens que je n'ai cessé d'indiquer pour faire ce compte; et la continuité des subterfuges dont on a usé pour s'y soustraire.

J'ai montré comment les comédiens, ne pouvant plus éloigner une assemblée qu'ils avaient demandée eux-mêmes (avec tous leurs conseils à la vérité, très-inutiles à la signature d'un compte en règle), ont été se plaindre à M. le maréchal de Duras, leur supérieur, et l'engager à les sauver par sa médiation de leur ruine entière qu'un méchant méditait; et ce méchant, c'était moi.

J'ai fait voir ensuite comment M. le maréchal, mieux instruit par moi de l'état des choses, m'a proposé d'abandonner ma demande d'un compte exact, attendu qu'il pouvait jeter les comédiens dans les plus grands embarras vis-à-vis des auteurs mécontents; et m'a invité de travailler avec lui à la réforme du théâtre, dont le premier point serait l'amélioration du sort des auteurs, du neuvième atténué, au cinquième effectif de la recette.

On a vu avec quel respect je me suis soumis aux vues de M. le maréchal, et comment l'affaire a tout-à-coup changé ainsi de nature;

Comment, d'accord avec M. le maréchal, j'ai invité tous les auteurs dramatiques à s'assembler chez moi, pour m'aider de leurs travaux dans cette utile réforme;

Comment chacun d'eux, renonçant à tout ressentiment particulier, et à toute demande personnelle, a travaillé de bonne grâce à la formation d'un nouveau réglement relatif aux auteurs et aux comédiens;

Comment MM. les maréchaux de Duras et de Richelieu ont honoré nos travaux d'observations de leurs mains, d'après lequelles nous les avons réformés;

Comment on a exigé que ces travaux fussent communiqués aux comédiens, mais détachés des motifs qui les avaient fait adopter, ce qui tendait à ramener des disputes éternelles;

Comment en effet, trois ans, depuis juillet 1777 jusqu'en août 1780, se sont passés en travaux perdus, en commerce de lettres oiseux, en démarches inutiles; et comment, après trois ans, fatigué de nos importunités, on nous a renvoyés *à la première question qu'on nous avait tant priés d'abandonner, la demande d'un compte exact aux comédiens;*

Comment, révolté de ce badinage cruel, j'allais enfin employer la voie juridique contre les comédiens, lorsqu'on m'a proposé, pour m'appaiser, de me remettre enfin les états de recettes et dépenses de la comédie pendant trois ans, pour en extraire les données d'un compte en règle à l'amiable, qui pût servir de modèle à tous les décomptes futurs ;

Comment, l'affaire ayant ainsi de nouveau changé de face, il m'a fallu oublier tout ce que j'avais appris, rapprendre tout ce que j'avais oublié ; et, renonçant à toute amélioration de son sort, promise aux auteurs, me contenter de plaider de nouveau contre les usurpations accumulées sur le plus modique des droits, le neuvième de la recette.

Enfin, j'ai montré comment, ayant reçu les anciens et nouveaux réglements, et l'état de trois années de la comédie, j'ai commencé à travailler un peu fructueusement à l'affaire des auteurs mes confrères et mes constituants. D'où l'on peut juger si j'ai bien prouvé que les procédés des auteurs ont toujours été modérés, et s'il est vrai, comme je l'ai dit, que je suis un modèle de patience devant les comédiens.

Il me reste à rappeler au lecteur que ma conduite a été un continuel effort de conciliation devant eux et leurs supérieurs : c'est ce que je vais faire.

Dans la seconde partie,

Après des études et des recherches infinies sur les vraies données des droits d'auteur au spectacle français, j'ai tout ramené au *principe* simple et reconnu que *l'auteur a un droit rigoureux au neuvième de la recette, tous frais prélevés; et à la jouissance de ce neuvième,* JUSQU'A CE QUE LES COMÉDIENS N'AYENT FAIT EN PRODUIT BRUT QUE LEURS FRAIS DEUX FOIS DE SUITE, OU TROIS FOIS SÉPARÉMENT, *avec sa pièce.*

Ensuite j'ai montré comment, à force d'abus, d'une part, et de bonhomie de l'autre, les comédiens ont successivement détourné le vrai sens du principe, et porté sans cause de 500 à 1200 liv. la somme de recette, où l'auteur perdrait sa propriété;

Comment les comédiens ont abusé de la création des petites loges pour raccourcir de deux tiers le nombre des séances où les auteurs partagent; de même qu'ils ont diminué d'un tiers le produit journalier de ces séances, par des évaluations arbitraires de frais et de produits obscurs, dont ils ne rendaient aucun compte;

Comment, sur le seul impôt levé pour les pauvres, au spectacle, les comédiens ont porté l'usurpation jusqu'à me compter dans le bordereau de ma pièce 19,542 livres, payées aux pauvres, pour les trente-deux représentations où j'avois partagé, lorsque cet impôt ne leur coûtait à eux, pour ces trente-deux représentations, que 5,920 liv., en sorte qu'ils me fesaient payer l'impôt sur le pied de 198,000 liv. par an, lorsqu'ils ne le payaient eux-mêmes que 60,000 liv.

J'ai fait voir par quel sophisme badin leur éloquent défenseur, M⁰ Gerbier, avait voulu les excuser de cette lourde erreur, et comment, dans plusieurs assemblées pacifiques, je les ai amenés tous à convenir de la justesse de mes principes, et de la modération des conséquences que j'en tirais.

On a dû remarquer aussi comment, passant de l'évidence à une évidence plus forte, des preuves aux démonstrations, tant sur les dépenses abusivement comptées aux auteurs, que sur les envahissements de leur propriété dans les produits, j'ai forcé tout le monde à nous avouer que, depuis trente ans, les auteurs avaient été lésés de plus d'un tiers dans tous les comptes rendus, ce qui leur donnait le droit incontestable en justice de réclamer plus de 200,000 livres sur les comédiens;

Comment sur-tout, en faveur de la paix qu'on invoquait, j'ai promis de porter les auteurs au sacrifice de toutes les usurpations précédentes, et consenti pour eux à celui de passer à l'avenir aux comédiens pour 600 liv. de frais par jour, quoique je n'en reconnaisse que pour environ 520 liv.; comment j'ai fait le sacrifice de passer la chute des pièces dans les règles à 1200 liv. de recette entière, quoique la masse des faux frais, (le quart des pauvres prélevé) n'allât pas même à 800 liv. par jour ;

Et comment enfin, laissant subsister tous les articles des anciens réglements qui ne contrariaient point les clauses de l'accord à l'amiable que nous arrêtions, cet accord, fondé sur nos sacrifices, a été signé de tous les comédiens, de leurs conseils et de leurs supérieurs.

J'aurais bien désiré pouvoir finir, à cette époque, le compte que j'avais à rendre; mais il a fallu montrer, malgré moi, comment, lorsque nous supposions toutes les querelles éteintes, nous avons appris que, dans le même temps, dans le même lieu et par les mêmes personnes avec qui nous sortions de traiter à l'amiable, il venait d'être fait et envoyé au ministre, pour être expédié, *un arrêt du conseil et un réglement secret, par lesquels on reprenait sur les auteurs deux fois plus qu'on n'avait été obligé de leur restituer en comptant avec moi.*

Il a bien fallu montrer comment on avait trompé le ministre, en lui disant et lui fesant écrire que j'étais d'accord, pour les auteurs, de toutes les clauses de l'arrêt qu'on le priait d'expédier, quoiqu'on se fût bien gardé de m'en dire un seul mot ;

Comment, à cette nouvelle, les auteurs m'ont

accablé de reproches, sur l'abandon de leurs intérêts que j'étais accusé d'avoir trahis; et comment, à cette injure qui devait m'éloigner d'eux, redoublant de courage et de soins, j'ai détrompé les auteurs, le ministre, et même ramené M. le maréchal de Duras à réparer tout le mal qui s'était fait sans doute contre son intention, à écouter nos observations sur les clauses de cet arrêt et de ce réglement non communiqués, et de les admettre comme équitables;

Comment, de concert avec lui et par son ordre, donné devant huit auteurs, j'ai fait le projet d'un autre arrêt du conseil;

Comment les articles en ont été discutés contradictoirement avec M. le maréchal, avec l'intendant des menus, et deux comédiens français;

Comment ensuite la rédaction de cet arrêt a été reconnue bonne et fidèle, approuvée, signée, paraphée et envoyée par M. le maréchal de Duras à M. Amelot, avec une lettre pour en solliciter une au nom du roi qui forçât les comédiens à s'y soumettre en silence;

Comment, dans son consentement, M. le maréchal de Duras a bien voulu soumettre à mes observations le réglement secret, comme il y avait livré l'arrêt secret;

Comment, devant quatorze auteurs et l'intendant des menus, ce réglement a été lu et arrêté, signé *ne varietur*, et paraphé sur toutes les pages et corrections en marge par M. le maréchal de Duras, avec ce mot si obligeant pour les auteurs, que, *puisqu'ils étaient contents, ce jour était le plus beau de sa vie;* et comment ce réglement a été envoyé par lui à M. Amelot, pour être annexé à l'arrêt du conseil qu'il fesait expédier alors;

Comment le ministre a envoyé deux expéditions en parchemin de ce second arrêt du conseil, l'un à M. le maréchal de Duras pour les comédiens, l'autre à moi pour les auteurs, ainsi que la lettre au nom du roi, demandée par M. le maréchal, pour empêcher les comédiens d'y faire aucune observation.

Puis j'ai montré comment les comédiens et leurs conseils, furieux de n'avoir pu conserver leurs nouvelles usurpations, n'ont plus gardé de mesure, et ont déclaré qu'ils ne voulaient plus avoir affaire à moi;

Comment les auteurs ont reçu, en riant, cet éloge naïf de ma vigilance; et comment les comédiens ont tenté de m'écarter d'un nouvel essai d'accommodement, en invitant à une assemblée chez Me Gerbier, deux commissaires des gens de lettres, à mon exclusion;

Comment ils ont compromis le nom respectable de M. le maréchal de Duras, en écrivant que c'était par son ordre que cette exclusion avait lieu;

Comment ils ont répandu que j'avais trompé M. le maréchal sur les rédactions d'arrêt et réglement; qu'il m'avait fait fermer sa porte, et avait remis l'affaire à d'autres conducteurs; et comment ce bruit faux et absurde était devenu public.

On a vu aussi comment MM. *Marmontel, Bret, Saurin*, ont refusé toute assemblée où Me Sedaine et moi ne serions point appelés; et comment on a changé l'assemblée particulière de Me Gerbier en une assemblée générale chez M. le maréchal de Richelieu, où j'ai été invité par M. le maréchal de Duras, qui n'était pour rien dans tout ce qu'on vient de lire;

Comment Me Gerbier, qui ne se mêlait de rien, se mêlait de tout, et est arrivé à cette assemblée avec un mémoire pour les comédiens et un troisième projet d'arrêt du conseil;

Comment ce troisième arrêt, destructeur du deuxième, était fait sur les données du premier que nos observations avaient anéanti;

Comment l'arrêt du 12 mai, signé, paraphé par M. le maréchal de Duras, et expédié en parchemin depuis deux mois et demi, a été traité dans cette assemblée d'arrêt *subreptice* et *surpris;*

Comment, après neuf à dix heures de débat,

j'ai été obligé de protester contre les innovations que M⁰ Gerbier avait l'éloquence et le succès de faire approuver de presque toute l'assemblée ;

Comment on a pris ma protestation pour une offense, et comment on a passé outre à l'envoi de cet arrêt au ministre, comme si je l'eusse adopté;

Comment on m'a donné partout pour un homme dur, injuste, intraitable, et duquel on ne pouvait espérer aucun accommodement;

Comment en effet, voyant qu'on prétendait regarder l'arrêt du 12 mai comme non avenu, et que la promulgation d'un autre arrêt allait me laisser sous l'odieux soupçon de m'être donné de coupables libertés dans la rédaction de celui qu'on anéantissait, j'ai fait signifier cet arrêt du 12 mai à la comédie, afin de le bien constater, et de laisser le reproche public à ceux qui l'auraient mérité;

Et comment enfin la persuasion que j'avais fabriqué ou falsifié arrêt et réglement, s'est tellement répandue et confirmée, que M. le maréchal de Richelieu s'est cru obligé à me proposer de signer une déclaration qu'il a écrite et libellée lui-même, où j'attestais, sous peine de déshonneur, qu'il n'y avait pas un mot différent entre la minute de l'arrêt du 12 mai et le réglement y annexé, signés et paraphés par M. le maréchal de Duras, et l'expédition que j'ai fait signer aux comédiens français.

On a vu avec quelle fierté j'ai signé cette déclaration, quelle indignation m'en est restée, et comment enfin, malgré tant de dégoûts, et l'ordre exprès de mes confrères et constituants de rendre un compte rigoureux de toute l'affaire, je n'ai pas cessé de travailler à l'arranger, en fesant à M. le maréchal de Duras, par écrit, les propositions d'accommodement les plus acceptables et les plus modérées.

Mais enfin, ne recevant plus de réponse de personne, et l'affaire prenant moins que jamais la tournure d'un arrangement, j'ai continué mon travail, et l'ai d'autant plus hâté, que j'ai reçu de M. Amelot la lettre suivante :

« Paris, le 21 août 1780.

» Vous ne m'avez point encore remis, Mon-
» sieur, le mémoire que vous m'avez annoncé il
» y a plus d'un mois, et que vous paraissiez dis-
» posé à me remettre incessamment. Je l'attends
» avec d'autant plus d'impatience, que l'intention
» du roi est de ne pas différer de prendre un
» parti sur l'objet dont il s'agit.

» **Je suis très-parfaitement, Monsieur, votre, etc.**

Signé AMELOT.

J'ai eu l'honneur de lui répondre en ces termes :

« Monsieur,

» Recevez avec bonté les actions de grâces de
» tous les gens de lettres; il ne pouvait leur être
» annoncé rien de plus heureux que l'intention
» où est S. M. de prononcer enfin sur le différend
» qui, depuis trente ans, subsiste entre eux et
» les comédiens français.

» De ma part, je serais inexcusable si j'avais mis
» le plus léger retard volontaire dans la rédaction
» du mémoire auquel je me suis engagé pour eux,
» puisque vous avez la bonté de suspendre l'exa-
» men et le rapport de l'affaire jusqu'à cette ins-
» truction indispensable. Mais, Monsieur, il est
» impossible que vous vous fassiez une idée de
» l'excès où l'on s'est porté contre moi dans le
» récit calomnieux que les comédiens, leurs
» conseils et leurs amis, ont fait à tout le monde
» de ma prétendue audace au sujet du dernier
» arrêt du conseil.

» Me voilà donc, Monsieur, engagé solennel-
» lement à prouver l'honnêteté de ma conduite,
» ou à rester courbé sous l'imputation d'une
» odieuse calomnie.

» Depuis ce jour, mes confrères, instruits de
» ce qui se passait, ont exigé de moi qu'au lieu
» d'une discussion simple des articles de l'arrêt

» du 12 mai, sur les droits des auteurs, que
» j'avais faite avec soin, je rendisse un compte
» public de l'affaire entière, appuyée de toutes
» les pièces justificatives, ainsi que de ma con-
» duite et de la leur, si méchamment calomniées.
» J'ai donc été obligé de refondre mon ouvrage,
» et il est devenu plus long. M. le maréchal de
» Richelieu m'en demande un exemplaire pour
» chacun de MM. les premiers gentilshommes de
» la chambre.

» Il en faut un à chaque ministre du roi; nous
» désirons même que les comédiens et leurs
» conseils en soient pourvus ; car aujourd'hui,
» non seulement les auteurs sont au point de
» supplier le roi de vouloir bien nous donner
» une loi qui fixe enfin leur sort au théâtre, mais
» aussi de demander à S. M. justice des indignités
» auxquelles la discussion de cette affaire vient de
» les exposer ; ce que je vais faire en leur nom,
» si vous l'approuvez, Monsieur, par une re-
» quête au roi, à laquelle le compte rendu que
» je viens de terminer, et qui sera signé samedi
» par tous les auteurs, servira de preuve et
» d'appui ; et si le roi le permet, l'authenticité,
» la fidélité reconnue de l'arrêt du 12 mai 1780,
» tel que je l'ai fait signifier, remplira le premier
» objet de sa justice ; et la publicité de notre
» mémoire apologétique et modéré, sera la seule

» peine infligée à nos calomniateurs, pour remplir
» le second.

» Je suis avec le plus profond respect,

» Monsieur,

» Votre, etc.

Signé CARON DE BEAUMARCHAIS.

J'ai fait écrire ensuite à tous mes confrères et constituants, pour les prier de s'assembler chez moi aujourd'hui samedi 26 août 1780.

Vous m'avez tous fait l'honneur de vous y rendre; car c'est à vous, Messieurs, que j'ai l'honneur de parler, et à qui j'ai dû d'abord présenter le compte de l'affaire entière dont vous aviez confié le soin à MM. *Saurin, Marmontel, Sedaine* et moi, en qualité de vos commissaires et représentants.

Toutes les pièces justificatives sont sous vos yeux; il vous reste à délibérer sur le fond, la forme et le contenu de ce récit; à l'approuver et le signer tous, si vous le trouvez exact et modéré; vous arrêterez ensuite sous quelle forme il doit être remis aux ministres du roi, soit comme instruction pure et simple de l'affaire à juger par le conseil; soit pour vous servir de mémoire et d'appui à une requête au roi, par laquelle vous supplierez S. M. de fixer, dans une loi émanée du trône, le sort et l'état de la littérature française, dans tous ses rapports forcés avec la comédie.

Et ont signé, *Caron de Beaumarchais, Sedaine, Marmontel, Barthe, Rousseau, Blin de Saint More, Favart, Cailhava, Sauvigny, Gudin de la Brenellerie, Leblanc, Laplace, Ducis, Champfort, La Harpe, Le Mierre, Rochon de Chabannes* et *Lefevre.*

Mais avant que vous preniez un dernier parti, Messieurs, sur l'usage que vous devez faire de ce compte rendu, je dois vous communiquer une seconde lettre de M. Amelot, en réponse à la mienne, par laquelle vous connaîtrez l'intention où est S. M. de vous faire justice, en vous recommandant d'oublier le ressentiment des injures, et de renoncer à la publication de vos défenses jusqu'à nouvel ordre. Voici la lettre du ministre.

« Versailles, ce 25 août 1780

» J'ai, Monsieur, communiqué à M. le comte
» de Maurepas la lettre que vous avez pris la
» peine de m'écrire le 23. Nous pensons tous
» deux que vos plaintes concernant les discours

» tenus à M. le maréchal de Richelieu, ne doivent
» point être confondues avec les objets sur les-
» quels S. M. est dans l'intention de prononcer;
» que ces plaintes sont un incident étranger à
» l'affaire principale, et qu'il serait d'autant plus
» inutile d'en faire la matière d'une requête, qu'il
» ne s'agit au fond que de propos vagues dé-
» truits par les explications que vous avez eues
» avec M. le maréchal de Richelieu, et sur les-
» quels S. M., suivant toute apparence, ne croi-
» rait pas pouvoir rien statuer.

» Nous pensons aussi que, l'affaire principale
» devant être traitée en pure administration sans
» aucune forme contentieuse, il n'y a point de
» motifs pour multiplier les copies de votre mé-
» moire, au point où vous paraissez dans le des-
» sein de le faire : qu'à la rigueur, il suffirait que
» l'original m'en fût remis, et que vous pouvez
» cependant en faire faire une copie pour Mes-
» sieurs les premiers gentilshommes de la cham-
» bre, si l'ordre des procédés vous paraît l'exiger;
» mais qu'il est surtout convenable que vous ne
» fassiez rien imprimer dans cette affaire.

» Vous ne devez pas douter que le roi ne rende
» aux auteurs la justice qui peut leur être due;
» mais il serait contre toutes les règles de donner
» de la publicité à une discussion qui n'est sou-

» mise qu'à S. M. seule, et qu'elle doit décider par
» une loi de son propre mouvement.

» Je suis très-parfaitement, Monsieur, votre, etc. »

Après la lecture de cette lettre, chacun tombant d'accord de mériter la justice entière que le roi nous promet, par le sacrifice entier de nos ressentiments, nous avons unanimement voté dans la délibération suivante, ainsi qu'on va le voir.

Aujourd'hui 26 août 1780, nous étant assemblés en la forme accoutumée chez M. de Beaumarchais, l'un de nos commissaires perpétuels et représentants ; et nous étant trouvés le nombre compétent pour discuter des intérêts de la société, nous avons délibéré et arrêté ce qui suit, savoir : que,

M. Caron de Beaumarchais nous ayant fait lecture du compte que nous l'avions chargé de rendre de notre conduite et de la sienne, des principes sur lesquels nos droits d'auteurs au spectacle français sont établis, des usurpations énormes que les comédiens n'ont cessé d'y faire, ainsi que des discussions profondes qui les ont constatées et ont amené l'accord à l'amiable entre les auteurs et les comédiens du 11 mars 1780, et l'arrêt du conseil du 12 mai suivant ;

Nous reconnaissons que le compte rendu qui vient de nous être lu, ne contient que des faits exacts, véritables et connus de nous tous ; qu'il est écrit avec modération; et nous l'adoptons comme un ouvrage indispensable à notre défense contre les comédiens, intéressant à notre honneur, et trés-utile à nos intérêts. En conséquence nous l'avons tous signé.

M. de Beaumarchais nous a fait ensuite la lecture d'une lettre de M. Amelot, du 25 août, par laquelle nous apprenons que M. le comte de Maurepas et lui désirent que nous fassions le sacrifice entier du ressentiment légitime que nous avons tous, des discours outrageants tenus tant contre nous que contre nos commissaires, au sujet de la rédaction de l'arrêt du 12 mai dernier; et de plus, que les copies de notre mémoire apologétique ne soient pas répandues.

Pour donner aux deux respectables ministres, qui veulent bien nous assurer de l'intention où est S. M. de nous faire justice, la preuve la plus complète de notre respect, de notre reconnaissance et de notre soumission, nous avons arrêté qu'il ne sera fait, quant à présent, qu'une seule copie du compte rendu, pour être remise à M. Amelot uniquement, et que nous attendrons que les deux ministres en aient pris lecture, pour savoir de M. Amelot s'ils jugent que nous devions en envoyer une semblable à Messieurs les premiers gentilshommes de la chambre; mais que M. de Beaumarchais fera un mémoire fort court pour le ministre, qui tiendra lieu, quant à présent, de la requête où nous devions exprimer en raccourci tous les objets de nos demandes : auquel mémoire ce compte rendu servira d'appui, étant fondé totalement sur des pièces justificatives ; et il ne sera fait rien autre chose quant à présent.

Mais, en mettant ainsi nos justes ressentiments aux pieds du roi, nous supplierons S. M. de recevoir les supplications de la littérature entière pour l'élévation d'un second théâtre et la destruction des misérables tréteaux élevés de toutes parts à la honte du siècle ;

Et de vouloir bien permettre qu'en cas de nouvelles difficultés de la part des comédiens, et d'une obligation de la nôtre d'employer contre eux les voies juridiques, soit pour l'exécution de l'arrêt, soit pour d'autres réclamations légitimes, notre mémoire apologétique puisse nous servir de moyens publics de défenses, comme contenant les preuves les plus authentiques de nos droits attaqués, et de notre conduite modérée en les défendant.

Signé *Caron de Beaumarchais*, *Marmontel*, *Sedaine*, *Le Blanc*, *Blin de Saint-More*, *Rousseau*, *Cailhava*, *Gudin de la Brenellerie*, *Sauvigny*, *Favart*, *La Place*, *Barthe*, *Ducis*, *Champfort*, *La Harpe*, *Le Mierre*, *Rochon de Chabannes*, *Lefevre*.

AUTRE AVERTISSEMENT

DE L'ÉDITEUR,

Au sujet de ce Compte Rendu, et des deux suivants.

J'ai dit que, dans le temps où les auteurs dramatiques tenaient des assemblées trop rares, les descendants de quelques hommes de génie s'adressèrent à eux pour obtenir des bienfaits de la cour. Voici l'une des deux lettres que M. de Beaumarchais écrivit à la reine au nom des auteurs dramatiques; elle fut signée de leurs quatre commissaires.

A LA REINE.

« Madame,

» Votre majesté s'est si souvent attendrie aux piè-
» ces de Racine, tant de rapports existent entre votre
» auguste personne et les traits dont il a peint les
» vertus des grandes ames, qu'ils sont un sûr garant
» de l'attention qu'elle daignera faire à ce court
» exposé.

» Il existe encore des descendants de ce génie su-
» blime. Une mère, petite-fille de ce grand homme,
» et son époux, entourés de trois enfants, languissent
» à l'abbaye de Maubuisson.

» Dénoncer à votre majesté l'infortune fière et
» discrète, c'est présenter à son cœur l'occasion la

» plus précieuse, et peut-être la plus rare, celle de
» s'applaudir d'un bienfait justement appliqué.

» Deux hommes rivaux de gloire, l'orgueil de leur
» siècle et de leur nation, qu'ils ont illustrée, Cor-
» neille et Racine, ont eu dans leur postérité un sort
» commun.

» Nous avons vu le génie qui les remplaçait,
» M. de Voltaire, s'empresser de ranimer dans la
» petite-fille du grand Corneille le précieux reste de
» sa cendre prête à s'éteindre. La bienfesance royale
» ne fut point alors instruite à temps. Votre majesté
» ne régnait pas encore.

» Qui oserait en ce moment enlever à son cœur
» des droits qu'il semble si jaloux d'exercer?

» L'auguste épouse du bienfaiteur des Dassas se
» plaît aussi à deviner et à secourir l'infortune qu
» se cache.

» Si votre majesté veut bien le permettre, et
» désire d'être plus instruite sur les malheurs de cette
» famille illustre et modeste, une société de gens de
» lettres, admirateurs et disciples de ce grand homme,
» remettra sous ses yeux un mémoire plus circons-
» tancié.

» Si la société dramatique est exaucée, Madame,
» alors l'Europe entière dira : Pendant que LE ROI
» de France décerne une statue au grand Racine,
» LA REINE étend ses bienfaits sur sa famille in-
» fortunée.

» DE VOTRE MAJESTÉ, etc. »

A l'époque où le Compte Rendu qu'on vient de
lire fut communiqué, le 26 août 1780, aux auteurs

dramatiques, l'affaire qui les intéressait semblait encore loin d'être terminée. Mais l'activité de M. de Beaumarchais ne se ralentit point ; il surmonta encore plusieurs difficultés ; et deux mois après, le 9 décembre 1780, le roi, par un nouvel arrêt du conseil, reconnut la justice des demandes que fesaient les auteurs, approuva l'accord qu'ils avaient conclu à l'amiable avec les comédiens le 11 mars, et signé par eux, par leurs avocats, par les ducs de Richelieu et de Duras, gentilshommes de la chambre, et par les quatre commissaires et représentants des auteurs dramatiques.

Le roi accorda d'abord, par cet arrêt du conseil, tout ce que les auteurs désiraient, et les favorisa encore en portant leur droit de rétribution sur la recette de la comédie, au septième effectif, au lieu du neuvième qu'ils réclamaient.

Il fut spécifié, par les articles 11 et 12 de cet arrêt du conseil, que ce septième dû aux auteurs serait prélevé non seulement sur la recette de la porte, mais aussi sur les loges louées journellement, sur les petites loges louées à l'année, évaluées selon le prix de leurs baux ; sur les abonnements à vie ; enfin, sur toutes les parties quelconques de la recette entière du spectacle, dans quelque forme et sous quelque dénomination qu'elle se fasse ou puisse se faire à l'avenir.

Il fut même fait, article 12, très-expresses inhibitions et défenses, tant aux auteurs qu'aux comédiens, de traiter des pièces à forfait.

Ainsi M. de Beaumarchais eut encore une fois raison, et fut encore une fois justifié de toutes les fictions que les comédiens et leur conseil avaient imaginées pour semer la zizanie entre lui et les autres auteurs, et pour le brouiller avec les gentilshommes de la chambre.

Dans toute cette affaire de comédie, où de graves avocats avaient offert de si beaux modèles à la verve dramatique, M. de Beaumarchais n'avait travaillé que pour le bien général de ses confrères et pour celui des infortunés auxquels il abandonnait le produit de ses ouvrages; il restait étranger à tous les bénéfices du théâtre.

Il fit encore pour l'intérêt des gens de lettres un autre travail qui, ne lui étant point demandé par ceux dont il était le représentant, n'en était que plus généreux et plus méritoire.

Sa comédie du *Mariage de Figaro* ayant eu un succès inouï, il eut soin de ne la point faire imprimer. Les directeurs des troupes de province, impatients, comme il l'avait prévu, de jouer une pièce si bien accueillie dans la capitale, et qu'ils ne pouvaient acheter des libraires, lui en demandèrent le manuscrit. Il ne consentit à leur en envoyer des copies qu'en les soumettant, par des actes notariés, à payer à tous les auteurs vivants, dont ils joueraient à l'avenir les ouvrages, la même rétribution que les comédiens de Paris, c'est-à-dire, le septième du bénéfice de chaque représentation, les frais prélevés; et, pour les obliger plus efficacement, il laissa aux pauvres des villes où ses ouvrages seraient représentés, le léger profit qui lui en serait revenu.

Les directeurs s'y engagèrent, et ne payèrent pas. On verra le détail de ces manœuvres dans la pétition que M. de Beaumarchais lut au comité d'institution publique, le 23 décembre 1791.

Déjà les différents théâtres qui s'étaient hâtés de s'ouvrir à Paris, d'après le décret de l'assemblée qui permettait à chacun d'en élever à ses risques et périls, avaient traité avec les auteurs aux mêmes conditions.

Mais bientôt la comédie française, l'aînée de tous ces théâtres, revint contre l'arrêt du conseil de 1780. Ce fut le sujet d'un nouveau rapport de M. de Beaumarchais. Les auteurs, désirant toujours de bien traiter cette première de toutes les troupes, consentirent à lui accorder un sort plus favorable qu'aux autres, quoique cela ne fût pas rigoureusement juste. Mais l'amour de la paix, le désir de voir prospérer cet antique théâtre, d'être joués par ceux qui étaient encore les meilleurs comédiens, les firent consentir à un nouveau sacrifice, comme on le verra dans le rapport que fit M. de Beaumarchais, en 1791, aux auteurs dramatiques.

Le temps, la liberté, l'émulation auraient perfectionné l'art théâtral; la trop grande multiplicité des théâtres se fût dissipée d'elle-même; il n'en fût resté que le nombre nécessaire à une grande ville, et ils seraient devenus dignes de représenter les chefs-d'œuvre de nos grands maîtres, soit dans la tragédie ou dans la comédie.

Mais les comédiens français, dont le sort était le plus avantageux et la réputation le mieux établie, eurent l'art d'attirer à leur troupe tous les acteurs qui montraient quelques talents sur les autres théâtres. Elle aima mieux doubler le nombre de ses acteurs, que d'avoir à combattre d'émulation avec ceux qu'elle voyait prêts à rivaliser avec elle.

C'était en quelque façon détruire, à l'instar des Anglais, les manufactures pour accaparer les acheteurs. Cette politique était très-bonne pour étouffer les talents, pour s'enrichir avec moins de travail, mais non pour perfectionner l'art de la déclamation. Les grands acteurs, qui jouaient dans l'ancien temps trois fois par semaine, et souvent quatre, parurent moins sur la scène ; les chefs-d'œuvre des grands maîtres, pour lesquels ils se réservèrent, furent offerts plus rarement au public : un plus grand nombre de pièces du second ordre leur furent substituées.

Les autres théâtres ne se perfectionnèrent pas : on n'eut que les inconvénients d'une chose bonne en elle-même, mais étouffée sous les obstacles.

Cependant, malgré la vicissitude de tant d'événements contradictoires, il en résulta quelque bien pour les auteurs dramatiques, et même pour les musiciens. Ils reçurent un peu plus des comédiens de la capitale: ceux des provinces furent obligés de leur payer le prix de leurs ouvrages.

Leur sort amélioré, ne le fut pas assez pour leur permettre de se livrer à la dissipation et pour les mettre en état de vivre du revenu d'un seul ouvrage ; mais il fut tel qu'un homme épris de son art, et continuant à travailler avec succès, pouvait subsister avec moins de difficulté du fruit de son travail.

C'est à M. de Beaumarchais seul que les auteurs et les musiciens furent redevables de cet avantage. On connaîtra par ses lettres qu'il contribua aussi à faire cesser l'usage barbare de tenir debout les spectateurs du parterre, et qu'il plaida pour leur procurer la commodité d'être assis.

Les comédiens ont reçu de lui des pièces très-touchantes, et d'autres très-comiques, qui leur vaudront long-temps de riches recettes.

Ainsi, auteurs, musiciens, acteurs et spectateurs, tous lui ont des obligations. Comment donc ne fut-il payé de tant de travaux utiles que par des flots d'injures? ou plutôt comment n'en aurait-on pas dit du mal? Depuis Socrate jusqu'à Voltaire, n'est-ce pas le sort de tout particulier qui sert le public sans autre autorité que son génie? Il faut à l'envie un grand laps de temps pour qu'elle pardonne à un homme d'avoir fait tant de bien.

RAPPORT

FAIT

AUX AUTEURS DRAMATIQUES,

Sur le Traitement proposé par la comédie française, en 1791; *et* DÉLIBÉRATION *prise à ce sujet* (1).

Vous désirez, Messieurs, que je vous offre, sous la forme d'un nouveau rapport, les vues qui tendent à rapprocher les auteurs dramatiques des comédiens français, et mes observations sur les offres de ces derniers, qui sont : *le septième de la recette,* 900 *livres de frais prélevés, sans les frais extraordinaires!*

Une difficulté m'arrête à la première période.

Sans doute vous ne voulez point faire un mys-

---

(1) Les auteurs dramatiques, fatigués d'entendre partout des personnes induites en erreur leur dire qu'ils traitent mal les comédiens français, et qu'ils ont juré leur ruine, ont exigé que ce travail, qui n'avait été fait que pour eux et pour MM. les comédiens, devînt public par l'impression, afin qu'on pût juger des motifs qui ont fondé leur détermination.

tère aux comédiens français de mon rapport, ni de vos décisions; et pour le bien de tous, vous ne devez pas le vouloir. Mais l'assemblée nationale, par un de ses décrets, ayant détruit toute corporation, toute association nommée délibérante, les comédiens pourraient, en pressurant le texte du décret, méconnaître une résolution émanée de vous *en commun :* et, par cette objection vicieuse, nuire au rapprochement que nous désirons opérer.

Pour lever cet obstacle, sans rien changer au vœu que vous formez de n'avoir tous qu'un même avis sur des conventions raisonnables, je dois vous rappeler que la loi ne défendant point d'émettre un vœu individuel, *qui peut être celui de tous,* rien n'empêche, Messieurs, que vous vous assembliez pour veiller en commun à la propagation de l'art que vous professez tous, à sa décence, à son perfectionnement, à tous les points qui intéressent et ses succès et sa durée.

Alors *les auteurs soussignés,* qui formeront votre assemblée, ayant un égal intérêt aux sages conventions qu'on doit faire avec les spectacles, chacun peut adopter les vues qui conviennent à tous, et donner ses pouvoirs pour traiter avec les théâtres, au même procureur fondé que nous avions chargé des nôtres avant le décret prononcé contre les associations.

Je pense aussi que le théâtre qui éleverait cette difficulté, avant de traiter avec vous, aurait besoin d'un grand mérite pour effacer la juste répugnance qu'une telle conduite vous donnerait pour lui. Je ne le présume d'aucun, puisque déjà trois grands spectacles ont accepté les conventions que, *nous tous auteurs soussignés*, avons arrêtées avec eux sous cette forme très-légale.

Cela posé, j'entre en matière.

Vous avez, Messieurs, sollicité, obtenu de nos législateurs un décret solennel qui vous assure enfin la propriété intégrale de vos ouvrages de théâtre.

Votre propriété rentrée, il a fallu songer à en régler l'usage. D'une commune voix, vous avez tous jugé qu'il n'y avait pour les auteurs qu'un seul mode qui fût décent, digne du noble emploi que vous faites de vos talents, celui de vous soumettre à la parfaite égalité de droits sur l'utile et l'honorifique.

Prenant pour base de vos demandes aux théâtres qui doivent représenter vos pièces, l'équité la plus modérée, vous avez arrêté de continuer de faire à tous les comédiens, dans une affaire absolument commune, un sort bien supérieur au sort que vous vous réservez. L'entreprise elle-même restant chargée de tous les frais, *vous ne voulez d'eux qu'un septième, et vous leur laissez les six autres.*

Une prétention si modeste n'est pas neuve de votre part : depuis douze ans la comédie française, seule filière alors de vos succès, en recueillait tout l'avantage ; et, malgré l'immense crédit qui leur eût permis d'oser plus, depuis douze ans les comédiens français étaient forcés de convenir que garder *six septièmes* du gain, après avoir levé 600 livres de frais, était un sort bien magnifique abandonné par les auteurs ! Depuis douze ans aussi, dirigés par le même esprit, vous voyiez sans chagrin, Messieurs, que tous les auteurs dramatiques ne s'étaient jamais partagé jusqu'à 38,000 francs par an, dans ces fortes années où le produit brut d'un million laissait aux comédiens français 25, 26, 27 mille francs de part entière. La médiocre somme que vous vous partagiez n'aurait rendu à chaque auteur alors que 1,650 livres en masse, s'ils avaient fait bourse commune.

Vous vous étiez réduits ainsi parce que vous aviez jugé que les comédiens ont des chances de revers auxquelles vous n'êtes point soumis, parce que vous pouvez cesser de faire des pièces de théâtre quand ils ne peuvent cesser d'en jouer ; parce que leur état, exigeant des dépenses, leur impose un genre de vie dispendieux et dissipateur, que le travail du cabinet vous rend à vous presque étranger; parce qu'enfin l'homme de génie peut s'honorer d'être fier, pauvre et modeste, lorsque le talent du débit demande une sorte de faste. Vous aviez donc tous arrêté que, levant les frais du spectacle réglés à 600 francs par jour, chaque auteur n'aurait qu'*un septième* sur le restant de la recette pour un grand ouvrage en cinq actes, et les autres en proportion, laissant aux acteurs qui les jouent les *six septièmes* de tout le reste.

Vous ne changez rien aujourd'hui à ces modestes conventions, sinon qu'au lieu de 600 livres vous en passez 700 aux comédiens français, sans augmenter votre sort d'une obole. On chercherait en vain ici la cause du plus léger débat, et pourtant vous en avez un qui me paraît interminable.

Avant de mettre au jour ce qui vous honore, Messieurs, dans cette répartition de gains d'une plus grande inégalité que ceci n'en offre l'aspect, permettez-moi de rappeler succinctement les bases générales d'où sortent vos traités avec tous les théâtres.

1° La loi du *septième* exigé sur la recette pour les pièces en cinq actes (une somme de frais levée), doit être rigoureusement uniforme pour tous les théâtres de France; sans cela, plus de base fixe à l'état futur des auteurs; vous suivrez, pour les autres pièces, votre proportion établie du *dixième* et du *quatorzième* sur le réglement du *septième*.

2° La loi que vous vous faites de passer aux spectacles une somme de frais équitablement arrêtée, *dont les articles ne varient point*, doit être maintenue aussi ; sans cela, plus de règles pour traiter avec les spectacles : tout devient arbitraire, et les disputes recommencent.

3° La méthode de simplifier les comptes de cette partie, en substituant une somme fixe de frais alloués à l'amiable, aux détails fatigans d'un examen perpétuel de ces frais, est assez bonne, selon moi ; mais c'est lorsque le résultat d'une discussion préliminaire rentre à peu près dans la somme allouée ; sans cela, les auteurs seraient justement assaillis des plaintes des spectacles qui se trouveraient traités moins favorablement que d'autres, et c'est ce qu'on doit éviter.

4° Les considérations particulières qui peuvent faire accorder des exceptions avantageuses à de certains théâtres, doivent toujours être expliquées dans les conventions écrites, pour qu'elles répondent d'avance aux réclamations des spectacles qui ne se trouveraient point dans le cas d'obtenir de ces exceptions.

5° Nul auteur signataire, dans la libre association que le bien du théâtre exige, ne doit se croire en droit d'y rien changer, dans ses conventions avec les spectacles qui joueront désormais ses pièces; autrement tout devient un combat sourd d'intrigues perpétuelles pour obtenir des préférences, et l'état des auteurs modérés et paisibles serait pire que par le passé.

6º Vous devez tous vous regarder comme les défenseurs nés des théâtres, pour arrêter les vexations que les abus d'autorité voudraient leur faire supporter, *et cet article est de rigueur pour vous.*

Il serait bien à souhaiter, Messieurs, que toutes les questions qui s'éleveront relativement à ces principes, fussent à l'avenir jugées à l'amiable par un comité de gens de lettres et de théâtre, bien choisis, où tous les contendants auteurs et comédiens expliqueraient les motifs de leurs prétentions réciproques, afin que ces débats qui, portés dans les tribunaux, y sont souvent vus du côté qui prête au ridicule, cessent de mettre les hommes d'esprit ou de génie de la littérature à la merci des sots dont le monde est toujours rempli.

Appliquons maintenant au théâtre français l'usage de tous ces principes.

Si l'exactitude des chiffres donnait des résultats sévères contre les comédiens français, n'en induisez pas, je vous prie, que je suis l'ennemi d'un arrangement avec eux. Personne plus que moi n'en sent la grande utilité, à laquelle je souhaiterais qu'on pût faire fléchir la rigueur même du principe. C'est à vous de juger, Messieurs, si vous pouvez admettre en leur faveur des considérations particulières; ou si, dans des dispositions qui intéressent autant vos successeurs que vous, il vous est permis d'accueillir d'autre principe de décision que celui seul de la justice.

Des comédiens se réunissent vingt-trois personnes pour partager les emplois d'un spectacle et les produits de l'entreprise, ou tous les mois ou tous les ans; soit qu'ils jouent, soit qu'ils ne jouent pas dans l'ouvrage de chaque auteur, ils partagent tous au produit, car ils sont en société.

Les hommes de lettres qui se succèdent pour fournir au jeu d'une année les représentations théâtrales, sont à peu près vingt-trois aussi par an. Chacun d'eux ne partageant point quand on joue l'ouvrage d'un autre, et n'étant point en société ni de succès ni de recette, à la fin de l'année, au compte général, il résultera seulement que, ce spectacle ayant levé ses frais, a partagé son bénéfice entre vingt-trois auteurs et vingt-trois comédiens; mais dans une telle proportion, que les auteurs vivants, qui semblent lever entre eux tous *un septième* effectif sur la recette annuelle, *n'en touchent réellement qu'un vingt-septième en masse,* et que la proportion exacte du sort des vingt-trois comédiens à celui des vingt-trois auteurs est, pour chacun des comédiens, *comme 27 francs à 20 sous.* Cela peut paraître choquant; en voici la preuve évidente.

Si les auteurs vivants n'offraient à jouer aux comédiens que des ouvrages en cinq actes, et qu'on en donnât un tous les jours de l'année, les auteurs toucheraient par an *le septième* du produit net. Mais comme le fonds existant du plus superbe répertoire d'ouvrages d'auteurs morts, ne laisse d'espoir à ceux qui vivent que de voir jouer leurs pièces *au plus de trois jours l'un,* en concurrence avec les chefs-d'œuvre anciens, ils ne toucheront jamais dans la recette annuelle *qu'un septième dans les tiers des représentations, ou le vingt-unième au total;* encore en supposant qu'on jouerait, dans ce temps qui leur est consacré, une pièce en cinq actes par jour.

Mais comme il est aussi prouvé que, sur les ouvrages nouveaux, la succession de la mise au théâtre est toujours établie entre une pièce en cinq actes, une en trois actes et une en deux ou un, qui ont différents honoraires, il en résulte qu'un tiers seul des ouvrages représentés offre à ses auteurs l'honoraire *du septième;* puis le second tiers, *le dixième,* et l'autre enfin, *le quatorzième,* lesquels, tous pris ensemble, n'offrent *qu'un neuvième effectif,* qui n'a lieu, ainsi qu'on l'a vu, que pour un seul tiers de l'année.

Donc la part annuelle des auteurs, ne pouvant être en masse que *du neuvième dans le tiers* des recettes, n'est que *du vingt-septième sur la totalité,* ce qu'il fallait vous démontrer.

Tout ceci bien prouvé, quelle que soit la recette, forte ou faible, immense ou exiguë, la proportion sera toujours la même, du sort des comédiens au vôtre. Ainsi (pour donner un exemple qui ne sorte point du sujet), pendant l'année dernière, la comédie française prétend n'avoir touché que 8,000 francs de part entière, au total de 194,000 livres divisées en vingt-trois parties ; les vingt-trois auteurs de l'année, *s'ils n'avaient pas retiré leurs pièces,* n'auraient partagé entre eux tous, dans la proportion *du vingt-septième* établi, que 7,185 livres. Donc 312 liv. eussent été le sort de chaque homme de lettres.

Les auteurs, se contenter d'*un,* lorsque les acteurs ont *vingt-sept,* ce n'est point là ruiner la comédie française ! En quelque ville de l'empire que vous employiez un théâtre à ce taux, vous pourrez vous vanter, Messieurs, d'un parfait désintéressement.

Parcourons d'autres hypothèses. Je suppose que les comédiens, trouvant leur répertoire usé, pensent qu'il est de leur intérêt d'exploiter plus de nouveautés, et qu'au lieu d'un tiers de l'année, ils doivent leur en consacrer deux : il est bien clair alors (tous les rapports restant les mêmes, quand celui-là seul est changé) que le sort des auteurs se trouverait doublé, et qu'au lieu de 18,000 francs ils auraient à se partager 36,000 livres chaque année; qu'alors la proportion de sort entre les comédiens et eux, ne serait plus *comme* 27 *à* 1, mais seulement *comme* 18.

Mais aussi, comme cette idée ne peut venir aux comédiens que lorsqu'ils sentiront enfin que les *six septièmes* d'une grande recette valent mieux que les *sept septièmes* d'une petite; si le sort des auteurs était doublé en masse, celui des comédiens redeviendrait tout ce qu'il fut dans ces formidables années, où, au lieu de 500,000 livres, ils eurent jusqu'à un million de produit brut à répartir. La proportion serait toujours la même entre le sort des comédiens et des auteurs ; seulement le produit aurait été doublé pour tous.

Que si, sans augmenter la recette commune, *présumée à* 2,100 *livres*, les comédiens sentaient qu'ils ne peuvent arriver même à ce taux moyen qu'en forçant sur les nouveautés (les ouvrages anciens leur rendant à peine les frais), alors il faudrait revenir à ce très-bon raisonnement qu'ils repoussent de toutes leurs têtes, que les nouveautés seules fesant la prospérité des spectacles, il est peut-être encore moins malhonnête que maladroit de vouloir amoindrir le sort modeste des auteurs, au risque de périr faute de bonnes nouveautés; lorsque, dans les grandes années, où la portion de chaque comédien a monté à 27 *mille francs*, celle des vingt-trois auteurs *ensemble* n'a jamais été jusqu'à 38,000 livres.

Je crois savoir, ainsi que vous, quel peut être l'espoir des comédiens français, lequel n'est pas toujours déçu : c'est que quelques jeunes auteurs, en fesant leurs premiers essais, pressés de gloire ou de besoin, leur céderont souvent des pièces au prix qu'ils voudront en offrir. Mais ces jeunes gens, détrompés, ne tarderont pas à sentir le tort qui leur a été fait. Lorsque les troupes du royaume, en leur demandant leurs ouvrages qu'on aura joués à ce théâtre, leur diront assez justement : Les comédiens français vous donnaient *le dixième*, ou *le seizième*, ou *le vingtième*, qui vous rapportaient peu de chose; nous, dont les recettes sont moindres, nous ne vous offrirons pas plus. Où vous aviez 20 francs chez eux, il vous revient 20 sous chez nous. Alors, sentant la conséquence du mauvais parti qu'ils ont pris, et qu'une démarche légère les met à la merci de tous les directeurs, ils quitteront les comédiens français.

Abordons maintenant la question des frais journaliers. Ils n'ont rien de semblable entre eux que la nature des articles, *qui ne doit varier nulle part.* La valeur de chacun d'eux varie selon l'importance des théâtres, suivant le plus ou moins d'objets qu'un spectacle veut embrasser.

Les seuls *articles invariables* que vous allouez aux spectacles, sous le nom de frais journaliers, *dans l'imprimé qu'ils ont reçu de vous,* sont :

Le loyer de la salle.

La garde, autant qu'elle est payée.

Le luminaire.

Le chauffage.

L'abonnement des hôpitaux, tant que l'abonnement subsiste.

Les employés au service du spectacle.

Les affiches, les imprimés.

Le service pour les incendies.

Vous n'en avez point passé d'autres.

Ces objets arrêtés, vous avez vérifié, en traitant avec les spectacles, à quelle somme chacun montait, et vous les avez tous alloués avec la plus grande équité sur les registres et les renseignements que chaque théâtre a fournis.

Puis ils vous ont prié, pour simplifier les comptes, d'en faire une somme commune qu'on allouerait à l'amiable, en ajoutant pour frais extraordinaires *entre un cinquième et deux cinquièmes* de la somme allouée, dont le total serait la retenue journalière au-delà de laquelle le partage commencerait sur le pied *du septième*, ainsi que vous l'avez réglé.

Le résultat de vos calculs vous a fait allouer, Messieurs, 700 livres de frais, *tout compris, à la comédie italienne;* même somme de 700 livres *au théâtre français de la rue de Richelieu;* 600 livres par jour *au théâtre* dit *du Marais;* ainsi en proportion aux autres.

Restaient MM. les comédiens français qui, calculant avec chagrin la différence qui résulte pour eux de la concurrence actuelle à leur monopole passé, n'ont voulu traiter avec vous *qu'au dixième de la recette pour les pièces en cinq actes, retenant* 800 *livres pour les frais journaliers, plus les frais extraordinaires.* Mais vous avez jugé, Messieurs, que vous ne pouviez vous écarter de cette unité de principes qui sert de base à vos traités avec tous les autres théâtres, sans rester exposés à des réclamations, à des difficultés, à des débats sans nombre; et vous m'avez chargé d'écrire en votre nom aux comédiens français, *que, sans rien changer au passé,* vous continueriez tous de traiter avec eux *au septième de la recette,* en allouant avec équité les seuls articles de frais ci-dessus spécifiés, comme à tous les autres théâtres, quelles qu'en fussent les sommes *établies d'après leurs registres.*

Dans leur chagrin, ils ont été long-temps sans vouloir les communiquer. Enfin, les ayant obtenus, j'ai fait un long travail dont le but pacifique était de leur prouver, qu'à la différence près d'hériter des auteurs au beau milieu de leur carrière, dont le décret du 13 janvier les avait justement privés, ils ont réellement obtenu beaucoup d'amendements en mieux sur divers articles des frais.

Les auteurs, leur disais-je, ne vous passaient depuis douze ans que 600 livres de frais par jour; et pourtant, par les relevés de vos registres mêmes, sur tous ces articles de frais, *alloués nominativement*, vous gagniez déjà, de compte fait, 31,000 l. par an, puisque tous ces frais journaliers (les seuls qu'allouaient les auteurs, d'accord avec vous sur ce point) ne se montaient chez vous, d'après les livres de vos comptes, *qu'à 163,400 l.*, quand les auteurs vous en passaient 194,400, en vous allouant à l'amiable 600 livres de frais par jour, et comptant l'année théâtrale alors de 324 jours.

Au lieu de 600 livres que les auteurs passaient, ils vous en ont offert 700, qui, calculées à 350 jours par an, vous feront désormais une autre différence en gain de 55,000 livres chaque année.

Vous gagnez les vingt mille écus de votre abonnement des pauvres.

Vous ne payez point de loyer, quand les autres

spectacles en ont au moins pour trente mille livres chacun.

Vous ne payerez plus 14,000 liv. de garde extérieure, car cette exigence est injuste.

La différence de ces sommes (en comptant comme vous comptez) bonifiera donc $\left\{\begin{array}{l}31,000\ l.\\30,000\ l.\\35,000\ l.\\14,000\ l.\\60,000\ l.\end{array}\right\}$ 170,000 l. votre sort, sur vos dépenses journalières, de 170,000 liv. par an. Ces gains-là, Messieurs, vaudraient mieux qu'un misérable grapillage sur le traitement des auteurs, *lequel ne vaut pas mille écus*, et peut amener votre ruine.

Si vos recettes sont diminuées par les événements actuels, c'est un mal passager, que les auteurs partagent avec vous. Ce n'est point sur leur sort modeste que vous pouvez réparer ce malheur. Quand vous annulleriez leur entier traitement à tous, il est trop disproportionné pour entrer en ligne de compte avec les gains puissants que vous regrettez justement.

Eh! que ferait leur sacrifice entier ? lorsqu'il est démontré que (700 *livres de frais levés*) 2,100 liv. de recette par jour vous donneront un produit net, par an, de 490,000 liv. ; dans lequel produit les auteurs ne peuvent jamais entrer, en masse, que pour 17,600 liv. qu'ils se partagent entre *vingt-trois;* ce qui doit produire à chacun 765 liv. par an, quand vous aurez pour chaque part 20,539 liv.

Si, au lieu de lever 700 liv. de frais, vous en voulez prendre 900, au lieu de 245,000 liv. par an, vous leverez alors 350 fois 900 livres, ou 315,000 liv. Suivant votre façon de compter, dont je vous prouverai le vice, la différence en plus, pour vous, sera de 70,000 liv. Mais, comme les auteurs ne partagent que sur le pied *du neuvième dans le tiers*, qui est *le vingt-septième*, vous ne retrancherez, sur la part des mêmes auteurs, que le neuvième du tiers des frais, qui n'est aussi qu'un vingt-septième.

Et c'est donc pour leur arracher *ce vingt-septième* de 70,000 liv. par an, ou 2,592 liv. sur leurs 17,600 liv., que vous vous obstinez à refuser leurs offres? car *tout le reste porte sur vous!* Remarquez bien cela, Messieurs; *tout le reste porte sur vous!* Voyez si 2,592 livres du plus au moins, par an, dans une recette présumée de 735,000 livres, peuvent entrer en considération avec le mal affreux de vous séparer des auteurs? Daignez comparer avec moi le résultat des deux décomptes, et jugez qui doit en rougir.

Si les vingt-trois auteurs fesaient ce sacrifice, les 17,600 liv. qu'ils se partagent entre *vingt-trois*, réduites alors à 15,008 livres, ne laisseraient plus à chacun, au lieu de 765 livres, que 653 livres par an; *c'est presque le huitième que vous leur ôteriez*, lorsque cette différence, si c'est vous qui la supportez, *n'est qu'un cent quatre-vingt-troisième de diminué sur votre sort.* Au lieu de 20,539 livres, vous ne toucherez plus chacun que 20,427 livres; c'est 112 liv. de moins, par an, à chaque comédien français. Pour les auteurs, vos nourriciers, c'est *le huitième* de leur sort; pour vous, c'est *un cent quatre-vingt-troisième;* et voilà l'objet du débat auquel vous sacrifiez le théâtre français! Vous n'y avez pas bien réfléchi.

Tels ont été mes arguments. Je leur ai cent fois remontré que, dans leurs sept meilleures années, depuis 1782 jusques et compris 1789, où ils fesaient, année commune, 905,000 *liv. de recette*, toute la littérature en masse ne leur avait coûté *que* 37,802 *liv. par an;* qu'un traitement aussi modique, fût-il diminué d'un huitième sur d'aussi puissantes recettes, ne pouvait jamais réparer ce qu'ils appelaient leur malheur.

Je leur démontrais, plume en main, ainsi que je viens de le faire, que désormais cette littérature, malgré le décret national qui la rendait à ses propriétés, ne leur coûterait qu'*un vingt-septième* du produit net de chaque année; et ce travail, Messieurs, que j'ai mis sous vos yeux vous a bien convaincus, j'espère, du motif conciliateur qui me l'avait fait entreprendre. Mes peines ont été perdues.

Malgré mes arguments, mes conseils, et surtout mes chiffres, après de longs délais, et beaucoup de débats, MM. les comédiens français n'ont cru pouvoir aller qu'à vous offrir, Messieurs, *le septième de la recette, en retenant, par jour,* 900 *liv. de frais; plus, les frais extraordinaires,* qui doivent passer 10,000 liv., lesquels ensemble font 325,000 liv. par an.

Pour appuyer la prétention des 900 livres, ils disent qu'ils dépensent 1,300 liv. par jour (ce qui est vrai pour 1,100 liv.). Mais si cette somme se compose de frais la plupart étrangers à ceux dont les articles sont justement fixés par vous, avec tous les autres spectacles, doit-on vous les passer en compte ?

Des *feux d'acteurs*, qui entrent dans leurs poches !

Des *arrérages d'emprunts*, dont ils ont des immeubles !

Des *intérêts de fonds d'acteurs*, dont l'argent est censé en caisse !

Des *parts d'auteurs*, qu'on peut payer, ou non, et prises sur les bénéfices, quand les frais ont été levés !

Des *voyages à la cour*, qui demeure à Paris !

Des *vingtièmes*, des *capitations*, des *aumônes* (devoirs de citoyens que nous remplissons tous)!

Des *étrennes*, des *fiacres*, des *acteurs à l'essai!* etc., etc., et vingt articles d'etc., qui s'élèvent ensemble *à plus de* 200,000 *livres*, sont-ils bien des frais journaliers, dans lesquels l'auteur doive entrer sur son neuvième très-chétif ? surtout lorsqu'en leur accordant 700 liv. avant le partage, ils ont à prélever 245,000 liv. *pour les frais !*

Après m'être un peu trop fâché, la ténacité qu'ils mettaient à se cramponner à leur offre, m'a fait faire un nouveau travail, pour tâcher de les ramener d'une erreur aussi dangereuse. Mais ils croyaient, Messieurs, avoir fait un si grand effort, en ne vous arrachant pas plus, qu'ils m'ont répondu net : *que c'était aux auteurs à faire ce sacrifice, puisqu'eux s'étaient tant avancés sur leurs propositions, quand vous n'aviez rien changé sur les vôtres.* Que dire à cette obstination, sinon qu'ils sont bien malheureux d'aimer si fort leurs intérêts, et de les entendre si mal ?

Enfin, dans une conférence entre leurs commissaires, et quatre d'entre nous, j'ai pris sur moi d'aller jusqu'à leur proposer 800 liv. *de frais par jour,* sans être sûr que vous m'en avoueriez, mu par les considérations que les *français* étaient le seul théâtre qui avait fait des pertes à la révolution, puisque tous les autres partagent un répertoire immense, qu'ils avaient seuls depuis cent ans; que ce théâtre avait été le berceau de tous vos succès; qu'ils payent les sottises de leurs prédécesseurs; qu'ils font vingt mille francs de pension où leur honneur est engagé; qu'aucun autre spectacle enfin ne pouvait exciper de toutes ces considérations, pour réclamer un avantage qu'un motif personnel aux comédiens français avait pu seul vous arracher. Mais, je le dis avec chagrin, j'ai perdu tout espoir d'un arrangement avec eux, lorsque, pour unique réponse, ils m'ont répété : *que leur mot était de prélever* 900 *liv. de frais par jour, sans les frais extraordinaires, en n'accordant que le septième.*

Or, voyez tout le faux de ce fatal raisonnement!

Des 600 francs que vous passiez, aux 900 liv. qu'ils demandent, il paraît y avoir pour eux 300 l. de gain par jour, ou 105,000 liv. par an, sans les frais extraordinaires, qu'on peut porter à 10,000 l. Mais ce gain de 115,000 liv., auquel ils sont si acharnés, n'est qu'une vaine illusion, un faux aspect qui les égare.

Les 60,000 liv. de l'abonnement des pauvres, le loyer qu'ils ne paient point, et la garde extérieure cessant d'être à leur solde, sont des objets d'un gain réel. Le faux gain sur les frais n'est rien.

Ces 115,000 livres exigées auraient bien toute leur valeur, si les auteurs, à qui on les demande, devaient les payer en effet; mais leur part est si misérable dans les recettes d'une année, que, sur un produit présumé de 735,000 livres, on a vu qu'elle ne va pas même à 18,000 liv. par an. On en retiendrait mille écus (et c'est plus qu'on ne peut vouloir leur arracher), que les comédiens, sur leur part, n'en payeraient pas moins, par an, 112,000 liv. dans les 115; objet d'un puéril débat, *puisque le tout porte sur eux.*

Cette rage de disputer, de mordre sur les gens de lettres, et d'écorner leur misérable part, est donc vide, à-peu-près, d'intérêt pour les comédiens. Or, il faut me prouver que mes calculs sont faux; ou bien convenir qu'on les trompe, avec le funeste projet de les ruiner entièrement, quand on les fait s'obstiner si long-temps à verser, sur les seuls auteurs, leur malheureuse économie.

Je dis : *leur malheureuse;* car, ce constant refus de la modique différence entre vos offres et leurs demandes, leur a déjà coûté plus de 100 mille francs de recette, depuis six mois que leur obstination les a privés de vos ouvrages. Joignez-y la scission qui s'est faite entre *leurs sujets*, et qui est la suite fâcheuse de leur division avec vous ; voilà le secret de leurs pertes.

Vous m'avez entendu ; je vais me résumer, et vous prononcerez après.

Vous ne pouvez avoir, Messieurs, de société partielle intéressée, avec les comédiens français, que pendant un tiers de l'année. Les deux autres sont consacrés au jeu de l'ancien répertoire ; et, quand ils ne jouent pas vos pièces, leur théâtre vous est étranger autant que s'il n'existait point.

Le tiers des trois cent cinquante jours, qui composeront désormais l'année théâtrale des spectacles, donne un peu plus de cent seize jours : moi, je l'abonne à cent vingt jours.

De ces cent vingt jours-là, un tiers serait rempli par vos pièces en cinq actes, lesquelles, à 2,100 *liv. de recette commune*, dont nous sommes tombés d'accord (700 *livres de frais prélevés*, lesquels sont l'objet du débat), laisseraient au partage 1,400 liv. de recette, dont le septième, pour vous, serait 200 liv. par jour, pendant le tiers des cent vingt jours, ou quarante jours de spectacle.

Or, quarante fois 200 livres font 8,000 liv. *de recettes, pour toutes les pièces en cinq actes.*

Puis, l'autre tiers des cent vingt jours, ou quarante jours de pièces en trois actes, *au dixième de la recette*, vous produirait, aussi par an, 5,600 *liv. de recettes.*

Puis, quarante jours de pièces en un acte ou en deux, *au quatorzième de la recette*, ne vous produiraient plus que quarante fois 100 liv. ou 4,000 *liv. par an;* lesquelles trois sommes

de $\begin{cases} 8,000 \text{ livres}, \\ 5,600 \\ 4,000 \end{cases}$ ensemble 17,600 liv.,

sont, dans l'année, tout ce que la littérature peut espérer tirer des comédiens français, sur les 735,000 liv., produit brut de trois cent cinquante recettes, présumées à 2,100 liv.

En prélevant 700 livres de frais par jour, ou 245,000 liv., plus les 17,600 liv. touchées par les auteurs, il resterait aux comédiens français 472,400 liv., qui, divisées en vingt-trois parts, donneraient à chacun, comme nous l'avons dit, 20,539 liv., quand chaque auteur ne toucherait que 765 liv. par an. Le sort des comédiens à celui des auteurs, serait *comme vingt-sept à un.*

Je dois pourtant vous répéter, Messieurs (car je ne suis point votre avocat, mais le rapporteur de l'affaire), que cette différence, qui paraît si énorme en comparant le sort de vingt-trois auteurs dramatiques à celui des vingt-trois

AUX AUTEURS DRAMATIQUES.

comédiens, que cette différence s'abaisse quand on veut bien se souvenir que les auteurs n'étant en société avec les comédiens que pendant un tiers de l'année, le produit des deux derniers tiers du travail de la comédie leur est de tout point étranger. Ils n'ont donc tous à comparer leur sort qu'avec un tiers de celui des acteurs : or, sur une recette de 472,400 liv. par an, ce tiers n'est plus que 157,466 livres 13 sous, laquelle somme à son tour, comparée à 17,600 livres, est, à peu de chose près, *comme neuf* sont à *un*.

La différence du sort des comédiens français à celui des auteurs qui travaillent pour eux, est donc toujours au moins *comme de neuf à un*, pour un tiers de l'année, seul temps où le partage entre eux est établi.

Si l'on objectait à ceci qu'il n'est pas bien certain que les deux autres tiers de l'année, qui restent consacrés aux ouvrages anciens, donnent, ainsi que le tiers consacré aux nouveaux, 2,100 livres chaque jour, votre réponse est celle-ci : Messieurs, si elle est sévère, elle est juste.

Les ouvrages anciens ne peuvent-ils soutenir la prospérité du spectacle ? Ne disputez donc pas le prix des nouveautés, puisqu'elles seules vous font vivre ! Les trouvez-vous trop chères pour leur produit? Jouez-en beaucoup moins, elles vous coûteront peu d'argent; et tâchez de filer l'année avec des ouvrages anciens, dans le produit desquels personne que vous n'entrera; et ce dilemme, sans réplique, doit finir toutes les disputes.

Le 7ᵉ, le 10ᵉ, enfin le 14ᵉ, lesquels, tous réunis, ne font que le 9ᵉ dans le tiers de la recette annuelle, ou le 27ᵉ au total, 700 livres de frais prélevés, sont donc, Messieurs, ce que vous demandez aux comédiens français pour leur donner tous vos ouvrages exclusivement pour un an; et mes calculs vous ont prouvé que ce 9ᵉ dans le tiers d'une recette annuelle présumée de 735,000 liv., ne leur coûtera jamais 18,000 fr. par an; et que la proportion des sorts entre les comédiens et vous, sera toujours *comme 27 à 1*; et c'est pour amoindrir ce misérable 27ᵉ, c'est pour réduire à 653 livres les 765 livres dont ils vous *gratifient* par an, que l'on débat depuis six mois! Cela passe ma conception.

Si j'ai rappelé tant de fois ce résultat comparatif, c'est pour mieux inculquer dans l'esprit de tous mes lecteurs que, sur des recettes immenses, vos prétentions, Messieurs, ont toutes été si modérées, qu'on doit avoir bien de la peine à croire qu'elles aient été refusées.

Si l'on pouvait penser que cette obstination vînt de mauvaise volonté, il faudrait laisser là les comédiens français comme des hommes très-malhonnêtes envers les auteurs dramatiques. Mais je jure, Messieurs, et je m'en suis bien convaincu, que de leur part, c'est ignorance pure, inquiétude sans objet. Je n'ai pu leur faire comprendre qu'ils jetaient des louis par la fenêtre en disputant sur des deniers ; que ce qui enlevait le 8e aux auteurs, vu le modique sort qu'ils avaient dans la part commune, n'ôtait qu'un 183e à chaque comédien français ; que cette lésinerie (*à peine de cent louis*) leur coûterait cent mille écus par an, et qu'elle finirait par ruiner leur théâtre. Ils m'ont dit : *qu'ils n'en croyaient rien ; mais que, quand cela devrait être, beaucoup d'eux aimaient mieux périr que d'en avoir le démenti.* Là, j'ai rompu toutes les conférences.

D'après cela, Messieurs, décidez maintenant si, comme aux autres grands théâtres, vous contentant du modeste 7e, réduit par le calcul au modeste 9e pendant quatre mois de l'année, qui n'est qu'un 27e annuel, vous allouerez aux comédiens français 700 livres de frais par jour, ou 100 livres de plus, par des considérations personnelles, ou 900 *livres qu'ils demandent, plus les frais extraordinaires*, terme au-dessous duquel ils ont juré ne vouloir point descendre.

Une décision de vous est le seul but de ce rapport.

Lu dans l'assemblée des auteurs, ce 12 auguste 1791.

Caron de Beaumarchais, rapporteur.

~~~~~~~~~

Délibération prise à l'Assemblée des auteurs dramatiques, au Louvre, ce 12 août 1791.

M. de Beaumarchais ayant fait le rapport du travail de MM. les auteurs nommés, qui, le 7 de ce mois, ont chez lui discuté avec MM. *Molé, Desessarts, Dazincourt* et *Fleury*, les intérêts des auteurs et ceux des comédiens; ayant ensuite communiqué à l'assemblée un travail très-détaillé, très-clair et très-précis sur cet objet : la question duement éclaircie et posée, pour savoir ce que les auteurs peuvent équitablement allouer de frais, tant ordinaires qu'extraordinaires, audit théâtre; plusieurs votants ont été de l'avis que, par des considérations particulières aux comédiens français, il pouvait leur être accordé *huit cents livres de frais par jour*. Mais la grande majorité a dit que, d'après l'examen exact des dépenses de ce spectacle, il ne devait être accordé aux comédiens français que *sept cents*

AUX AUTEURS DRAMATIQUES. 215

livres de frais par jour, et tous les auteurs soussignés se sont rangés à cet avis.

L'impression du rapport et de la délibération a été ordonnée; et ont signé,

MM. *Ducis, de La Harpe, Marmontel, Sedaine, Le Mierre, Cailhava, Champfort, Brousse des Faucherets, Chénier, Palissot, Le Blanc, Dubreuil, Le Mierre d'Argis, Fillette Loraux, Guillard, de Santerre, La Montagne, de Sade, Des Fontaines, Pujoulx, Harni, Faur, Laujon, Dubuisson, André de Murville, Gudin de la Brenellerie, Cubières, Fenouillot de Falbaire, Mercier, Fallet, Dumaniant, Radet, Patrat, Grétry, d'Alairac, Le Moine, Forgeot, Caron de Beaumarchais.*

Chaque théâtre ayant la liberté d'embrasser tout genre de spectacles, et ce délibéré ne portant que sur le partage entre le génie qui compose, et tous les talents qui débitent, les auteurs de différents genres ont eu un droit égal d'émettre et de signer leur vœu. De même que nos poètes tragiques ont donné des pièces chantées, de grands musiciens ont orné de leur art les chefs-d'œuvre de la tragédie; témoin M. Gossec, et ses beaux chœurs dans l'Athalie de Racine, et témoins plusieurs autres.

Cette note répond à l'objection futile : Que MM. les comédiens français ayant le droit de nous prendre un à un, ne reconnaissent point d'arrêté général des auteurs. Celui-ci n'engage que nous : permis à eux de n'en faire aucun cas. Il nous suffit à tous d'avoir bien instruit le public.

PÉTITION

A L'ASSEMBLÉE NATIONALE,

Par P. A. Caron de Beaumarchais,

Contre *l'usurpation des propriétés des Auteurs par des Directeurs de Spectacles, lue par l'Auteur au Comité d'institution publique, le 23 décembre 1791, et imprimée immédiatement après.*

Jusqu'à présent les directeurs des troupes qui jouent la comédie dans les villes des départements du royaume, n'ont opposé au droit imprescriptible des auteurs dramatiques sur la propriété de leurs ouvrages, reconnu, assuré par deux décrets de l'assemblée nationale constituante, et aux réclamations qu'ils n'ont cessé de faire contre leur usurpation, que des sophismes et des injures. Je vais, dédaignant les injures, réfuter les sophismes avec le zèle ardent que j'ai voué aux progrès de l'art dramatique, aux intérêts pressants des hommes de lettres qui l'exercent. Vous me pardonnerez, Messieurs, si des termes un peu durs vous frappent dans le cours de cette pétition : ils sont désagréables ; mais, sur l'action dont nous nous plaignons tous, je n'en connais point de plus doux, malheureusement pour la cause et pour nos ardents adversaires.

Une première observation a frappé tout le monde. Il est, dit-on, bien étrange qu'il ait fallu une loi expresse pour attester à toute la France que la propriété d'un auteur dramatique lui appartient; que nul n'a droit de s'en emparer. Ce principe, tiré des premiers droits de l'homme, allait tellement sans le dire, pour toutes les propriétés des hommes acquises par le travail, le don, la vente, ou bien l'hérédité, qu'on aurait cru très-dérisoire d'être obligé de l'établir en loi. Ma propriété seule, comme auteur dramatique, plus sacrée que toutes les autres, car elle ne me vient de personne, et n'est point sujette à conteste pour dol, ou fraude, ou séduction, l'œuvre sortie de mon cerveau, comme Minerve toute armée de celui du maître des dieux ; ma propriété seule a eu besoin qu'une loi prononçât qu'elle est à moi, m'en assurât la possession. Mais ceux qui observent ainsi n'ont pas saisi le texte de la loi.

Bien est-il vrai qu'on n'osait pas me dire : L'ouvrage sorti de vous n'est pas de vous. Mais les directeurs de spectacle ont posé cet autre principe : Auteur dramatique, ont-ils dit, l'ouvrage qui est sorti de vous est de vous, mais n'est pas à vous. Vous n'en obtiendrez aucun fruit : il est à nous; car nous sommes, depuis cent ans, par longue suite des abus d'un régime déprédateur, et votre faiblesse avérée, en possession de nous enrichir avec lui, sans vous faire la moindre part du produit que nous en tirons.

La loi, pour réprimer ce scandale de tout un siècle, n'a point dit dans ses deux décrets : L'œuvre d'un auteur est à lui. Ces décrets eussent été oiseux; mais elle a dit formellement : Qu'attendu les abus passés, les usurpations continuelles établies en droits oppresseurs, aucun ne pourra désormais envahir la propriété des auteurs, sans encourir tel blâme et telle peine. Alors, commençant à l'entendre, les directeurs de troupes ont cherché, non à nier la justesse de cette loi, mais à l'éluder s'ils pouvaient, à échapper à sa justice par tous les moyens d'Escobar.

Le premier dont ces directeurs aient pensé qu'ils pouvaient user, a été simplement de mépriser la loi, de continuer à jouer nos pièces, comme si le législateur n'avait point prononcé contre eux; car, ont-ils dit, il se passera bien du temps avant que l'ordre rétabli ait armé contre nous la force réprimante; ce que nous aurons pris le sera et nous restera : beaucoup de nous n'existeront plus en qualité de directeurs; et quel moyen de revenir contre un directeur insolvable ? Or, pour ce temps-là, tout au moins, la loi sera nulle pour nous. Ils avaient fort bien raisonné, non pas en loi, mais en abus; car, depuis les décrets qui défendent à tous directeurs de continuer à usurper la propriété des auteurs, leurs ouvrages ont été joués avec la même audace dans toutes les villes des départements de l'Empire, excepté dans la capitale, sans leur permission, malgré eux, comme s'il n'y avait point de loi, sans qu'aucun des hommes de lettres ait pu obtenir de justice des tribunaux des villes où sont établis ces spectacles, qu'ils ont vainement invoqués. L'un nous refuse l'audience; l'autre nous répond froidement : Quoiqu'il y ait une loi formelle, les auteurs sont aisés; ils peuvent bien attendre que notre directeur ait tenté un nouvel effort pour faire changer cette loi : comme si ce changement même, en supposant qu'il dût se faire, pouvait sauver un directeur de troupe de l'obligation de payer à l'auteur ce qui lui appartient de droit, pendant tout le temps écoulé entre deux lois qui s'exclueraient. Et si le directeur a fait banqueroute pendant ce temps, qui me payera, juge partial, le déficit causé dans ma fortune par votre négligence ou votre déni de justice? Voilà, Messieurs, quel est l'état des choses.

Mais à la fin, ce brigandage excitant un cri

A L'ASSEMBLÉE NATIONALE. 221

général, les directeurs despotes ont cru qu'il était nécessaire de se coaliser avec les comédiens esclaves, pour faire une masse imposante de dix mille réclamateurs contre trente auteurs isolés.

Cette coalition formée, les directeurs de troupe ont tous payé leur contingent pour les frais de députation, de sollicitation, de mémoires, de chicane et même d'injures. Un rédacteur bien insultant s'est chargé de tout le travail. Insulte à part, voici ce qu'il a dit pour eux.

1° Les auteurs ont formé une corporation illégale pour faire exécuter la loi qui prononçait en leur faveur : donc la demande de chacun, et sa réclamation sur sa propriété constamment envahie, ne mérite aucune réponse, aucun égard de notre part.

2° Les auteurs ont vendu leurs ouvrages à des libraires, à des graveurs : donc nous, qui avons acheté un des exemplaires imprimés la forte somme de 24 sous, ou un exemplaire gravé la somme exorbitante de 18 liv. tournois, nous sommes bien devenus les propriétaires de ces œuvres pour nous enrichir avec elles et sans rien payer aux auteurs, malgré la loi qui dit expressément : *qu'on ne pourra jouer la pièce d'un auteur vivant, sans sa permission formelle et par écrit, soit qu'elle ait été* IMPRIMÉE OU GRAVÉE, *sous peine, etc.* Tel est le sens bien net de l'argument des directeurs.

3° Ils ne rougissent pas d'ajouter que la permission donnée autrefois aux auteurs par le gouvernement, *d'imprimer et représenter,* allouait évidemment, à celui qui achetait 24 sous cette pièce *imprimée,* le droit de la représenter sans rien rendre au propriétaire. Quoiqu'on ne puisse articuler de pareilles absurdités qu'en profond désespoir de cause, je ne laisserai pas celle-ci sans réponse ; non pour éclairer l'assemblée, je ne lui fais pas cette injure, mais pour faire honte aux adversaires de se servir de tels moyens.

4° Nous étions dans l'usage constant, disent encore ces directeurs, de jouer les pièces des auteurs vivants, sans leur rendre la moindre part du produit que nous en tirons ; aucun d'eux n'a jamais réclamé contre ce qu'ils nomment un abus : donc chacun d'eux a reconnu que notre droit était incontestable, de ne rien payer aux auteurs dans toutes les villes de province, en y représentant leurs pièces, quoiqu'aucun théâtre de la capitale ne pût et n'osât les jouer sans leur payer le prix convenu, soit qu'elles fussent *imprimées ou non,* et sous un régime qui protégeait toujours les comédiens contre les gens de lettres. Mais vous verrez bientôt, Messieurs, si nous n'avons pas réclamé.

5º Enfin, nous serions tous ruinés, disent encore les directeurs, nous, marchands du débit des pièces dramatiques, si l'on nous obligeait à en payer les fournisseurs; de même que tous les débitants d'étoffes, en boutique et en magasin, se verraient ruinés comme nous, si, par le même hasard, une loi bien injuste les obligeait tous de payer les fabriquants de Lyon, d'Amiens ou de Peronne qui leur ont fourni ces étoffes. On sent combien cela serait criant! Heureusement pour eux, aucune loi ne les y soumet, et nous présumons bien qu'ils ne les payent point. Notre droit est semblable au leur; car si ces marchands louent des magasins pour vendre, nous, nous payons des salles pour jouer. S'ils salarient des garçons de boutique et des teneurs de livres, nous gageons des acteurs et des ouvreurs de loges. S'ils paient leur luminaire, leur chauffage, leurs voyageurs, leurs portefaix, les impositions de leur ville et tous autres frais de commerce, nous y sommes soumis comme eux. Donc, en vertu de tant de dépenses forcées, comme il serait par trop inique qu'une loi obligeât tous ces vendeurs d'étoffes de les payer aux fabriquants; de même on ne saurait, sans la plus grande iniquité, nous obliger de payer les auteurs dont nous récitons les ouvrages, et quoique nous vendions tous les jours le débit de ces pièces au public, qui vient les voir dans notre salle, en nous payant argent comptè; car nous sommes les seuls revendeurs qui ne fassions point de crédit, ce qui rend notre cause plus favorable encore que celle des marchands d'étoffes, à qui l'on emporte souvent le prix d'une vente imprudente. Telle est la conséquence juste de l'argument des directeurs.

Un des auteurs, ajoutent ces Messieurs, en traitant l'affaire en finance, quoiqu'il soit le plus riche de tous, a dégradé la littérature dramatique, par cette avarice sordide d'exiger de nous quelque argent pour un noble travail qui ne doit rendre que de la gloire, et souvent n'en mérite pas.

Cet auteur, prétendu financier, c'est moi, qu'un amour vrai pour la littérature attache à cette grande affaire. Malgré les injures grossières dont ces Messieurs m'ont accablé, je jure à mes confrères que je n'abandonnerai point les intérêts qu'ils m'ont confiés : cette démarche en est la preuve, et cette pétition contient mes vrais motifs.

Tels sont en substance, Messieurs, les arguments des directeurs, contre les auteurs dramatiques, leurs nourriciers dans tous les temps.

Je vais les réfuter, en suivant le même ordre dans lequel ils sont rappelés, et me citant seul en exemple, pour tuer d'un seul mot l'idée d'une corporation.

Les auteurs, vous dit-on, Messieurs, ont formé une corporation illégale, pour soutenir ensemble une loi très-injuste, etc., etc.

Ma réponse est nette et fort simple. Je suis un auteur dramatique ; je me présente seul à l'assemblée nationale, pour empêcher que l'on ne continue à me faire un tort habituel, qui n'a duré que trop long-temps. Par cela seul que je suis seul sur la cause qui m'intéresse, et que je défends devant vous, on ne peut m'objecter, Messieurs, cette fin de non-recevoir qu'on prétend faire résulter d'une forme très-illégale, s'il était vrai qu'il y en eût une dans la demande des auteurs sous le nom de corporation. Chaque auteur usera, s'il veut, des moyens que j'emploie ici pour repousser, pulvériser une attaque aussi misérable. Tous ceux dont je vais me servir auront un avantage égal pour l'intérêt blessé des littérateurs dramatiques. Il n'y a point de corporation à user de la même défense, pour repousser la même attaque sur des intérêts tous pareils.

Les auteurs, vous dit-on encore, ont tous vendu leurs pièces à des libraires ou des graveurs : donc leur propriété transmise à nous par ces derniers, pour 24 sous les pièces imprimées, et 18 fr. celles gravées, nous appartient sans nul conteste, etc., etc. Sur cette vente générale, je rappellerai en deux mots ce qu'imprime l'un des auteurs.

Comment! dit M. Dubuisson, dans son excellente réponse aux directeurs, un libraire ou bien un graveur aurait-il le droit de vous vendre ce qu'il ne m'a point acheté? Vend-il le droit de contrefaire mon livre à ceux qui l'achètent pour lire? Il serait ruiné, moi aussi. Jamais théâtre de Paris ne s'est cru en droit de jouer la pièce imprimée d'un auteur, s'il n'a acheté ce droit du propriétaire de la pièce, quoique les comédiens l'aient souvent chez eux imprimée; car ils l'ont achetée comme vous. Voulez-vous exercer un droit qu'on n'a point dans la capitale? Eh! qui donc vous l'aurait donné? Vous prétendez avoir acquis celui de gagner mille louis et plus, avec une pièce qui vous a coûté 24 sous, et souvent moitié moins, grâce au vol des contrefacteurs, aussi grands logiciens que vous sur le droit de piller les auteurs! C'est, en vérité, se moquer des auditeurs qui vous écoutent!

Mais enfin, laissant chaque auteur défendre un droit incontestable, je vais répondre pour moi seul. Je n'ai jamais vendu à aucun libraire ni graveur *le Mariage de Figaro*, dont je réclame ici la propriété usurpée. Il a été imprimé à mes frais, ou dans mon atelier de Kehl. Tout misérable qu'est l'argument, vous ne pouvez pas m'objecter la transmission par un libraire.

Mais un fait positif vaut mieux que tous les raisonnements; j'en vais citer un sans réplique.

Lassé de voir le brigandage dont les malheureux gens de lettres étaient constamment les victimes, je voulus essayer d'y remédier autant qu'il pouvait être en moi. Nommé depuis long-temps, par tous les auteurs dramatiques, un de leurs commissaires et représentants perpétuels, j'avais eu le bonheur, en stipulant leurs intérêts, de faire réformer quelques abus dans leurs relations continuelles avec le théâtre français; je voulus profiter du succès d'un de mes ouvrages qu'on désirait jouer en province, pour travailler à la réforme du plus grand de tous les abus, celui de représenter les ouvrages sans rien payer à leurs auteurs. Je répondis aux demandeurs *du Mariage de Figaro*, que je ne le ferais imprimer, et n'en permettrais la représentation en province, que quand les directeurs des troupes se seraient soumis par un acte à payer, non pas à moi seul, mais à tous les auteurs vivants, la même rétribution dont ils jouissaient dans la capitale.

Que firent alors ces directeurs? Ils firent écrire ma pauvre pièce pendant qu'on la représentait; la firent imprimer sur-le-champ, chargée de toutes les bêtises, de toutes les ordures et incorrections que leurs très-mal-adroits copistes y avaient partout insérées ; puis la jouèrent ainsi défigurée sur les théâtres des provinces : et ma pièce, déshonorée, volée, imprimée, jouée sans ma permission, ou plutôt malgré moi, devint, par cette turpitude, l'honnête propriété des adversaires que je combats. Je m'en plaignis à nos ministres, seuls juges alors dans ces matières. Je n'en obtins point de justice, car je n'étais qu'homme de lettres; ma demande n'eut aucune faveur, car je n'étais point comédienne. En vain me serais-je adressé aux tribunaux d'alors, même aux cours souveraines : toutes les fois que le cas arrivait, les comédiennes sollicitaient ; la cour sollicitée évoquait l'affaire au conseil, où elle n'était jamais jugée. Et mon récit, accompagné d'un de ces scandaleux exemplaires que je dépose sur le bureau, est ma réponse au défaut de réclamation que les directeurs nous opposent. La suite va la renforcer.

Obligé de chercher à me faire justice moi-même, et la pièce mal imprimée par ceux qui l'avaient mal volée étant aussi beaucoup trop bête, ce que je fis dire partout en désavouant cette horreur, quelques directeurs de province vinrent me demander de jouer mon véritable ouvrage : je leur montrai mes conditions. Ceux de Marseille, de Versailles, de Rouen, d'Orléans, etc., les acceptèrent sans balancer ; en passèrent acte notarié, dont je joins une expédition (1).

D'après la lecture d'un tel acte, auquel tous les autres ressemblent, on pourra bien être étonné que je n'aie jamais pu tirer un denier de toutes ces troupes, ni moi ni aucuns auteurs,

---

(1) J'en vais copier le préambule, ainsi que plusieurs des articles. Il est assez curieux de voir comment je m'expliquais sur les propriétés d'auteurs, et comment je forçais les directeurs à les reconnaître, sept ans avant que la constitution eût fait une loi formelle d'un droit incontestable, et que ces Messieurs prétendent n'avoir jamais existé.

« PARDEVANT les conseillers du roi, notaires au Châtelet de Paris, soussignés :

» Furent présents Pierre-Augustin Caron de Beaumarchais, écuyer, demeurant à Paris, Vieille rue du Temple, paroisse Saint-Paul, au nom et comme l'un des commissaires et représentants perpétuels des auteurs du théâtre français, autorisé à l'effet des présentes par délibération et consentement unanime de ses confrères assemblés, d'une part ;

» Et le sieur André Beaussier, négociant à Marseille, y demeurant ordinairement, rue Longue des Capucines, étant de présent en cette ville de Paris, logé à l'hôtel des Milords, rue du Mail, paroisse Saint-Eustache, tant en son nom comme principal actionnaire, et l'un des chefs administrateurs du spectacle de Marseille, QUE

avec mes actes notariés, malgré que j'eusse exprès consacré ces produits aux pauvres de ces grandes villes, espérant que ce bon emploi ferait des défenseurs actifs à la cause des gens de lettres; mais il n'est pas moins vrai que ma pièce imprimée par moi, pour que ces directeurs la

---

REPRÉSENTANT ICI TOUT LE CORPS DE L'ADMINISTRATION, QU'IL ENGAGE AVEC LUI, d'autre part.

» Lesquels ont dit et reconnu qu'il est rigoureusement juste que les directeurs des troupes de province, dont la fortune est fondée sur le soin de rappeler le public à leur spectacle par l'attrait des nouveautés sorties de la capitale, en partagent le produit avec les auteurs dans une proportion équitable, ainsi qu'il est reconnu juste à Paris que les auteurs prennent part à la recette de leurs ouvrages sur le théâtre primitif. La pièce d'un homme de lettres étant une propriété honorable et justement assimilée au produit d'une terre à lui, tous les comédiens qui la jouent sont, à son égard, comme le négociant des villes, qui ne vend au public les fruits de la culture qu'après les avoir achetés des plus nobles propriétaires, lesquels ne rougissent point d'en recevoir le prix; et de même que le gain des négociants sur les denrées serait un vol, s'ils cherchaient à s'en emparer sans rien rendre aux cultivateurs, il serait injuste que les directions de province s'enrichissent avec les pièces des auteurs vivants, sans leur offrir une juste part du profit avoué qu'ils en tirent.

» Ces principes reconnus par les parties ésdits noms,

fissent représenter en me payant mes honoraires, m'a été de nouveau volée, et que c'est à ce titre seul qu'elle est jouée partout en France. Tels sont les droits des directeurs sur *le Mariage de Figaro.*

Il n'en est pas moins vrai aussi que j'ai réclamé

―――――

ET POSÉS COMME BASE du présent acte, elles sont convenues et ont arrêté ce qui suit :

Article premier.

» Que tout auteur dramatique, dont la pièce nouvelle, jouée à Paris, sera demandée par les directeurs ou actionnaires du spectacle de Marseille, enverra son manuscrit, avec les rôles copiés, aux directeurs, si la pièce n'est pas imprimée lors de la demande ; ou, SI ELLE EST IMPRIMÉE, un des premiers exemplaires de l'ouvrage, afin que ces actionnaires ou directeurs fassent jouir au plus tôt le public de leur ville du spectacle nouveau dont la capitale s'amuse.

II.

» Que les directeurs ou actionnaires du théâtre de Marseille se rendent garants envers l'auteur, et sous tous les dommages de droit, de la non impression dudit manuscrit et de la préservation fidèle de toute entreprise à cet égard.

III.

» Que les directeurs ou actionnaires dudit théâtre se soumettent à payer à l'auteur, ou à son fondé de pouvoirs à Marseille, le septième net de la recette brute qui se fera à la porte du spectacle toutes les fois qu'on jouera

hautement contre un abus si manifeste, tant pour les auteurs que pour moi. On ne peut donc point m'opposer le défaut de réclamation, et s'en faire un titre aujourd'hui pour continuer à nous dépouiller tous.

Mais à quoi pouvaient nous servir ces récla-

---

sa pièce ; ou la recette brute entière d'une représentation sur sept, au choix de l'auteur, sur quoi il aura soin de s'expliquer lorsqu'on devra jouer sa pièce. Et dans le cas de son choix d'une représentation sur sept, les actionnaires et directeurs s'engagent à mettre ce jour-là sur l'affiche : Que cette représentation est entièrement consacrée A REMPLIR LES DROITS DE L'AUTEUR ; n'exceptant de ce qu'on nomme ici recette brute que les seuls abonnements à l'année, lesquels, après un mûr examen de leur état actuel, et pour éviter de plus longs calculs, nous paraissent devoir rester en entier aux directeurs, en compensation des frais journaliers du spectacle.

VI.

» Que si pendant le premier succès d'un nouvel ouvrage à Paris les directeurs ou actionnaires avaient négligé de demander à l'auteur le manuscrit, ou si quelque obstacle, des raisons de convenance ou d'intérêt avaient empêché l'auteur de le leur envoyer avant l'impression de sa pièce, ce retard ne donnerait aucun droit auxdits actionnaires et directeurs de faire représenter l'ouvrage sur leur théâtre, IMPRIMÉ OU NON, et dans aucun temps de la vie de l'auteur, sans se soumettre à toutes les conditions du

mations personnelles contre les directeurs de troupes, quand le gouvernement lui-même ne pouvait s'en faire obéir? Témoin *l'Honnête criminel*, dont la cour défendit la représentation, et qui fut joué dans toutes les provinces, quoique le ministre *la Vrillière* eût ordonné expressément

---

présent acte : l'opinion qu'ils ont du bénéfice que doit leur rapporter la pièce étant toujours présumée par l'adoption qu'ils en auraient faite, en quelque temps qu'ils la fissent représenter ; et cette adoption étant un titre suffisant pour faire entrer les auteurs dans les droits stipulés ci-dessus à leur égard toutes les fois qu'on jouera la pièce.

I X.

» MM. les auteurs dramatiques sont d'accord et conviennent que les mêmes conditions auront lieu à leur égard pour toutes les nouveautés de leur porte-feuille, qui n'auraient pas été jouées à Paris, dont les directeurs et actionnaires de Marseille, désirant la primeur, seraient d'accord sur ce point avec les auteurs de l'ouvrage désiré.

» C'est ainsi que le tout a été convenu et arrêté entre les parties, ès dits noms et qualités, qui, pour l'exécution des présentes, font élection de domicile en leurs demeures susdites.

» Fait et passé à Paris, l'an 1784, le 25 juin. Et le 21 septembre 1791, expédition de l'acte ci-dessus, passé chez M. Momet, notaire, a été délivrée par M. Dufouleur, son successeur, etc., etc. »

à nosseigneurs les intendants de s'opposer aux représentations.

Qu'arriva-t-il de tout cela? Que le gouvernement ne fut obéi nulle part; que l'auteur fut volé partout, et que les directeurs s'enrichirent, en se moquant impunément des lois, du propriétaire et du ministre : ce qu'on voit encore aujourd'hui; car, malgré la constitution et deux décrets consécutifs qui assurent nos propriétés, nos droits et nos réclamations sont nuls : c'est la cause que nous plaidons.

Dans ce même temps, à-peu-près, Messieurs les directeurs de Lyon, forcés par les citoyens de leur ville de contribuer aux charités publiques, pour son noble établissement en faveur *des mères qui nourrissent*, et dont j'avais été le très-heureux instigateur en en donnant partout l'idée, et envoyant, en diverses fois, mille pistoles, pour les joindre aux aumônes des généreux citoyens de Lyon : les directeurs de cette ville me demandèrent si je voulais qu'on jouât au profit des pauvres mères *le Mariage de Figaro*, qui n'était encore imprimé ni par moi, ni par ceux qui me le dérobèrent aux représentations. Oui, répondis-je, à condition qu'après la séance des pauvres, vous ne jouerez jamais cette pièce, ni d'autres, qu'en payant aux auteurs vivants la rétribution de Paris, suivant un acte notarié pareil à celui de Marseille; et moi, pour vous y engager, je donne aux *pauvres mères* ce qui m'appartient comme auteur.

Qu'ont fait les directeurs de Lyon? Ne voulant point accepter cette condition, à laquelle *les mères* ou leurs vertueux protecteurs auraient donné une exécution rigoureuse, ils ont joué une autre pièce au profit des *mères qui nourrissent;* et pour se bien venger sur moi de ce sacrifice forcé, ils m'ont volé la pièce *de Figaro*, et l'ont jouée depuis ce temps-là sans rien payer ni à l'auteur, ni aux *pauvres mères* qui allaitent. A ce récit des faits des directeurs de Lyon, j'ajouterai, Messieurs, que depuis les décrets qui nous assurent enfin la propriété de nos pièces, je me suis plaint *au sieur Flachat*, qui, de procureur du spectacle, a si bien fait, par ses journées, qu'il en est devenu premier propriétaire, et le signataire des injures que tous les directeurs nous disent. Je me plaignais à lui de ce que l'on continuait à y jouer, sans une permission de moi, *le Mariage de Figaro;* il m'a donné cette réponse, dont la citation curieuse est ici à l'ordre du jour.

Nous jouons votre Mariage, *parce qu'il nous fournit d'excellentes recettes; et nous le jouerons malgré vous, malgré tous les décrets du monde : je ne conseille même à personne de venir nous en empêcher, il y passerait mal son temps.* Nous voilà ménacés du peuple !

Ce principe adopté par tous les directeurs de troupe, les évasions des tribunaux, les dénis même de justice, m'ont un jour arraché cette réflexion très-sévère : quel mérite secret a donc la comédie partout pour se soustraire ainsi aux lois ? Est-elle donc maîtresse universelle de ceux dont elle est la servante ? Est-ce la *Serva Padrona* du royaume ? Les parlements, les nobles ont cédé; le clergé, tous les grands abus se sont anéantis à la voix du législateur : la comédie seule a trouvé d'injustes appuis de ses torts dans le peuple et les tribunaux, dans les rues et dans les ruelles ! Mais les auteurs ont la confiance que l'assemblée nationale à la fin en fera raison.

Ne se confiant pas trop aux principes dont ils se servent, les directeurs de troupes veulent vous appitoyer, Messieurs, sur leur ruine, qu'ils disent certaine, si ces *fils de Mercure et de la nymphe Echo* sont forcés de donner aux *enfants d'Apollon*, qui seuls font les pièces qu'ils jouent, une part modérée dans le produit de leurs ouvrages, après avoir levé les frais. J'ai bien prouvé, par la comparaison des marchands débitants d'étoffes, qui payent tous leurs fabriquants sans venir devant vous, Messieurs, débiter la haute sottise qu'ils sont ruinés par ces paiements (car qui voudrait les écouter?); j'ai bien prouvé que la comédie seule au monde ose déraisonner ainsi, pour intéresser l'auditoire par la voix de ses directeurs.

Je disais un jour à l'un d'eux : Mais si les temps sont si fâcheux que vous ne puissiez pas payer les ouvrages à leurs auteurs (sans lesquels cependant il n'y aurait point de spectacle), comment donc pouvez-vous payer vos acteurs, vos décorateurs, les peintres, musiciens, cordonniers, chandeliers et perruquiers de vos théâtres; car aucun d'eux n'est aussi nécessaire aux succès où vous prétendez, que la pièce jouée qui les met tous en œuvre? *Oh! mais*, dit-il, *ils nous y forceraient!* Cette réponse si naïve me paraît juger la question. Cinquante auteurs bien isolés, loin des endroits où on les pille, n'ont jamais eu, pour obtenir justice, la force ou le crédit qu'ont des milliers de fournisseurs des accessoires de ces spectacles, qui, présents à l'emploi que l'on fait de leurs fournitures, obligent, par leurs cris, la justice à les écouter. Les auteurs ne l'ont jamais pu; ils ont toujours été volés.

Un autre directeur de troupe, acteur célèbre de Paris, me priait un jour d'engager quelques auteurs de mes confrères à lui laisser jouer leurs ouvrages presque pour rien, dans la semaine appelée *sainte*, à son spectacle de province.

Eh! mais, comment, lui dis-je, oserais-je le proposer à des gens de lettres qui savent que vous menez à Rouen une de vos camarades, dont la grande réputation vous attirera bien du monde en cette semaine de récolte ?

Oh ! mais, dit-il, vous savez bien que je suis forcé de payer vingt-cinq louis par séance à la camarade que je mène ; elle ne viendrait point sans cela ; ce qui emporte tout mon gain. Je lui répondis à mon tour : Si vous ne pouvez obtenir de votre propre camarade, qui n'est que d'un sixième dans le jeu de ma pièce, la plus légère diminution sur les vingt-cinq louis qu'elle exige pour aller y jouer un rôle, comment pouvez-vous demander à l'auteur, qui n'obtient pas de vous, pour sa composition entière, le dixième de ce que vous payez à votre belle camarade, qu'il réduise à rien ce dixième ? Il m'entendit, n'insista pas: ma réponse était sans réplique. Le vrai mot de l'énigme est donc que les directeurs de spectacles, forcés de tout payer bien cher, s'y soumettent sans murmurer, pourvu qu'ils pillent les auteurs; c'est là la probité de tous.

Un autre directeur m'a dit, en hésitant, ces mots : Vous, M. Beaumarchais, que l'on prétend si riche, comment n'appréhendez-vous pas que l'on vous taxe d'avarice, en exigeant sévèrement un paiement pour vos ouvrages ? Mon cher Monsieur, lui répondis-je, feu la maréchale d'Etrées avait 200,000 liv. de rente ; jamais je n'en ai pu tirer une bouteille de vin de Sillery, sans lui avoir au préalable donné un écu de 6 francs, et personne ne l'accusa d'avarice ni d'injustice ; et cependant ma pièce est bien plus ma propriété que sa vigne n'était la sienne. Et puis, connaissez-vous l'usage que je fais de cet argent-là ? S'il m'aide à soutenir quelques infortunés, ai-je chargé ces directeurs d'être mes aumôniers secrets ? Et les fillettes qu'ils confessent, sont-elles au nombre de mes pauvres ? Mais, que je sois avare ou non, quelqu'un a-t-il le droit d'envahir ma propriété ?

Si l'on croyait devoir s'appitoyer pour tous ces directeurs de troupes, qui se disent souffrants, en s'emparant de nos ouvrages, que fera-t-on pour les auteurs, dont la propriété presque nulle pendant leur vie, est perdue pour leurs héritiers cinq années après leur décès ? Toutes les propriétés légitimes se transmettent pures et intactes, d'un homme à tous ses descendants. Tous les fruits de son industrie, la terre qu'il a défrichée, les choses qu'il a fabriquées appartiennent, jusqu'à la vente qu'ils ont toujours le droit d'en faire, à ses héritiers, quels qu'ils soient. Personne ne leur dit jamais : Le pré, le tableau, la statue, fruit du travail ou du génie, que votre père vous a laissé, ne doit plus vous appartenir, quand vous aurez fauché ce pré, ou gravé ce tableau, ou bien moulé cette statue pendant cinq ans après sa mort; chacun alors aura le droit d'en profiter autant que vous : personne ne leur dit cela. La propriété des auteurs, par une exception affligeante, est la seule dont l'héritage n'a de durée que cinq années, aux termes du premier décret. Et pourtant quel défrichement, quelle fabrication pénible, quelle production émanée du pinceau, du ciseau des hommes, leur appartient plus exclusivement, plus légitimement, Messieurs, que l'œuvre du théâtre, échappée au génie du poète, et leur coûta plus de travail! Cependant tous leurs descendants conservent leurs propriétés. Le malheureux fils d'un auteur perd la sienne au bout de cinq ans d'une jouissance plus que douteuse ou même souvent illusoire : cette très-courte hérédité pouvant être éludée par les directeurs des spectacles, en laissant reposer les pièces de l'auteur qui vient de mourir, pendant les cinq ans qui s'écoulent, jusqu'à l'instant où les ouvrages, aux termes du premier décret, deviennent leur propriété; il s'ensuivrait que les enfants très-malheureux des gens de lettres, dont la plupart ne laissent de fortune qu'un vain renom et leurs ouvrages, se verraient tous exhérédés par la sévérité des lois!

Voyez, Messieurs, ce qu'il en est de quelques

vieillards gens de lettres! Plusieurs ont perdu les pensions, dont ils vivaient, sur les journaux : l'un d'eux, chargé du poids de plus de quatre-vingts années, pour ne pas mourir de besoin, forcé de faire jouer deux tragédies qu'il gardait depuis très-long-temps, pour que sa nièce en héritât, va peut-être mourir avant qu'elles aient eu le succès qui peut substanter sa vieillesse! S'il les fait imprimer, Messieurs, les directeurs de troupe les joueront sans lui rien payer. S'il les fait jouer sans qu'on imprime, il n'en tirera presque rien : on les laissera reposer les cinq années qui le suivront. Puis, devenues alors une propriété publique, lui ni son héritière n'auront recueilli aucun fruit d'ouvrages qui peuvent enrichir après sa mort tous les spectacles qui voudront les représenter; tandis qu'un directeur de troupe ayant gagné cent mille écus à ne rien payer aux auteurs, en fera jouir à perpétuité ses enfants ou ses héritiers, en leur laissant et pièces et spectacle. Lesquels sont les plus malheureux, des directeurs ou des auteurs?

Les gens de lettres sont presque tous mal-aisés, mais fiers; car, point de génie sans fierté : et cette fierté sied si bien à des instituteurs publics! Moi, le moins fort, peut-être; mais l'un des plus aisés, j'ai pensé qu'il me convenait de me rendre avare pour eux. Ce qu'ils dédaignaient tous de faire, j'ai cru devoir m'en honorer. On ne m'a pas fait l'injustice de croire que j'en fisse un objet d'intérêt personnel. Mais de cela seul que je me fis le méthodiste d'une affaire qui jusque-là n'avait été que trouble, perte et que désordre, on s'est gendarmé contre moi; des libelles, des invectives sont devenues ma récompense. Je n'en veux tenir aucun compte : si ces considérations arrêtaient, on ne serait utile à rien.

J'ai promis de répondre un mot à l'absurde argument qu'on fait sur le texte des permissions que l'on accordait aux auteurs *d'imprimer et de représenter leurs pièces*. Tous ces auteurs n'étant ni imprimeurs, ni comédiens, il est bien clair que cette permission était pour eux celle *de faire* imprimer et *de faire* représenter. La précaution prise en faveur des mœurs n'avait aucun rapport à leur propriété, ne la donnait ni ne l'ôtait, mais n'en fesait part à nul autre. Comment ose-t-on exciper d'une formule uniquement morale, pour usurper une propriété ? Si une telle loi existait, qui ôtât aux auteurs la propriété de leurs pièces dès qu'ils les font imprimer ou graver, aucun auteur ne ferait imprimer ses œuvres; il ne resterait rien pour l'instruction publique; tous les imprimeurs et graveurs seraient ruinés par cette loi. Ces tristes raisonneurs, qui dirigent les troupes et vivent du talent des comédiens et des auteurs, en deviendraient plus mal-aisés eux-mêmes ; car, indépendamment du prix de ces ouvrages qu'ils ne pourraient plus dérober aux auteurs, il faudrait qu'ils en fissent faire autant de copies à la main, à trois louis pour les pièces parlées, au lieu de 24 ou 12 sous à quoi leur revient l'impression ; au lieu de 18 francs que leur coûte la pièce en musique gravée, ils dépenseraient 25 louis pour chaque partition avec les parties séparées. C'est bien alors, Messieurs, qu'ils jeteraient tous les hauts cris ! Cette impolitique mesure ayant pris la forme de loi, serait funeste à tout l'empire.

Je crois avoir bien répondu à toutes les fausses assertions des directeurs de nos spectacles.

En me présentant seul, j'ai détruit d'un seul mot la futile apparence d'une corporation supposée.

J'ai montré, par mon seul exemple, qu'ils n'ont pas dit un mot de vrai sur notre conduite avec eux, relativement à nos réclamations. J'ai prouvé que tous les auteurs n'avaient jamais cessé d'en faire ; et, qu'en ma qualité de leur représentant, je les avais faites pour tous.

J'ai prouvé que, malgré des actes publics et toutes mes réclamations, on m'avait volé mon ouvrage, après l'avoir déshonoré.

J'ai bien prouvé que nos réclamations ne devaient avoir eu jamais aucun effet, puisqu'un ministre bien despote n'avait pu se faire obéir par ces directeurs de province ; tant est sûre et puissante la secrète influence qu'ils ont partout à leur disposition!

J'ai prouvé qu'ils n'avaient nul droit de jouer en province, et sans les payer aux auteurs, les pièces qu'on ne jouait pas à Paris sans leur rendre un prix convenu, soit qu'elles fussent ou non *imprimées.*

J'ai bien prouvé, par la comparaison des débitants d'étoffes, combien devient risible cette doléance fondée sur la nécessité de payer l'ouvrage à l'auteur, surtout quand celui-ci, tous les frais prélevés, se contente de demander un septième sur le produit. Car, ce qui pourrait arriver de plus vraiment avantageux à ces perfides raisonneurs, ce serait d'avoir à payer à un auteur pour son septième, 70 mille francs; ce qui prouverait seulement que la troupe a tiré de l'ouvrage 490 mille francs de profit net.

J'ai dit, sages législateurs. Les gens de lettres, pleins de confiance, attendent avec respect votre dernière décision.

Signé CARON DE BEAUMARCHAIS.

LETTRES

DE

P. A. C. DE BEAUMARCHAIS.

AVERTISSEMENT.

Les lettres que nous livrons aujourd'hui au public, n'ont point été faites pour lui ; la plupart ont été écrites au courant de la plume, avec la précipitation que le moment exigeait. Elles en feront mieux connaître l'homme. On verra ce qu'il était dans le tumulte des affaires, dans la chaleur des passions, les épanchements de l'amitié, le malheur et la prospérité.

On apprendra par sa première lettre qu'en 1771 il était déterminé à se livrer entièrement à l'art dramatique. Malheureusement, sa funeste aventure avec le duc de Chaulnes et le procès contre Goesman, qui la suivit, le forcèrent à passer en Angleterre, et le jetèrent dans une carrière toute différente de celle qu'il s'était proposé de suivre.

On a joint à ces lettres quelques-unes insérées dans les journaux, et qui feront connaître ce qu'il était dans les débats littéraires.

LETTRES

DE

M. DE BEAUMARCHAIS.

LETTRE PREMIÈRE.

A la DUCHESSE D***.

Ce 11 juin 1771.

MADAME LA DUCHESSE,

Une fade adulation, que vous mépriseriez sûrement, n'est pas le sujet de cette lettre; il s'agit d'un objet plus important. Votre amour pour les arts, l'étendue de vos connaissances en tout genre, la justesse de vos idées sur le théâtre, les grâces de votre esprit, le charme de votre langage, et surtout le noble zèle que je vous vois pour le rétablissement du spectacle national, ont échauffé en moi l'idée presque éteinte, et plusieurs fois abandonnée, de m'y consacrer entièrement.

Libre sur le choix de mes occupations, j'allais, en faveur de mon fils, tourner mes vues sur des objets de finance, utiles à la vérité, mais mortels pour un homme de lettres. Vous me rendez à mon attrait : eh! quel homme y résiste ? J'aime le théâtre français à la folie, et j'adore votre beau zèle, Madame la duchesse.

Après vous avoir attentivement écoutée, après avoir bien réfléchi, je vois tous les secours qu'un homme aimant sincèrement le bien peut espérer de votre génie, de vos lumières et de votre influence naturelle sur les chefs nés du théâtre ; et si votre courage n'est pas l'effet d'une chaleur momentanée, mais un désir réel de soutenir de tout votre pouvoir celui qui brûle de seconder un si noble projet, accordez-moi la faveur d'une courte audience particulière.

J'aurai l'honneur d'y mettre sous vos yeux de quelle importance est le plus profond secret pour la réussite de cet ouvrage. Tant de gens sont intéressés à ce que le désordre actuel subsiste, et même s'accroisse, que les cris, les clameurs, les noirceurs, les obstacles de toute nature étoufferaient avant sa naissance un projet déjà très-difficile, mais qui n'en est que plus digne d'intéresser en sa faveur la protectrice des arts. J'aurai l'honneur de vous communiquer mes idées sur la marche qu'on peut tenir. Vous êtes jeune, j'ai de la patience, l'avenir est à nous, tout dépend aujourd'hui de n'être point pressenti. Si la confiance que vous m'avez inspirée vous-même a le bonheur de ne vous pas déplaire, il ne me restera qu'à vous prouver, par une conduite soutenue, avec quel attachement respectueux et quel parfait dévouement

Je suis, Madame la duchesse,

Votre, etc.

Je n'oublie point que vous voulez effrayer le gibier de nos plaines, et je m'occupe essentiellement du projet de vous le voir mettre en fuite de temps en temps. Heureux si je puis réussir à vous être agréable en quelque chose. J'attends votre bailli.

LETTRE II.

A NOSSEIGNEURS

LES MARÉCHAUX DE FRANCE.

Messeigneurs,

La bonté, la générosité avec laquelle vous avez daigné entendre tous les détails de ma malheureuse affaire contre M. le duc de Chaulnes (*), m'enhardit à vous présenter cette addition à ma requête, et à la faire précéder de quelques réflexions relatives à la détention inattendue de M. le duc de Chaulnes. Je ne mets à ceci obstination, ni cruauté; mais outragé de toutes les manières

---

(*) On a vu par les mémoires de M. de Beaumarchais contre Goesman, qu'il avait eu avec le duc de Chaulnes une querelle violente; ils se seraient battus sans les imprudences de ce duc. Les maréchaux de France leur envoyèrent à chacun un garde. L'affaire fut alors portée devant eux.

Après avoir vu comment il s'est défendu devant les parlements, on doit être curieux d'apprendre comment

possibles, il vaudrait mieux pour moi que j'eusse été poignardé par le duc de Chaulnes, que de rester sans être jugé par vous.

---

il se défendit devant les juges de l'honneur ; et c'est ce qui nous fait donner cette addition à sa requête.

La détention de son adversaire, que le roi envoya prisonnier dans une citadelle, était déjà une preuve que le roi, instruit de la conduite de ce duc, présumait que le jugement des maréchaux de France le condamnerait.

Le roi connaissait M. de Beaumarchais pour un homme ferme et courageux, mais incapable d'avoir provoqué une telle affaire. Il était informé de tout ce qui s'était passé ; il n'ignorait pas que, quelques années auparavant, M. de Beaumarchais s'était battu en duel, sous les murs du parc de Meudon, contre le chevalier de***, et qu'il avait eu le triste avantage de lui faire une blessure mortelle ; il savait qu'après l'avoir blessé, M. de Beaumarchais lui avait prodigué lui-même tous les secours qu'il croyait propres à lui conserver la vie. Il savait encore que le blessé avait été l'offenseur, et que cet homme généreux, convaincu de ses propres torts, avait refusé en mourant, aux sollicitations de toute sa famille, de nommer celui qui lui ôtait le jour. Je l'ai provoqué, disait-il, et je ne dois point exposer à la rigueur des lois un honnête homme que j'ai offensé, et qui s'est conduit en homme d'honneur.

La détention du duc de Chaulnes était donc une sorte de justice que le roi rendait à M. de Beaumarchais, en punissant son adversaire ; et une sorte de grâce qu'il fesait à ce duc, en prévenant le jugement qui allait être rendu contre lui.

Dans toutes les discussions entre les hommes, la probité, soumise à la loi, règle à la rigueur ce que chacun doit aux autres; l'honneur, plus indépendant, parce qu'il tient aux mœurs, mais plus rigoureux encore, prescrit ce que chacun se doit à soi-même : ainsi le tribunal de l'intérêt punit, inflige des peines à celui qui, manquant à la probité, n'a pas respecté le droit d'autrui ; et le tribunal de l'honneur se contente de diffamer, de livrer au mépris celui qui s'est manqué à lui-même.

La probité est la moindre vertu exigée de l'homme en société; l'honneur est la qualité distinctive d'un cœur noble et magnanime, en quelque état que le sort l'ait jeté. L'homme de probité peut donc n'être que juste et s'arrêter là ; mais l'homme d'honneur va toujours plus loin : il est délicat et généreux.

Ainsi le négociant qui paye exactement ses traites est censé avoir de la probité, mais son honneur tient à la réputation de désintéressement et de loyauté dans les affaires. La probité d'une femme est d'être fidèle; la femme d'honneur est plus : elle est chaste et modeste. L'impartialité dans un magistrat est sa probité; mais il a de l'honneur s'il chérit la justice pour elle-même et veut la démêler à travers les brouillards de la chicane. Enfin, la probité du militaire l'oblige à garder son poste quelque dangereux qu'il soit ; mais c'est l'honneur seul qui peut lui faire aimer ou braver ce danger par un motif généreux et supérieur à sa conservation.

Il suit de ces distinctions délicates, qu'autant l'honneur est au-dessus de la simple probité, autant le tribunal des maréchaux de France est supérieur, en ses fonctions, à tous ceux où les intérêts pécuniaires se disputent et se jugent; c'est le tribunal imposant de l'ame, celui qui fixe l'opinion publique sur l'honneur des particuliers : et quel homme est au-dessus de l'opinion publique?

Chaque état, chaque ordre de citoyens peut former la juste prétention d'être jugé par ses pairs, sur les points d'intérêt, de convenances ou de préséances humaines. Mais quel ordre osera décliner le tribunal de l'honneur auquel tous sont également soumis, quoique tous n'aient pas l'avantage d'y être également admis? Et parmi ceux qui jouissent de cet honorable privilége, quel homme n'a pas droit de se croire égal et pair de tous les autres sur le point délicat de l'honneur? L'attention même de nos rois à choisir indistinctement les juges de l'honneur entre les plus braves et célèbres militaires, soit qu'ils tiennent aux premiers rangs de l'illustration des cours, soit que la vaillance, la noblesse et la vertu les aient seuls rendus dignes de cet honorable préférence;

cette attention de nos rois, dis-je, n'est-elle pas la marque distinctive de la sublimité de leurs fonctions et de la généralité du ressort de ce tribunal auguste ?

A ce tribunal, le fond des choses ne peut jamais être sacrifié à de vaines formalités: l'homme d'honneur outragé doit y trouver un refuge certain, en obtenir la vengeance qu'il s'est refusée à lui-même, quelque biais qu'on prenne pour soustraire le coupable au jugement.

Dans les autres tribunaux, les hommes s'accommodent s'ils veulent aux circonstances, parce que chacun est maître de sacrifier son bien ou de modérer sa cupidité; au tribunal de l'honneur, il n'est point d'accommodement, parce qu'on ne transige point sur l'honneur ; ainsi, le juge de l'honneur doit fixer l'opinion publique sur les contendants, par un prononcé net et sans nuages, puisque le droit de la justice éclatante lui a été remis au défaut de la justice personnelle et sanglante que la loi proscrit.

J'ose appliquer, Messeigneurs, ces principes incontestables à ma position actuelle, et j'ose me croire plus digne de comparaître à votre auguste tribunal, par la prudente fermeté de ma conduite en toute cette affaire, que par aucun autre titre qui m'ait rendu votre justiciable.

J'allais être jugé par vous, Messeigneurs, et

rétabli dans le rang honorable d'un citoyen prudent et courageux. Un événement, peut-être étranger à mon affaire, un ordre supérieur, dont les motifs sont restés renfermés dans le cœur du roi, fait mettre le duc de Chaulnes dans une citadelle.

Je demande donc, par une addition à ma première requête, que, sans avoir égard à la détention de M. le duc de Chaulnes, il vous plaise, Messeigneurs, ordonner l'information la plus exacte des faits contenus en madite requête, me soumettant aux peines les plus rigoureuses, si une seule des choses qui y sont énoncées se trouve seulement hasardée : vous savez bien, Messeigneurs, que des faits de cette importance, mais seulement appuyés sur des témoignages humains, se dénaturent, s'altèrent, s'atténuent par le laps de temps.

C'est à vous, Messeigneurs, que j'en appelle ; à vous, dont quelques-uns n'ont pas dédaigné de me demander où j'avais puisé le courage, le sang-froid et la fermeté que j'ai conservés dans l'affreuse journée du jeudi 11 février.

Forcé de solliciter aujourd'hui la justice comme une grâce, je vous supplie, Messeigneurs, d'ordonner que l'information soit faite, que tous les témoins soient entendus, que tous les faits soient constatés dans tous les lieux et devant tous les gens désignés en ma requête; et mes preuves étant faites, je vous supplie de vouloir bien porter aux pieds du trône l'humble prière que je fais au roi, d'ordonner que le duc de Chaulnes soit remis en lieu d'où il puisse donner librement ses défenses.

Je demande que mes preuves soient discutées: ce sont des témoins à interroger qui peuvent se disperser. Je demande que les défenses de mon adversaire soient entendues, et le procès porté jusqu'à jugement définitif; j'attends cette justice du tribunal de l'honneur.

Ce considéré, Messeigneurs, il vous plaise admettre le suppliant à faire sa déclaration et à faire preuve des faits qui seront énoncés, et en outre arrêter que le roi sera très-humblement supplié de permettre au duc de Chaulnes de faire pareillement sa déclaration, de faire entendre pareillement ses témoins s'il y a lieu, et de fournir de telles autres défenses qu'il avisera, en sorte que l'affaire puisse être jugée contradictoirement, comme elle était sur le point de l'être, sans l'événement de sa détention (*).

(*) Pour réponse à cette addition de requête, les maréchaux de France envoyèrent chercher M. de Beaumarchais; il répondit à leur garde qu'il était aux arrêts dans sa maison par l'ordre du roi, ou plutôt du ministre le duc de la Vrillière, qui lui avait fait intimer cet ordre avant que son affaire eût été portée au tribunal de l'honneur.

MM. les maréchaux de France le savent, lui répondit-on ; ils lèvent vos arrêts, et vous ordonnent de venir leur parler. Il y fut ; ils lui déclarèrent qu'il était libre et justifié, et qu'il pouvait aller librement où il voudrait. *Pour jouir de cette douce liberté*, comme il dit dans sa comédie, il crut devoir en faire hommage au duc de la Vrillière : il ne le trouva pas, et il lui écrivit dans la loge de son suisse : Que les maréchaux de France ayant levé ses arrêts, il venait lui demander s'il ne devait plus les garder. N'ayant point trouvé le ministre, et voulant savoir à quoi s'en tenir, il alla demander conseil au lieutenant de police, qui l'aimait, qui l'assura bien positivement que les maréchaux de France ayant levé ses arrêts, il était parfaitement libre. Il le crut, et retourna chez lui. Mais le duc de la Vrillière trouva bien singulier que les maréchaux de France levassent des arrêts qu'il avait donnés ; et ne pouvant s'en prendre à eux, il s'en prit à celui qu'ils avaient cru délivrer : il lui envoya une belle lettre sans cachet, appelée *de cachet*, par laquelle il fut enfermé au Fort-l'Évêque, victime de ce noble conflit d'autorité. Alors M. de Beaumarchais écrivit aux maréchaux de France la lettre suivante, et à M. Menard de Chouzy, la lettre qu'on lira immédiatement après.

LETTRE III.

A NOSSEIGNEURS

LES MARÉCHAUX DE FRANCE.

Du Fort-l'Évêque, à l'instant de ma détention
(26 février 1773).

Messeigneurs,

J'ai l'honneur de vous prévenir que je viens d'être arrêté par ordre du roi, et conduit au Fort-l'Évêque. J'ignore à quel mal ce nouveau mal peut remédier, et si en ôtant à l'accusateur la liberté de la poursuite, on espère que l'accusé en paraîtra moins coupable. Mais, Messeigneurs, ma détention me semble au moins décider une question qui a suspendu la justice que j'ai droit d'attendre du tribunal. M. le duc de Chaulnes est dans une citadelle. Je suis traîné dans une prison. Aucun des deux contendants n'a d'avantage aujourd'hui sur l'autre, et tous deux ont un égal intérêt à solliciter l'information qui doit amener leur jugement. Le roi, maître en tout temps de la liberté de ses sujets, ne l'est pas de leur honneur, et l'autorité qui nous enlève au pouvoir de solliciter votre justice, ne peut nous enlever le droit de l'espérer et de l'attendre du tribunal saisi de notre affaire.

Si la conduite prudente et modérée que j'ai tenue en cette occasion difficile, a pu me mériter d'être écouté de vous dans mes justes plaintes, le malheur qu'elle entraîne aujourd'hui me donne plus de droit encore à votre justice. L'information que je vous supplie d'ordonner promptement, est le seul moyen d'instruire la religion du roi sur cet horrible événement; et moins j'ai mérité mon infortune, plus la vérité mise au grand jour doit la faire cesser promptement. Ma cause intéresse également votre bon cœur, et votre équité. Et c'est au double titre d'homme d'honneur offensé et de citoyen persécuté, que j'ai recours avec confiance à votre protection.

Je suis avec le plus profond respect,

Messeigneurs,

Votre très-humble et très-obéissant serviteur

Caron de Beaumarchais.

LETTRE IV.

A M. Menard de Chouzy.

Du Fort-l'Evêque, le 1er mars 1773.

J'ai l'honneur, Monsieur, de vous adresser un mémoire, que je désirerais que vous eussiez la bonté de mettre sous les yeux de M. le duc de la Vrillière, après en avoir pris lecture vous-même. Vous y verrez, Monsieur, par l'exposé de ma conduite, jour par jour, qu'un homme aussi grièvement outragé n'a jamais montré plus de modération et de sagesse. J'entends crier partout que j'ai des ennemis; je les mets au pire, Monsieur, s'ils ne sont pas les plus méchants des hommes; et s'ils le sont, qu'ils laissent aller le cours de la justice, on ne me fera nulle grâce. Je passe ma vie au sein de ma famille très-nombreuse, dont je suis le père et le soutien. Je me délasse des affaires avec les belles-lettres, la belle musique et quelquefois les belles femmes. J'ai reçu de la nature un esprit gai, qui m'a souvent consolé de l'injustice des hommes; à la vérité, les contradictions perpétuelles d'une vie fort traversée ont peut-être donné un peu de roideur à mon ame, qui n'est plus aussi flexible que dans ma jeunesse. Mais un peu de fierté sans hauteur est-elle incompatible avec un cœur honnête et généreux? Je n'ai jamais couru la carrière de personne : nul homme ne m'a jamais trouvé barrant ses vues ; tous les goûts agréables se sont trop multipliés chez moi pour que j'aie eu jamais le temps ni le dessein de faire une méchanceté. A l'instant où j'allais donner au théâtre une comédie du genre le plus gai; à l'instant où je disposais pour le concert des amateurs une foule de beaux morceaux de musique italienne sur lesquels je m'étais plu à façonner de la poésie française, pour répondre par des exemples aux âpres dissertations de M. Rousseau sur la surdité de notre langue, le duc de Chaulnes imagine de choisir l'instant de ma pièce, de ma musique et surtout celui d'un procès très-important que j'ai déjà gagné deux fois, mais dont mon adversaire, pour dernière ressource, appelle à la grand'chambre, le duc de Chaulnes imagine, dis-je, de venir me poignarder chez moi.

J'ai tenu mon ame à deux mains ; ma conduite a paru, même à mes juges, un chef-d'œuvre de prudence et de courage. Je suis offensé, plaignant; je crie justice, et l'on me jette en prison au grand étonnement de toute la terre, c'est-à-dire, de tous les honnêtes gens ! Et la maudite phrase, le cruel refrein, « c'est un homme qui a bien des ennemis, » revient sans cesse aux oreilles des gens de qui j'attends justice.

Il n'y a personne qui ne perdît l'esprit de tout ce qui m'arrive ; mais je ne le perdrai pas, je ferai tête avec fermeté, prudence et modestie, à cette bourrasque affreuse; et vous pouvez, Monsieur, acquérir des droits immortels à la reconnaissance d'une ame honnête qui vous demande pour toute grâce de lui obtenir enfin un peu de justice, sans que cela ne vous coûte qu'une légère sollicitation. J'ai l'honneur d'être, avec la reconnaissance la plus vive, Monsieur,

Votre très-humble et très-obéissant serviteur

BEAUMARCHAIS.

LETTRE V.

AU ROI.

Juin 1774.

Sire,

Lorsque j'avais l'air de fuir l'injustice et la persécution, au mois de mars dernier, le feu roi, votre aïeul, savait seul où j'étais; il m'avait honoré d'une commission particulière et très-délicate en Angleterre, ce qui m'a fait faire quatre fois le voyage de Londres à Versailles en moins de six semaines.

Je me pressais enfin de rapporter au roi les preuves du succès de ma négociation, sur laquelle j'avais été croisé de toutes les manières possibles. A mon arrivée à Versailles, j'ai eu la douleur de trouver le roi mourant; et quoiqu'il se fût inquiété dix fois de mon retard avant de tomber malade, je n'ai pas pu même avoir la consolation de lui faire savoir que ses ordres secrets avaient eu leur entière exécution.

Cette affaire délicate intéresse Votre Majesté par ses suites, comme elle intéressait le feu roi par son existence. Le compte que je venais lui rendre n'est dû qu'à Votre Majesté; il y a même des choses qui ne peuvent être confiées qu'à elle seule. Je la supplie de vouloir bien honorer de ses ordres à cet égard le plus malheureux, mais le plus soumis et le plus zélé de ses sujets.

CARON DE BEAUMARCHAIS.

LETTRE VI.

A M.***

Paris, ce 26 juin 1774.

AH! sans doute, répondre! et surtout à mon ami de cœur. Crois-tu que si j'avais le temps d'écrire, je ne donnerais pas la préférence à cinq ou six mille étrangers qui m'ont appris les cinq ou six mille manières d'écrire une félicitation, un encouragement, un éloge, et une offre d'amitié? Toi, que je n'ai pas peur de perdre, je puis te négliger, et c'est ce que je fais bravement tous les courriers. Mais comment conserver tous mes nouveaux amis? Quatre secrétaires n'y suffiraient pas, sans compter l'ami Goesman, qui vient de régaler le public d'une longue requête, dans laquelle non seulement il ne nie pas d'avoir fait un faux baptismal, mais il prétend en faire l'apologie. Cela me remet le cœur à la plume;

car depuis quelque temps, me dorlotant sur mon blâme, j'avais un peu laissé dormir procès ; j'avais même été jusqu'à refuser respectueusement du feu roi la réhabilitation de ton ami, en le suppliant de ne récompenser mes services que par la grâce de me permettre de solliciter sa justice dans une requête en cassation.

Les choses en étaient là quand le diable qui berce ma vie m'a enlevé mon protecteur et mon maître. Revenu de toutes les fausses impressions qu'on lui avait données de moi, il m'avait promis justice et bienveillance. Tout est fondu ; et de sept cent quatre-vingts lieues faites en six semaines pour son service, il ne me reste que les jambes enflées et la bourse aplatie. Un autre s'en pendrait ; mais comme cette ressource ne me manquera pas, je la garde pour la fin ; et, en attendant que je dise mon dernier mot là-dessus, je m'occupe à voir lequel du diable ou de moi mettra le plus d'obstination, lui à me faire cheoir, et moi à me ramasser : c'est à quoi j'emploie ma tête carrée.

Mais, à ton tour, dis-moi, cœur pointu, ce que tu penserais de moi, si, ayant mis dans cette tête de prouver à Louis XVI qu'il n'a pas un sujet plus zélé que ton ami le blâmé, je t'apprends quelque jour que, le 26 juin 1774, je suis parti pour un nouveau voyage dans un nouveau pays, honoré de la confiance du nouveau maître! Que les difficultés de tous genres, qui ne m'ont jamais arrêté sur rien, ne rendent mon zèle que plus ardent, et que j'ai réussi à prouver en effet que je n'étais pas aussi digne de blâme qu'il a plu au parlement de l'imprimer!—Mais à quoi m'amusai-je ici? Mes chevaux de poste sont arrivés, et si je ne tournais pas le dos à Bayonne, d'honneur, je te porterais ma lettre moi-même; j'irais renouveler connaissance avec M. Varnier, dont le caractère, l'esprit et le sens exquis m'avaient frappé à Madrid, au point que j'aurais désiré qu'il voulût bien accepter ma maison et mon amitié; j'irais embrasser cette Madame de Montpellier, qui fait, dit-on, le charme de toute sa société; j'irais embrasser avec joie mon vieux ami Datilly.

As-tu compris quelque chose à mon amphigouri de destinée? As-tu senti renaître l'espérance pour ton malheureux proscrit d'ami, en lisant l'obscure annonce que je te fais d'un nouveau champ d'honneur à parcourir?

Si tu te rappelles notre dernière après-midi, où réellement tu me pressurais (pour user de ton expression), promène ton imagination; et, si tu as trouvé ce que je vous contais alors à tous trois bien extraordinaire, prends la secousse, et va beaucoup plus loin encore, et tout ce que tu penseras n'approchera jamais de ce que je ne te dis pas. J'aime, mon ami, la noble confiance que tu as en mon courage. Répète-moi de temps en temps que tu estimes en moi cette qualité; j'ai besoin de recueillir tout ce qui m'en reste pour m'élever jusqu'à la besogne que j'entreprends; et l'éloge de mon ami sera ma plus douce récompense, lorsque je pourrai me rendre le témoignage que je ne suis pas resté au-dessous : c'est à quoi je vais travailler. Je serai de retour en France dans un mois, ou six semaines au plus tard ; alors je pourrai ouvrir la bouche sur ce que je suis forcé de taire. Adieu.

LETTRE VII.

A. M. de Sartine.

Calais, ce 26 juillet 1774.

Tout considéré, Monsieur, j'ai pris ma route de Hollande par Calais, parce qu'on m'a fait craindre de rester cinq à six jours en mer dans mon passage d'Harwich à Amsterdam ; je ne perdrai pas autant de temps à faire la course par terre, et je souffrirai moins. Mon passage a été rude, mais beaucoup moins que le dernier.

J'ai appris en entrant en France les nouvelles commotions relativement au nouveau systême ;

j'en suis bien affligé, car j'ai bien de l'inquiétude que les moyens de rigueur ne soient pas les meilleurs de tous pour arranger les affaires, et que l'aigreur ne s'empare des esprits; il eût été fort à souhaiter qu'on eût pu les rapprocher.

Il semble qu'en arrivant de chez l'étranger on se sente l'ame plus patriotique de moitié. Notre jeune maître donne de si bonnes espérances, sa réputation est si belle chez l'étranger, que je voudrais, pour tout ce que je possède, que rien n'y pût porter la moindre atteinte!

Je compte être de retour avant quinze jours à Paris, et vous y renouveler de vive voix les assurances du très-respectueux attachement avec lequel j'ai l'honneur, etc.

BEAUMARCHAIS.

P. S. On m'a mandé que vous vous plaigniez du peu de fréquence de mes lettres : j'ai pourtant écrit régulièrement; mais je n'ai pas, il est vrai, confié à la poste des détails aussi nets que ceux que contient cette lettre, qui vous parvient par une voie sûre; car, suivant la maxime qu'on peut faire à autrui ce qu'il nous fait lui-même, le ministre anglais m'a appris qu'on décachetait en Angleterre tout ce qui avait rapport à la France. Et voilà comme les basses ressources de la politique finissent par n'être plus qu'un commerce réciproque de villenies qui n'est utile à personne.

J'ai peur de devenir misanthrope, car je me surprends à réfléchir bien austèrement sur tout le mal que j'aperçois.

J'ai eu besoin en Angleterre d'un manége bien délicat pour finir mon opération, car j'y voyais des risques de plus d'un genre. Enfin elle est finie, et tout est en sûreté. Du secret jusqu'à mon retour, je vous prie.

LETTRE VIII.

*A M. R.****

Dans un bateau sur le Danube, auprès de Ratisbonne, le 15 août 1774.

Avant d'entrer en matière avec vous, mon ami, je dois vous prévenir qu'étant dans un bateau sur lequel il y a six rameurs, en parcourant un fleuve rapide qui m'entraîne, la secousse de chaque coup d'aviron imprime à mon corps, et surtout à mon bras, un mouvement composé qui dérange ma plume, et donnera dans le moment à mon écriture le caractère tremblant et peu assuré que vous allez lui trouver; car j'ai fait cesser de ramer pour écrire cet exorde, afin que sa dissemblance à ce qui va suivre puisse vous convaincre que le vice de mon écriture vient d'une cause étrangère, et non d'aucun désordre intérieur causé par mes souffrances.

Ceci posé, tâchez *de me lire, et tenez-vous bien.*

Ma situation me rappelle l'état où se trouva, dans les mêmes lieux, un philosophe dont vous et moi admirons le génie. Descartes raconte que descendant le Danube dans une barque, et lisant tranquillement, assis sur la pointe, il ouït distinctement les mariniers, qui ne supposaient pas qu'il entendît l'allemand, projeter de l'assassiner. Il rassura, dit-il, sa contenance, examina si ses armes étaient en bon état; en un mot, fit si bonne mine, que jamais ces gens, dont il suivait tous les mouvements, n'osèrent exécuter leur mauvais dessein.

Moi, qui n'ai pas à un si haut degré que lui la perfection de la philosophie, mais qui me pique aussi de méthode et de courage dans mes actions, je me trouve dans un bateau sur le Danube, ne pouvant absolument souffrir le mouvement de ma chaise en poste, parce qu'on a osé exécuter hier, sur moi, ce qu'on n'osa, le siècle passé, entreprendre sur lui.

Hier donc, sur les trois heures après midi, auprès de Neuschtat, à quelques cinq lieues de Nuremberg, passant en chaise avec un seul postillon et mon domestique anglais, dans une forêt de sapins assez claire, je suis descendu pour satisfaire un besoin, et ma chaise a continué de marcher au pas, comme cela était arrivé toutes les fois que j'étais descendu. Après une courte pause j'allais me remettre en marche pour la rejoindre, lorsqu'un homme à cheval, me coupant le chemin, saute à terre et vient au-devant de moi; il me dit quelques mots allemands, que je n'entends point; mais comme il avait un long couteau ou poignard à la main, j'ai bien jugé qu'il en voulait à ma bourse ou à mes jours. J'ai fouillé dans mon gousset de devant, ce qui lui a fait croire que je l'avais entendu, et qu'il était déjà maître de mon or : il était seul; au lieu de ma bourse j'ai tiré mon pistolet que je lui ai présenté sans parler, élevant ma canne de l'autre main pour parer un coup s'il essayait de m'en porter; puis reculant contre un gros sapin et le tournant lestement, j'ai mis l'arbre entre lui et moi. Là, ne le craignant plus, j'ai regardé si mon pistolet était amorcé; cette contenance assurée l'a en effet arrêté tout court. J'avais déjà gagné à reculons un second et un troisième sapin, toujours les tournant à mesure que j'y arrivais, la canne levée d'une main et le pistolet de l'autre, ajusté sur lui. Je fesais une manœuvre assez sûre, ce qui bientôt allait me remettre dans ma route, lorsque la voix d'un homme m'a forcé de tourner la tête : c'était un grand coquin en veste bleue sans manches, portant son habit sur son bras, qui accourait vers moi par derrière. Le danger croissant m'a fait me recueillir rapidement : j'ai pensé que le péril étant plus grand de me laisser prendre par derrière, je devais revenir au-devant de l'arbre et me défaire de l'homme au poignard, pour marcher ensuite à l'autre brigand ; tout cela s'est agité, s'est exécuté comme un éclair. Courant donc au premier voleur jusqu'à la longueur de ma canne, j'ai fait sur lui feu de mon pistolet, qui misérablement n'a point parti; j'étais perdu : l'homme sentant son avantage, s'est avancé sur moi; je parais pourtant de ma canne en reculant à mon arbre et cherchant mon autre pistolet dans mon gousset gauche, lorsque le second voleur, m'ayant joint par derrière, malgré que je fusse adossé au sapin, m'a saisi par une épaule et m'a renversé en arrière ; le premier alors m'a frappé de son long couteau de toute sa force au milieu de la poitrine. C'était fait de moi; mais pour vous donner une juste idée de la combinaison d'incidents à qui je dois, mon ami, la joie de pouvoir encore vous écrire, il faut que vous sachiez que je porte sur ma poitrine une boîte d'or ovale, assez grande et très-plate, en forme de lentille, suspendue à mon cou par une chaînette d'or; boîte que j'ai fait faire à Londres, et renfermant un papier si précieux pour moi, que sans lui je ne voyagerais pas. En passant à Francfort, j'avais fait ajuster à cette boîte un sachet de soie, parce que, quand j'avais fort chaud, si le métal touchait subitement la peau, cela me saisissait un peu.

Or, par un hasard, ou plutôt par un bonheur qui ne m'abandonne jamais au milieu des plus grands maux, le coup de poignard, violemment asséné sur ma poitrine, a frappé sur cette boîte qui est assez large, au moment qu'attiré du côté de l'arbre, par l'effort du second brigand qui me fit perdre pied, je tombais à la renverse. Tout cela combiné fait qu'au lieu de me crever le cœur, le couteau a glissé sur le métal, en coupant le sachet, enfonçant la boîte et la sillonnant profondément; puis m'éraflant la haute poitrine, il m'est venu percer le menton en dessous, et sortir par le bas de ma joue droite. Si j'eusse perdu la tête en cet extrême péril, il est certain, mon ami, que j'aurais aussi perdu la vie. *Je ne suis pas mort,* dis-je en me relevant avec force; et voyant que l'homme qui m'avait frappé était le seul armé, je m'élance sur lui comme un tigre, à tous risques; et saisissant son poignet, je veux lui arracher son long couteau qu'il retire avec force, ce qui me coupe jusqu'à l'os toute la paume de la main gauche, dans la partie charnue du pouce. Mais l'effort qu'il fait en retirant son bras, joint à celui que je fesais moi-même en avant sur lui, le renverse à son tour: un grand coup de talon de ma botte, appuyé sur son poignet, lui fait lâcher le poignard que je ramasse, en lui sautant à deux genoux sur l'estomac. Le second bandit, plus lâche encore que le premier, me voyant prêt à tuer son camarade, au lieu de le secourir, saute sur le cheval qui paissait à dix pas, et s'enfuit à toutes jambes. Le misérable que je tenais sous moi, et que j'aveuglais par le sang qui me ruisselait du visage, se voyant abandonné, a fait un effort qui l'a retourné à l'instant que j'allais le frapper, et se relevant à deux genoux, les mains jointes, il m'a crié lamentablement : *Monsier! mon omi!* et beaucoup de mots allemands par lesquels j'ai compris qu'il me demandait la vie. *Infâme scélérat!* ai-je dit; et mon premier mouvement se prolongeant, j'allais le tuer. Un second opposé, mais très-rapide, m'a fait penser qu'égorger un homme à genoux, les mains jointes, était une espèce d'assassinat, une lâcheté indigne d'un homme d'honneur. Cependant, pour qu'il s'en souvînt bien, je voulais au moins le blesser grièvement; il s'est prosterné en criant: *Mein Gott!* mon Dieu.

Tâchez de suivre mon ame à travers tous ces mouvements aussi prompts qu'opposés, mon ami, et vous parviendrez peut-être à concevoir comment du plus grand danger dont j'aie eu jamais à me garantir, je suis en un clin-d'œil devenu assez osé pour espérer lier les mains derrière le dos à cet homme, et l'amener, ainsi garotté, jusqu'à ma chaise; tout cela ne fut qu'un éclair. Ma résolution arrêtée, d'un seul coup je coupai promptement sa forte ceinture de chamois par derrière, avec son couteau que je tenais de ma main droite; acte que sa prosternation rendait très-facile.

Mais comme j'y mettais autant de violence que de vîtesse, je l'ai fort blessé aux reins, ce qui lui a fait jeter un grand cri en se relevant sur ses genoux, et joignant de nouveau les mains. Malgré la douleur excessive que je ressentais au visage, et surtout à la main gauche, je suis convaincu que je l'aurais entraîné, car il n'a fait aucune résistance, lorsqu'ayant tiré mon mouchoir, et jeté à trente pas le couteau qui me gênait, parce que j'avais mon second pistolet dans la main gauche, je me disposais à l'attacher; mais cet espoir n'a pas été long : j'ai vu revenir de loin l'autre bandit accompagné de quelques scélérats de son espèce; il a fallu de nouveau m'occuper de ma sûreté. J'avoue qu'alors j'ai senti la faute que j'avais faite de jeter le couteau ; j'aurais tué l'homme sans scrupule en ce moment, et c'était un ennemi de moins. Mais ne voulant pas vider mon second pistolet, le seul porte-respect qui me restât contre ceux qui venaient à moi, car ma canne était tout au plus défensive; dans la fureur qui m'a saisi de nouveau, j'ai violemment frappé la bouche de cet homme agenouillé, du bout de mon pistolet, ce qui lui a enfoncé la mâchoire et cassé quelques dents de devant qui l'ont fait saigner comme un bœuf; il s'est cru mort et est tombé. Dans ce moment, le postillon, inquiet de mon retard, et me croyant égaré, était entré dans le bois pour me chercher. Il a sonné du petit cor que les postillons allemands portent tous en bandouillère; ce bruit et sa vue ont suspendu la course des scélérats, et m'ont donné le temps de me retirer, la canne élevée et mon pistolet en avant, sans avoir été volé. Quand ils m'ont senti sur le chemin, ils se sont dispersés, et mon laquais a vu, ainsi que le postillon, passer auprès d'eux et de ma chaise, en traversant la route avec vîtesse, le coquin à la veste bleue sans manches, ayant son habit sur son bras; c'était celui qui m'avait renversé: peut-être espérait-il fouiller ma voiture après avoir manqué mes poches. Mon premier soin, quand je me suis vu en sûreté et à portée de ma chaise, a été d'uriner bien vite. Une expérience bien des fois réitérée m'a appris qu'après une grande émotion c'est un des plus sûrs calmants qu'on puisse employer.

J'ai imbibé mon mouchoir d'urine, et j'en ai lavé mes plaies. Celle de la haute poitrine s'est trouvée n'être qu'une éraflure.

Celle du menton, très-profonde, se fût certainement prolongée jusque dans la cervelle, si le coup eût porté droit, et si la position renversée où j'étais en le recevant n'eût fait glisser le couteau sur l'os de la mâchoire inférieure.

La blessure de ma main gauche, plus douloureuse encore à cause du mouvement habituel de cette partie, s'enfonce dans le gras intérieur du pouce et va jusqu'à l'os. Mon laquais effrayé me demandait pourquoi je n'avais pas appelé; mais indépendamment que ma chaise, qui avait toujours marché, se trouvait beaucoup trop loin pour m'en faire entendre en criant, c'était ce que je n'avais garde de faire, sachant bien que rien ne détruit la force comme de la consumer en de vaines exclamations. Le silence et le recueillement sont les sauve-gardes du courage, qui, à son tour, est la sauve-garde de la vie en ces grandes occasions. *Imbécille!* lui ai-je dit, *fallait-il aller aussi loin et me laisser assassiner?*

Je me suis fait promptement conduire à Nuremberg, où l'on m'a appris que quelques jours avant, les mêmes voleurs, en ce même endroit, avaient arrêté le chariot de poste, et avaient détroussé de 40,000 florins divers voyageurs.

J'ai donné le signalement des hommes, du cheval, et l'on a mis sur-le-champ de nouveaux soldats en campagne pour les arrêter.

De l'eau et de l'eau-de-vie ont été mon pansement; mais mon plus grand mal est une douleur si aiguë dans le creux de l'estomac, chaque fois que le diaphragme se soulève pour l'aspiration, que cela me plie en deux à tout moment. Il faut qu'en ce débat j'aie reçu quelque grand coup dans cet endroit, que je n'ai pas senti d'abord.

En examinant depuis de sang-froid l'état des choses, j'ai vu que la double étoffe du sachet et la bourre parfumée qu'il renferme, coupées par l'effort du coup porté dans ma poitrine, l'ont beaucoup amorti. La boîte d'or en le recevant a fait ressort comme une lame de fer blanc; et le coup asséné de bas en haut, parce que je tombais à la renverse, n'a fait que glisser dessus, ce qui n'empêche pas qu'elle ne soit enfoncée, crevée et fort sillonnée par la pointe du poignard.

Cette circonstance d'une boîte qui paraît destinée à contenir un portrait, quoiqu'un peu grande, et qui m'a sauvé la vie, a tellement frappé les honnêtes personnes de Nuremberg, qu'elles ne pouvaient se lasser d'examiner la boîte et le sachet; tous voulaient en conséquence que je fisse dire un grand office à la Sainte-Vierge en reconnaissance de ce bonheur. Et moi, les laissant dans leur erreur, je leur ai fait remarquer en riant qu'il y aurait une contradiction manifeste et même indécente d'aller remercier la Vierge, parce que la boîte à portrait d'une femme qui ne l'est point m'avait garanti de la mort. Ils n'ont point manqué, comme bien pensez, de dire à cela que j'étais un drôle de corps. Je suis de leur avis; mais on a beau jeu de rire quand on se voit sur ses pieds après une aussi diabolique aventure.

Si mon étouffement continue, je me ferai saigner ce soir à Ratisbonne, où l'on m'a dit que je trouverais encore plus de secours qu'à Nuremberg. Désormais il faudra changer mon appellation, et au lieu de dire B*** le blâmé, l'on me nommera B*** le balafré. Balafre, mes amis, qui ne laissera pas de nuire à mes succès aphrodisiaques! Mais qu'y faire? ne faut-il pas que tout finisse?

Faites avec moi quelques réflexions philosophiques sur ma bizarre destinée; il y a beau champ pour cela. Qu'est-ce donc que le sort me garde? car, quoiqu'il fît bien chaud à la barre du palais, il fesait encore de quelques degrés plus chaud dans la sapinière de Neuschtat.

Cependant je suis sur mes pieds, tout n'est donc pas dit pour moi.

Songez, mon ami, que je suis vivant, et vous

concevrez comment les choses même qui paraissent si simples aux autres hommes, qu'ils ne prennent pas seulement la peine d'y réfléchir, sont presque toujours pour moi la source d'une foule de sensations agréables. Je serai donc joyeux désormais toutes les fois que je me souviendrai que je suis en vie, car vous m'avouerez que ce serait une grande platitude que d'aller mourir de cette sotte oppression d'estomac qui me reste après m'être relevé vivant, quoiqu'assassiné par deux scélérats. Me croyez-vous capable d'une pareille ineptie? Oh! que non; vous avez trop bonne opinion de moi pour me supposer en danger. Je vais bien me reposer et me soigner avant de me remettre en route pour la France; mes affaires sont terminées, mais j'ai l'air d'un masque avec ma balafre, mes beguins, ma main pote et enveloppée. Ajoutez que je grimace comme un suplicié toutes les fois que j'aspire; ce qui compose environ quarante grimaces par minute, et ne saurait manquer de m'enlaidir encore un peu davantage ; et voyez quel joli homme je suis.

Au milieu de tout cela, je ne puis m'empêcher de sourire de la mine bassement ridicule que fait un lâche coquin pris sur le temps, et forcé de demander quartier. Mais quand ce spectacle a frappé mes yeux, alors il n'était pas saison de rire : aussi ne riais-je pas! Je voyais seulement quel extrême avantage à l'homme de sang-froid sur ceux qui le perdent. Voilà ce que j'ai étudié toute ma vie ; voilà ce à quoi j'ai rompu mon ame trop bouillante, à force de l'exercer sur les contradictions.

Il n'y a plus que les petites colères qui me rendent mauvais joueur ; les grandes me trouvent toujours assez armé. Il faut pourtant que la nature souffre en moi de cet effort, puisqu'elle ne s'en donne la peine que dans les occasions majeures, et me laisse tout entier à mon vice radical sur les coups d'épingles ; et voilà certainement pourquoi je suis deux hommes, fort dans la force, enfant et musard tout le reste du temps.

Cet accident a fait tant d'éclat dans le pays, qu'il se peut très-bien que quelques gazettes en parlent. Mais comme elles ne diront apparemment le fait qu'en abrégé, je profite du loisir d'une route tranquille, sur un très-beau fleuve, dont le cours sinueux, changeant à tout moment l'aspect des rivages, réjouit ma vue et met assez de calme dans mes idées pour que je puisse vous faire ce détail. S'il est un peu décousu, vous serez indulgent, lorsque vous penserez que j'étouffe en respirant, et que tout le corps me fait mal, sans compter les élancements de mes blessures, qui ne m'auraient pas permis de soutenir plus longtemps le cahotement de la poste, ce qui m'a fait gagner le Danube par le plus court chemin.

La fièvre m'avait pris en quittant les terres de Prusse pour entrer dans l'électorat de Trèves et Cologne, car toute la route depuis Nimègue, où finit la Hollande, à travers le duché de Clèves, est si affreuse, que la fatigue seule m'avait rendu malade. Quand le roi de Prusse, disent les habitants, n'aura plus rien à nous prendre, il ne nous prendra plus rien. Aussi tout ce pays est-il déplorable. Le Salomon du Nord, il faut l'avouer, aime un peu beaucoup l'argent, et, en général, a plus de qualités que de vertus : aussi sera-t-il rangé dans la classe des conquérants par l'histoire, et non dans celle des rois.

Je me serais fait saigner à Francfort, comme c'était mon projet, si je l'avais pu sans me trop arrêter ; mais n'y pouvant rester à cause des affaires pressées qui m'appelaient ailleurs, on ne m'a pas conseillé d'ouvrir ma veine en courant.

Et voyez comme tout est pour le mieux. Si j'avais affaibli ce jour-là mon corps par la saignée dans une ville impériale, où aurais-je pris l'audace et l'ardeur fiévreuse qui m'ont tiré d'affaire le lendemain dans une forêt de sapins ? Réellement, mon ami, je deviendrai planglossiste : je sens que tout m'y porte. Si l'optimisme est une chimère, il faut avouer qu'il n'en est pas de plus consolante et de plus gaie. Je m'y tiens.

Vous entendez bien que je n'écris point ces

horribles détails aux femmes qui prennent à moi quelque intérêt; outre qu'il est trop long, telle d'entre elle mourrait de frayeur avant la troisième page; et peut-être ne vous l'aurais-je pas écrit à vous-même, si je n'avais craint tout ce que vos conjectures pourraient avoir de funeste en voyant dans quelque gazette étrangère :

« Les lettres de Nuremberg portent que des
» voleurs, qui avaient détroussé le chariot de
» poste, il y a quelques jours, ont arrêté, le 14
» août, un gentilhomme français nommé M. de
» Ronac, et l'ont dangereusement blessé, quoi-
» qu'ils n'aient pu ni le voler ni le tuer. »

Allez donc, mon ami, dans tous les domiciles mâles et femelles de ma connaissance ; et, après avoir commencé par assurer que je suis bien en vie, lisez ce que vous voudrez de ma lettre, en accompagnant votre lecture de toutes le réflexions consolantes que mon bonheur doit vous suggérer.

Je puis être dans trois semaines à Paris (car je ne doute point que je n'y retourne encore); un étouffement ne tue pas un homme de ma vigueur. Pour mes blessures, je dis comme *le S. Germier*, la chair, la peau, tout cela revient gratis. Adieu, mon ami.

Quand vous me reverrez, vous direz tout comme les paysans des villes où je passe, et qui ont appris mon aventure par les postillons de Nuremberg, partis avant moi.

Ils s'attroupent autour de ma chaise, et mon laquais me traduit qu'ils disent : *Viens donc voir, voilà ce M. français qui a été tué dans le bois de Neuschtat.* Je ris, et ils ouvrent de grandes bouches d'admiration, de voir le M. tué qui rit. Mais je parle d'hier, car aujourd'hui je suis sur le Danube ; je n'offre plus rien à la curiosité des paysans.

J'ai excessivement à me louer de la compassion empressée de tout ce qui m'a vu à Nuremberg, et de la vivacité avec laquelle on s'est mis en quête des brigands. M. le baron de Loffelholz, bourguemestre de la ville ; M. de Welz, conseiller aulique, administrateur des postes ; M. Charles de Felzer, officier des postes, fils d'un médecin de l'impératrice à Vienne ; sa femme ; M. le baron de Genski, polonais, et logé dans mon auberge ; l'honnête Conud-Gimberd, mon aubergiste, et sa famille : je nomme tous ces honnêtes gens avec joie, toujours ravi quand je rencontre quelque part les hommes ainsi qu'ils devraient être partout. J'écrivais un jour d'Ostende à M. le prince de Conty, en lui fesant le détail de tout ce qui me frappait dans ce port, que si je m'étais un peu brouillé avec les hommes à la barre du parlement de Paris, je m'étais bien raccommodé avec eux à la barre du port d'Ostende. Ici c'est la même chose pour moi : j'ai repris pour les hommes à Nuremberg, l'amour qui m'avait un peu quitté à Neuschtat.

Bonjour, mon ami. Quoique j'aie haché cette lettre à dix reprises, ce qui ne la fera pas briller par la composition, je suis las d'écrire, las d'être assis, las d'être malade, las d'être en route, et réellement un peu bien las de voir sans cesse ma chère paresse contrariée et gourmandée par une succession rapide d'événements si actifs qu'ils m'en font perdre haleine. Il y a long-temps que tous mes amis ont dit avec moi que quand j'aurais rattrapé ma tranquillité, j'aurais bien gagné le repos après lequel je cours. Où diable est-il donc fourré? Je l'ignore. Enfin, las d'être tourmenté, je pourrai bien quelque jour jeter mon bonnet en l'air de tous les incidents de la vie, et dire aux autres : en voilà assez pour moi, tâchez de mieux faire, et c'est ce que je vous souhaite. Bonjour, mon ami.

LETTRE IX.

A M. GUDIN.

Dans mon bateau, le 16 août 1774.

Prenez votre carte d'Allemagne, mon cher bon ami ; parcourez le Danube, de la forêt Noire à l'Euxin, plus bas que Ratisbonne, après même la réunion de l'Inn au Danube à Passaw, en descendant vers Lintz où commence à-peu-près l'archiduché d'Autriche : voyez-vous sur le fleuve, entre deux hautes montagnes qui le resserrent et le rendent plus rapide, une frêle barque à six rameurs, sur laquelle une chaise embarquée contient un homme, la tête et la main gauche enveloppées de linges sanglants, qui écrit, malgré une pluie disuviale et un étouffement intérieur, tout-à-fait incommode, mais un peu diminué ce matin par le rejettement de quelques caillots de sang qui l'ont fort soulagé? *ecce homo.* Encore deux ou trois expectorations de ce genre ; encore quelques efforts de la nature bienfesante qui travaille de toutes ses forces à repousser l'ennemi intérieur, et je pourrai compter sur quelque chose. En vous parlant ainsi, je vous suppose instruit, cher ami, par R***, à qui j'ai écrit hier et envoyé ce matin le détail exact de mon accident ; je suppose encore que vous concevez que l'homme de la barque est votre pauvre ami, qui écrit difficilement à cause de l'ébranlement successif de chaque coup d'aviron. *Mais que faire en un gîte, à moins que l'on ne songe ?* dit notre ami La Fontaine, en nous contant l'histoire de son lièvre. Et moi je dis : que faire en une barque, à moins que l'on n'écrive ? On peut lire, répondrez-vous. Je le sais ; mais la lecture isole, et l'écriture console ; la réflexion est austère, et l'entretien est doux, avec son ami, bien entendu. Il faut donc que je vous dise ce qui m'occupe depuis deux jours.

J'ai réfléchi : je me suis convaincu qu'en tout le mal n'est jamais si grand que l'homme, exagérateur de sa nature, le représente ou le peint aux autres. J'ai éprouvé maintenant, tant au moral qu'au physique, à-peu-près les plus grands maux qui puissent atteindre un homme. C'est un spectacle sans doute bien effrayant pour vous, que votre ami renversé par des brigands, et frappé d'un poignard meurtrier : mais réellement, mon ami, croyez-moi, au moment qu'il arrive, c'est assez peu de chose que ce mal. Occupé de la défense, et même de rendre à l'ennemi tout le mal qu'il me fesait, je vous jure que ce qui m'affectait le moins alors était la douleur physique; à peine la sentais-je; et la colère était bien sûrement mon affection dominante. La frayeur, qui n'est qu'un mauvais et faux aspect de l'état des choses, est ce qui tue l'ame et rend le corps débile. L'événement aperçu sous son vrai point de vue, au contraire, exalte l'une et renforce l'autre. Un homme ose m'attaquer, il ose troubler la tranquillité de ma marche, c'est un insolent qu'il faut punir : il en arrive un autre, il importe alors de changer l'offensive en défensive : il y a bien là de quoi occuper l'ame toute entière. Si, dans ce débat violent, l'un des deux me perce, et que je succombe, alors, mon ami, l'excès du mal même fait cesser le mal; et tout cela est bien prompt. Personne ne sait mieux que moi qu'un homme d'honneur, attaqué, est plus fort que deux lâches assassins, à qui l'aspect du courage resserre le cœur et fait trembler le bras; car, ils savent bien que toutes les chances sont contre eux. D'ailleurs, un grand bien dans le mal est l'improviste. On n'a pas le temps d'avoir peur quand le danger surprend : voilà souvent d'où naît la force d'un poltron révolté. Si vous y ajoutez l'impossibilité absolue de se sauver par la fuite, le plus lâche des hommes peut à l'instant en devenir le plus brave. Héroïsme à part, je vous peins la nature telle qu'elle est. Nous reprendrons ceci dans un moment, car je suis au port de Lintz. Deux pâtres y sont descendus avec deux clarinettes dont ils jouent fort bien; et l'espoir de quelques *cruitches*, d'un demi-florin, les fait tenir auprès de mon bateau malgré la pluie. Vous connaissez mon goût pour la musique, me voilà tout gai : il me semble, en général, que mon ame s'affecte plus vivement du bien que du mal; et j'en sais la raison : le dernier mettant les nerfs dans un tiraillement convulsif, dans une tension surnaturelle, détruit leur souplesse et cette douce mollesse qui les rend si sensibles au chatouillement du plaisir : on s'arme contre le mal; en s'irritant on le sent moins : au lieu qu'on se livre à la volupté, on lui prête, en cédant, une force qui est moins en elle que dans l'agréable faiblesse où l'on tombe avec tant de plaisir.

Maintenant que j'ai donné le demi-florin, entendez-vous deux cors qui se joignent aux clarinettes ? Réellement ils jouent à faire le plus grand plaisir : et dans ce moment-ci je suis à mille lieues des voleurs, des poignards, des forêts, des parlements; en un mot, de tous les méchants, qui sont bien plus malheureux que moi, qu'ils ont tant persécuté; car ils avaient tort.

Autre persécution ! On vient me visiter et voir si je n'ai rien non seulement dans ma valise, mais même dans mon porte-feuille, contre les ordres de l'impératrice. Le plus plaisant est que ceux qui visitent mes papiers, n'entendent pas le français : vous jugez quelle belle inquisition cela doit faire ! Encore un florin, voilà à quoi cela aboutit, et à de grands hélas ! Il est clair que je voyage dans un pays civilisé ; car partout on me plaint et l'on me demande de l'argent..... Je suis reparti ; la pluie a cessé. Du sommet à la base des montagnes, les différentes nuances des sapins obscurs, des ormes moins foncés et de la douce verdure des prés, ce beau canal qui m'entraîne au milieu de deux croupes élevées, dont la culture a relégué les forêts à la cime, font un spectacle ravissant ; et si je n'étouffais pas (ce que je tâche d'oublier), j'en jouirais bien dans toute la pureté d'une si douce situation. Que nos peintres viennent nous dire que la nature offre toujours à l'œil trois plans, qui sont le principe de l'art optique de leurs tableaux ; moi je leur soutiens que j'en vois quatre à cinq mille, tous dégradant à l'infini : je n'ai pourtant pas l'œil aussi exercé qu'eux sur ces différences.

Mon Dieu, que je souffre ! Figurez-vous qu'un chatouillement affadissant me monte au cœur et me fait tousser pour détacher quelques flegmes sanguinolents. L'effort de la toux sépare les lèvres de la blessure de mon menton, qui saigne et me fait grand mal.

Mais, que les hommes sont diaboliques! Mettre la vie d'un autre homme en mesure avec quelques ducats! car voilà tout ce que ces gens voulaient de moi. Si l'on osait, dans ces occasions, faire un traité de bonne foi, l'on pourrait dire aux brigands : « Messieurs, vous faites un métier si » dangereux, qu'il faut bien qu'il vous profite. A » combien évaluez-vous le risque de la corde ou » de la roue, dans votre commerce ? De mon » côté, je dois évaluer celui d'un coup de poignard » dans votre rencontre. » On pourrait ainsi former un tarif suivant le temps, les lieux et les personnes.

N'admirez-vous pas, mon ami, combien je me laisse aller au vague de mes idées? Je ne me donne la peine ni de les trier, ni de les soigner; cela me fatiguerait, et je ne vous écris que pour faire diversion à mes souffrances, qui sont en vérité plus grandes qu'il ne convient souvent à mon courage. Cependant, je ne suis pas aussi à plaindre que vous pourriez le penser; je suis vivant quand je devrais être mort : voilà un puissant contrepoids à la violence du mal. Si j'étais bien certain que le bonheur de penser restât au moins à qui la mort enlève celui de sentir, j'avoue que j'aimerais mieux être mort que de souffrir comme je fais, tant je hais la douleur. Mais imaginer que la mort peut nous tout ôter, ma foi il n'y a pas moyen de la prendre à gré! Il vaut mieux vivre en souffrant que de ne plus souffrir en cessant d'exister.

Lorsque les plus horribles pronostics fesaient frémir mes amis, la veille de ce fatal jugement à Paris, alors je voyais les choses différemment. Cesser d'être me paraissait préférable à ce qui me menaçait, et ma tranquillité ne se fondait que sur la certitude d'échapper à tout, en ouvrant cette poitrine que je vois avec tant de joie aujourd'hui sauvée aux dépens de ma boîte à papiers, de mon visage et de ma main gauche. Tout calculé, je crois que pour l'homme isolé, le mal physique est le plus grand qui puisse l'assaillir; mais que pour l'homme en société, le mal moral a quelque chose encore de plus poignant.

Vous souvenez-vous, lorsque vous veniez me consoler dans ce beau château (*), bien plus beau que celui du baron westphalien, car il avait triples portes et fenêtres grillées, je vous disais :
« Mon ami, si la goutte m'avait saisi au pied, je
» serais dans une chambre, attaché sur un fau-
» teuil, sans murmurer. Un ordre du ministre
» vaut au moins la goutte, et la fatalité reconnue,
» est le premier consolateur dans tous les maux. »
Aujourd'hui je pense que s'il m'eût pris quelques-unes de ces enragées fluxions qui produisent des

---

(*) Le Fort-l'Evêque.

tumeurs sur lesquelles le bistouri seul a de l'autorité, après avoir souffert long-temps, le tour du bistouri serait venu : possible on m'aurait crevé le menton et la joue ; et je serais comme je suis, à la longue douleur près, que j'ai esquivée : il y a donc de plus grands maux que d'être mal assassiné. J'ai certes grand mal à ma main gauche ; je souffre, mais je suis calme, au lieu que mon assassin n'a pas un florin de ma dépouille ; je lui crois les reins diablement offensés, il a la mâchoire brisée, et on le cherche pour le rouer. Il vaut donc mieux encore être volé que voleur ; et puis, mon ami, comptez-vous pour rien (mais ceci je vous le dis tout bas, tout bas), comptez-vous pour rien la joie secrète d'avoir bien fait mon devoir d'homme exercé à l'attente du mal ? d'avoir recueilli le fruit du travail de toute ma vie, et d'être certain que je n'ai pas adopté un mauvais principe, en posant pour fondement de ma doctrine, que c'est sur soi qu'il faut exercer sa force, et non sur les événements qui se combinent de mille manières que l'on ne peut prévoir ? Réellement, à l'exception d'avoir jeté le couteau, ce qui était mal vu, je crois en cette occasion suprême avoir mis à exécution toute la théorie de force et de tranquillité dont j'ai tâché toute ma vie de m'armer contre les maux que je ne puis prévenir. S'il y a un peu d'orgueil dans cette idée, je vous jure, mon ami, qu'il est au moins sans enflure et sans une sotte vanité à laquelle je me crois supérieur aujourd'hui.

Mettons tout au pis. A la rigueur, je peux mourir de cet étouffement ; il peut se former un dépôt dans l'estomac, parce qu'il est né de quelque violente commotion dans le fort du débat. Mais, suis-je donc insatiable ? Quelle carrière est plus pleine que la mienne dans le mal et dans le bien? Si le temps se mesure par les événements qui le remplissent, j'ai vécu deux cents ans. Je ne suis pas las de la vie ; mais je puis en laisser la jouissance à d'autres sans désespoir. J'ai aimé les femmes avec passion, cette sensibilité a été la source des plus grandes délices. Forcé de vivre au milieu des hommes, cette nécessité m'a causé des maux sans nombre. Mais si l'on me demandait lequel a prévalu chez moi, du bien ou du mal, je dirais, sans hésiter, que c'est le premier ; et certes, le moment n'est pas heureux pour agiter la question de cette préférence ; cependant je n'hésite pas.

Je me suis bien étudié tout le temps qu'a duré l'acte tragique du bois de Neuschtat ou Airschtad. A l'arrivée du premier brigand, j'ai senti battre mon cœur avec force. Sitôt que j'ai eu mis le premier sapin devant moi, il m'a pris comme un mouvement de joie, de gaieté même, de voir la mine embarrassée de mon voleur. Au second sapin que j'ai tourné, me voyant presque dans ma route, je me suis trouvé si insolent, que si j'avais eu une troisième main, je lui aurais montré ma bourse comme le prix de sa valeur, s'il était assez osé pour la venir chercher. En voyant accourir le second bandit, un froid subit a concentré mes forces, et je crois bien que j'ai plus pensé dans le court espace de cet instant, qu'on ne le fait ordinairement en une demi-heure. Tout ce que j'ai senti, vu, prévu, agité, exécuté en un quart de minute, ne se conçoit pas. Réellement les hommes n'ont pas une idée juste de leurs vraies facultés, ou bien il en naît de surnaturelles dans les instants pressants. Mais quand mon misérable pistolet a raté sur le premier voleur, ah ! mon cœur s'est comme roulé sur lui-même pour se faire petit; il sentait d'avance le coup qu'il allait recevoir : je crois que ce mouvement peut être justement appelé frayeur, mais c'est le seul que j'aie éprouvé; car, lorsque renversé, frappé, manqué, je me suis vu vivant, il m'a monté au cœur un feu, une force, une audace supérieurs. Sur mon Dieu, je me suis vu vainqueur, et tout ce que j'ai fait de là en avant n'a plus été que l'effet d'une exaltation fumeuse qui m'a tellement masqué le danger, qu'il était absolument nul pour moi. A peine ai-je senti couper ma main; j'étais féroce, et plus avide du sang de mon adversaire, qu'il ne l'avait été de mon argent. C'était un délice pour moi de sentir que j'allais le tuer. La fuite de son camarade a pu seule lui sauver la vie ; mais la diminution du péril m'a bientôt rendu à moi-même, et j'ai senti toute l'horreur de l'action que j'allais commettre, sitôt que j'ai vu que je la pouvais commettre impunément. Lorsque je réfléchis que mon second mouvement a été de le blesser au moins, je juge que je n'étais pas encore de sang-froid ; car cette seconde idée me semble mille fois plus atroce que la première. Mais, mon ami, l'inspiration à jamais glorieuse à mes yeux, est la noble audace avec laquelle j'ai pu changer le lâche projet de tuer un homme sans défense, en celui d'en faire mon prisonnier ; si j'en suis un peu vain dans ce moment-ci, je l'étais mille fois davantage dans ce moment-là. C'est dans la première joie de me trouver si supérieur au ressentiment personnel, que j'ai jeté au loin le couteau ; car j'ai infiniment regretté d'avoir blessé cet homme aux reins en coupant sa ceinture, quoique je ne l'eusse fait que par maladresse. Il entrait aussi dans tout cela, je ne sais quel orgueil, de l'honneur qu'allait me faire à Nuremberg l'arrivée d'un homme outrageusement blessé, livrant à la vindicte publique un de ses agresseurs garrotté. Ce n'est pas là ce qu'il y a de plus vraiment noble dans mon affaire ; mais il faut être de bon compte, je ne valais pas mieux que cela alors. Et je crois bien que c'est la rage de voir ce triomphe insensé m'échapper, qui m'a fait brutalement casser la mâchoire à ce malheureux, lorsque ses camarades sont accourus pour me l'arracher; car il n'y a pas le sens commun à cette action : ce n'est là qu'un dépit d'enfant, qu'un jeu de la plus misérable vanité. Tout le reste a été froid et physique.

Voilà, mon ami, mon aveu entier, et le plus franc que je puisse faire. Je me confesse à vous, mon cher Gudin, donnez-moi l'absolution.

Si tout ceci tournait mal, vous savez, mon ami, combien vous avez de gens à consoler : d'abord vous, car vous perdriez un homme qui vous aime bien; ensuite les femmes : pour les hommes, mon père excepté, ils ont en général beaucoup de forces contre ces sortes de pertes.

Mais si je rattrape ma santé, écoutez donc, mon ami, je ne vous dis pas alors de brûler cette lettre, je vous ordonne de me la remettre : on ne laisse pas traîner son examen de conscience; et vous sentez bien que si je me mets sur le ton de vomir, comme je l'ai fait ce matin, le sang caillé qui me suffoque, faute de se digérer dans mon estomac, cet horrible aliment une fois expulsé, je suis sur mes pieds.

Adieu ; je suis las d'écrire, et même de penser. Je vais me mettre à végéter, si je puis ; cela vaut mieux pour des blessures que d'écrire, quelque vaguement qu'on laisse aller sa plume. Sachez cependant, mon ami, que je n'ai plus d'autre affaire que celle de me rétablir. J'ai terminé à ma satisfaction tous les objets de mon voyage. Il n'y a pas à me répondre, car j'arrêterai maintenant le moins que je pourrai. Puissé-je vous embrasser encore une fois joyeusement !

Le 16 au soir.

Mon bon ami, tant qu'on ne trouve point de poste, et qu'il reste du papier, la lettre n'est point finie. J'ai dormi et rêvé qu'on m'assassinait. Je me suis réveillé dans une crise mortelle. Mais que c'est une chose agréable que de vomir de gros et longs caillots de sang dans le Danube ! Combien la sueur chaude qui mouillait mon visage glacé est appaisée ! Comme je respire librement ! Forcé d'essuyer mes yeux, dont l'effort a exprimé quelques larmes, comme ma vision est nette ! Les montagnes les plus hérissées sont couvertes de vignes des deux côtés du fleuve. Tout ce que je vois est un tour de force en culture. La pente est si roide, qu'il a fallu tailler les montagnes en escalier, et flanquer chaque gradin d'un petit mur pour empêcher l'éboulement des terres. C'est le travail de l'homme qui boira le vin ; mais la vigne, qui ne boira rien, si vous voyiez comme elle suce de toute sa force le suc pierreux et vitriolique des rochers presque nuds sur lesquels elle s'accroche, vous diriez comme moi : Chacun fait ici de son mieux. Dans ce lieu même, le fleuve est si serré, qu'il bouillonne, et le flot me rappelle en petit notre passage de Boulogne à Douvres, où nous fûmes si malades. Je l'étais pourtant moins qu'aujourd'hui, quoique je souffrisse davantage : mais j'ai bonne espérance. Tous ces vomissements vident le sac, et la succession d'une souffrance aiguë à un soulagement parfait n'est point le pire état que doive craindre un ressuscité ; il est même raisonnable de faire encore aller le bien pour le mal ; d'ailleurs, je cours au-devant du soulagement. Encore vingt-cinq lieues d'Allemagne, c'est-à-dire trente-sept de France, et je serai dans un bon lit à Vienne, où je vais faire le monsieur au moins huit bons jours avant de me remettre en route. Comme j'y trouverai des médecins, j'y trouverai probablement des saignées : c'est-là le premier point de leur science.

Je sens bien que j'approche d'une grande capitale : la culture, la navigation, les chapelles, les forts, tout m'annonce que nous arrivons. Les hommes augmentent à vue d'œil ; ils vont se presser, et enfin seront accumulés au terme de mon voyage; c'est au terme de mon éloignement que je veux dire, car j'aurai bien quatre cents lieues à faire pour revenir embrasser mes chers amis, à qui j'espère que vous ferez part des nouvelles que je vous donne. Ne pouvant écrire à tout le monde à la fois, j'adresserai tantôt à l'un, tantôt à l'autre ce que je pourrai rédiger; et il faut bien que tout cela fasse un corps entre vos mains, car pour moi je ne recommencerai pas à celui-ci ce que j'aurai dit à celui-là. Tant que j'ai eu la tête pleine d'affaires, au diable l'instant que j'avais pour écrire; mais depuis que tout est fini, je redeviens moi-même, et je radote volontiers.

Bonjour, cher ami; voilà mon cœur qui s'engage de nouveau : tant mieux; je vomirai. Sans cette vilaine oppression, je ne serais que blessé, au lieu que je suis malade. Il faut absolument cesser d'écrire.

Du 20, à midi.

Me voilà descendu à Vienne. Je souffre beaucoup; mais c'est moins un étouffement qu'une douleur aigre : je crois que c'est bon signe. Je vais me coucher; il y a bien long-temps que cela ne m'est arrivé.

LETTRE X.

A M. de Sartine.

Paris, 14 novembre 1774.

Laissant à part toute espèce de protocole et de préambule, je vais vous dire tout l'effet qu'a produit le grand événement d'avant-hier.

Jamais sensation n'a été plus vive, plus forte ni plus universelle. Le peuple français était devenu fou d'enthousiasme, et je n'en suis point surpris.

Il est inoui qu'un roi de vingt ans, auquel on peut supposer un grand amour pour son autorité naissante, ait assez aimé son peuple pour se porter à lui donner satisfaction sur un objet aussi essentiel.

On ne sait pas encore les conditions de l'édit; mais on sait que le fond des choses est bon, que le principe fondamental est rétabli; et cela suffit, quant à présent, aux bons esprits, pour être pénétrés de reconnaissance et de joie.

Ce qui étonne le plus, est la profonde discrétion avec laquelle le roi a conduit à fin son ouvrage : et ce qui ferait simplement honneur à des ministres expérimentés, élève le cœur des Français aux plus hautes espérances, sur le caractère d'un jeune prince capable de vouloir aussi fermement le bien, et de se contenir au point qu'un secret de cette importance ne lui soit point échappé avant l'exécution. En mon particulier, cela me donne la plus grande opinion de la tête et du cœur du roi.

On croit que vous aurez de fortes représentations relativement à la cour plénière et autres objets.

En effet, il me semble qu'il pourrait sortir un édit enregistré au parlement, qui décidât que la forfaiture serait encourue par le seul fait de la cessation du service. L'autorité du roi ne perdrait rien à cette forme, et le parlement, ayant donné par l'enregistrement la sanction légale à cet édit, se serait jugé d'avance lui-même, et ne pourrait se plaindre, qu'étant la cour des pairs, on lui donne un tribunal supérieur à lui; ce qui, en bonne logique, est assez difficile à concevoir. Mais ceci est trop long pour être traité par extrait.

D'ailleurs, mon avis est que tout roi de France vertueux, est le plus puissant prince du monde. Les entraves de la forme n'étant instituées que contre les abus de l'autorité, ce mal n'arrive jamais sous les princes qui veulent sincèrement le bien et s'occupent sérieusement de leurs affaires.

Toute la faction des évêques, prêtres et clergé, est furieuse de sentir que le roi leur échappe ; mais il vaut mieux qu'ils murmurent d'un acte de justice et de bonté, qui montre un prince libre et maître de ses actions, que s'ils avaient changé sa mâle jeunesse en un esclavage saintement funeste au royaume.

La religion des rois est l'amour de l'ordre et de la justice. Tout ce qui tient au clergé jette feu et flamme. Les laisser dire est un petit mal, les laisser faire serait un des plus grands maux qui pussent affliger ce royaume. Le clergé est un corps en quelque sorte étranger dans l'État, et qui a toujours eu l'ambition de le dominer en s'emparant de la personne du prince. La France n'a eu de vraiment bons ou grands rois que ceux qui ont eu la force de secouer ce joug dangereux.

Quel que soit, Monsieur, l'effet de l'acte de justice et de vigueur du roi sur le cœur des Français, il n'est pas moins frappant sur les étrangers. Il n'y a pas un seul Anglais qui doute que les actions ne baissent à Londres, comme elles l'ont déjà fait à l'avénement du roi au trône. Le chagrin de nos ennemis est le thermomètre de la bonté de nos opérations. C'est là l'éloge le plus flatteur que le roi puisse recevoir.

En général le peuple anglais, calculateur et

juste appréciateur du mérite des hommes, a la plus haute opinion de ce règne.

Le courage du roi sur l'inoculation, sa sagesse et sa discrétion sur le rappel des parlements, donnent à tous les étrangers une grande idée du caractère de notre maître ; et il ne faut pas oublier que le jugement des nations rivales est toujours juste et rigoureux comme celui de la postérité.

Vous connaissez le respectueux attachement de votre très-dévoué serviteur

BEAUMARCHAIS.

LETTRE XI.

AU MÊME.

Paris, ce 25 novembre 1774.

Monsieur,

Puisque vous ne m'ordonnez pas de me taire, je juge que vous ne vous offensez point de la liberté de mes remarques. Je continuerai donc jusqu'au dédit. Ce qu'il y a de certain, c'est que quelque grand personnage souffle le feu; car je n'ai guère vu d'acharnement pareil. N'y aurait-il pas ici un peu du Daiguillon? Cela ressemble assez à sa manière de procéder. Il vous manquait d'être calomnié; vous n'avez plus rien à désirer, vous l'êtes, et vertement. Si c'est à ce prix qu'on doit être ministre, j'aime mieux que vous le soyez que moi.

Je vous ai promis de vous mander ce que pensent les princes : je soupe demain avec M. le duc de Chartres, mais je n'ai encore vu que M. le prince de Conti; comme c'est l'homme qui a montré dans toutes ces querelles le plus de caractère et le moins d'humeur, je vois à sa circonspection même qu'il a deviné le secret du ministère.

Voulez-vous que je vous le dise tout bas, ce secret? Mais c'est mon opinion que je vous donne, et non celle du prince : les églisiers vont partout rageant et criant, *qu'il n'y a plus en France qu'un parlement et point de roi.* Et moi je crois fermement, qu'*il n'y a plus en France qu'un roi et point de parlement.* MM. les ministres, rétablisseurs des libertés françaises, je ne vous donnerai pas les miennes à rétablir si je puis! Comme vous avez l'art de cacher le venin sous des phrases de miel! Au vrai, les gens qui étaient le plus opposés au retour du parlement, sont aujourd'hui ceux qui crient le plus fort contre vos édits.

Il paraît qu'on cherche à bien aigrir ce corps chancelant contre le jeune roi, pour semer de nouveaux troubles et en profiter; mais quoiqu'on soit très-affligé au palais, je vois que tous les esprits se tournent à la modération. Les prêtres disent seulement que le roi est un impie que Dieu punira, et vous autres, des monstres qu'on le forcera bientôt de chasser. J'en ris de bon cœur. Cela me rappelle un proverbe gaillard des écoliers : *Malédiction de* ....., disent-ils, *est oraison pour la santé.* Pardon ; mais la rage des méchants est sûrement pour les gens honnêtes, tout ce que renferme mon polisson de proverbe. Riez-en aussi, je vous prie.

Je vous envoie l'état de mes dépenses et recettes, tant du feu roi que de notre maître actuel. Depuis le mois de mars dernier, j'ai fait plus de dix-huit cents lieues ; c'est bien aller, je pense ! J'ai laissé mes affaires au pillage, j'ai couru des dangers de toute espèce ; j'ai été trompé, volé, assassiné, emprisonné, ma santé est détruite ; mais qu'est-ce que tout cela fait? Si le roi est content, faites qu'il me dise seulement : *Je suis content;* et je serai le plus content du monde. D'autre récompense, je n'en veux point; le roi n'est que trop entouré de demandeurs avides. Qu'il sache au moins qu'il a dans un coin de Paris un serviteur désintéressé, c'est toute mon ambition ; je compte sur vos bons offices pour cela.

J'espère encore que vous n'avez pas envie non plus que je reste le blâmé de ce vilain parlement que vous venez d'enterrer sous les décombres de son déshonneur. L'Europe entière m'a bien vengé de cet odieux et absurde jugement; mais cela ne suffit pas : il faut un arrêt qui détruise le prononcé de celui-là. J'y vais travailler, mais avec la modération d'un homme qui ne craint plus ni l'intrigue ni l'injustice. J'attends vos bons offices pour cet important objet.

Votre dévoué BEAUMARCHAIS.

LETTRE XII.

AU MÊME.

Paris, ce 26 novembre 1774.

Monsieur,

Je ne puis trop me hâter de vous supplier de me mettre aux pieds du roi, et de m'excuser auprès de sa majesté de l'étourderie que j'ai faite dans le compte que je vous ai envoyé hier. En le vérifiant ce matin, j'ai vu que je m'y étais trompé de deux cents louis à mon avantage. Le roi ne s'en fût peut-être pas aperçu; mais il est moins honteux pour moi d'avouer que je suis un étourdi, que de rester usurpateur de ces deux cents louis qui ne me sont pas dus.

En comptant mes courses, j'ai calculé, pour l'argent, des lieues comme si c'étaient des postes, ce qui m'a donné à l'article 16e du mémoire 500 louis au lieu de 300 qu'il faut seulement; ce que je vous supplie de vouloir bien rétablir, en retranchant 200 guinées de la somme additionnée au bas du mémoire, et de ne faire établir mon paiement que sur le pied de cette soustraction.

Le roi est trop volé de toute part pour que je veuille augmenter le nombre de ses serviteurs infidèles.

Votre très-dévoué Beaumarchais.

LETTRE XIII.

AU MÊME.

Ce dimanche matin, 11 décembre 1774.

Monsieur,

Vous vous êtes bien attendu que, recueillant tout ce qu'on pensait et disait à Paris sur l'assemblée des princes et pairs au parlement, je vous en ferais part aussitôt. Quoique ma porte soit fermée depuis deux jours, parce que je réponds à un gros mémoire du comte de La Blache qui vient de paraître contre moi, la curiosité de savoir ce que j'écris m'a amené bien du monde.

Je vois qu'en général on est étonné, affligé, et même effrayé de l'avis que Monsieur a ouvert au palais, contenant l'obéissance implicite, la plus servile et la plus silencieuse aux édits, sans qu'il y ait lieu, selon lui, de délibérer même sur ces édits, quoique les édits en laissent la liberté.

Mais l'affliction générale porte moins sur l'avis en lui-même, que sur l'inquiétude de savoir si cet avis tranchant vient de Monsieur, ou des ministres, ou, ce qui serait plus affligeant encore, du Roi lui-même, qui, jusqu'à présent, s'est fait connaître par tant de bienfesances et de bontés.

L'avis de M. le duc d'Orléans a, dit-on, été mou, inutile, et comme nul.

Celui qui a prévalu, motivé fortement, plein de respect pour le roi, d'amour pour le bien public, fort sage et tendant à la paix, à la conciliation des esprits, a fait d'autant plus de plaisir, qu'il a été ouvert par M. le prince de Conti, dont beaucoup de gens affectaient de craindre la chaleur, la franchise et la fermeté gauloises.

En mon particulier, je suis fort aise que l'affaire se traite devant les princes, frères du roi. D'aussi grands intérêts ne peuvent avoir des opinants trop illustres; et les petites cabales qui prévalent souvent dans des comités particuliers, dans des examens de commissaires, s'évanouissent toujours dans une assemblée auguste, où chacun, forcé de se respecter, respecte au moins l'opinion publique.

L'archevêque a été hué en entrant et en sortant du palais. Je n'en suis pas surpris : il court des bruits de refus d'absolutions, de sacrements, qui semblent dévoiler l'intention de fomenter de nouveaux troubles. Mais le parlement est résolu de ne donner dans aucuns de ces piéges, et de toujours recourir au roi pour savoir ses volontés, à chaque nouvelle qu'il recevra d'une hostilité ecclésiastique ou jésuitique.

Un barnabite, avant-hier, vit arriver à son confessionnal une femme inconnue qui lui dit : Je viens à vous, parce que mon confesseur, vicaire de telle paroisse, en m'ouvrant sa grille ce matin, m'a demandé pour première question : Vous êtes-vous bien réjouie, madame, du retour du parlement? — Oui, mon père, comme tous les bons Français. — Je ne puis pas vous entendre, a été la réponse du prêtre qui m'a refermé sa grille au nez.

Toutes ces choses montrent une fermentation excessive et dangereuse dans le corps du clergé relativement à la besogne actuelle.

Votre dévoué Beaumarchais.

LETTRE XIV.

A M. DE MIROMÉNIL, Garde-des-sceaux.

De la loge de votre suisse, ce 15 novembre 1775.

Monseigneur,

Je me suis échappé de mon lit malgré la fièvre et le médecin, pour venir vous dire me voilà. Peu de temps après que je fus tombé de l'état de citoyen, vous êtes monté à celui de Garde-des-sceaux. Mais la même justice qui vous a tiré de l'infortune, doit être employée aujourd'hui dans vos mains à me rendre au droit que j'avais de revenir contre un arrêt si ridicule, qu'on ne sait quel nom lui donner.

J'ignore, Monseigneur, vu les affaires, les procès et la fièvre, si je partirai pour Londres, pour Aix, ou pour l'autre monde : tout ce que je sais, c'est que j'ai bien peu de temps à rester à Paris. Le roi, touché du tort moral que fait à mon existence le retard de ces terribles lettres de relief, après lesquelles je cours depuis si long-temps, a bien voulu que vous sussiez enfin que, si j'ai perdu le temps de me pourvoir dans les six mois prescrits par la loi, c'est que j'étais hors de France par les ordres exprès de S. M.

Mon affaire n'étant point d'audience, et ne devant vous occuper que l'instant de raisonner avec M. Dablois, mon rapporteur, sur les moyens d'arranger la justice du fond avec ce que les formes ont d'épineux, je vous supplie, Monseigneur, de vouloir bien me donner un ordre précis pour me rendre chez vous. Je sortirai une autre fois de mon lit et je viendrai, avec une reconnaissance anticipée, vous assurer du très-profond respect avec lequel je suis,

MONSEIGNEUR,

Votre, etc.

LETTRE XV.

AU MINISTRE DE LA MARINE,

M. DE SARTINES.

Pour vous seul.

Londres, ce 14 janvier 1776.

JE profite du courrier que j'envoie à M. de Vergennes, pour vous prévenir que si mes lumières acquises ne me trompent pas aujourd'hui, tout cela a des branches qui vont si haut, qu'il y a peut-être autant de danger d'agir d'un côté qu'il y a d'inconvénients à laisser faire de l'autre.

Cette réflexion de profonde politique est pour vous seul. Je prendrai de telles précautions, que toute idée relative à vous sera écartée à mille lieues, et même, s'il est possible, toutes celles relatives à moi et aux soins que je me donne. Au reste, si vous n'aviez pas fait approuver l'arrangement de précaution que je viens d'établir pour l'avenir, je ne voudrais pour rien au monde me mêler davantage de cette besogne : ceci me paraît être l'arbre et l'écorce de Platon, entre lesquels l'homme prudent ne doit pas mettre le doigt.

Allez dans vos idées aussi loin que vous voudrez,

sans craindre d'aller trop loin, et vous approcherez du but.

Au fait, en vérité l'on ne veut que brouiller et profiter de la division pour s'emparer du roi; alors vous seriez certainement perdu. Voilà ce qui a rapport à vous et me touche infiniment. Quant à moi, je ne suis rien ; mais je m'arrange pour que l'avenir ne soit plus sur mon compte aux yeux des mécontents. Pour le passé, il n'est pas en mon pouvoir d'empêcher les ressentiments qu'on me garde, ce sera au roi à m'en garantir; et, en vérité, c'est la moindre chose qui me soit due.

En voilà assez pour cet objet ; ne faites pas perdre un instant à mon courrier. M. de Vergennes vous communiquera sans doute ma grande dépêche ministérielle.

LETTRE XVI.

Envoyée le 19 septembre 1777.

AU MINISTRE DE LA MARINE.

Monsieur,

En vous répondant sur le triste désarmement projeté de mon vaisseau de Rochefort, je ne veux ni ne dois rien vous dissimuler, puisque dans cette affaire il s'agit autant des intérêts de l'État que des miens.

Lord Stormont s'est plaint, dit-on, qu'un vaisseau que le roi vient de vendre est destiné pour les Américains. D'où le sait-il? Quelques rapprochements hasardés le lui font seulement présumer. Mais le comble de l'audace n'est-il pas d'oser l'affirmer aux ministres du roi, qui savent tous, par mon aveu secret, que jamais ce vaisseau ne fut destiné pour les Américains; qu'il est plutôt armé contre eux, puisque je le destine à m'aller chercher promptement et d'autorité des retours que l'indolence ou la pénurie de mes débiteurs me retiennent trop long-temps? Voici le fait, Monsieur, et comment j'ai raisonné.

L'Amérique aujourd'hui me doit cinq millions. Par mes derniers essais, je vois que les seuls retours qui puissent me convenir en ce moment sont *le tabac*. Or, un navire ordinaire ne peut m'en rapporter au plus que trois cents boucauts, lesquels, tous frais d'armement et désarmement prélevés, me rendraient à peine, en France, cent cinquante mille livres. D'après ce calcul exact, pour parvenir à recouvrer ici la somme de cinq millions en tabac, je devrais armer trente-deux vaisseaux, courir trente-deux fois le danger d'être pris en allant, autant en revenant, et perdre au moins trois ans d'attente, sans compter les mille et une contradictions que j'éprouverais en fesant ces trente-deux périlleux armements.

Il m'a donc fallu chercher un autre moyen de remplir honorablement mes vues. Trop d'ennemis, Monsieur, vous le savez, sont conjurés à ma ruine pour que je n'épuise pas tous les moyens permis d'en sortir à mon honneur; car si le succès attire l'envie, le succès seul peut aussi l'altérer : c'est ce que je tente aujourd'hui en armant un vaisseau de mille tonneaux, avec lequel je dois, en un voyage, aller chercher et rapporter le cinquième et peut-être le tiers de ce qui m'est dû, sans craindre qu'il soit pris en route, car ce navire est un bon porte-respect. Or, s'il convient aux vues pacifiques du gouvernement qu'aucun vaisseau français ne cherche noise à personne, ce même intérêt n'exige-t-il pas aussi que les plus importants vaisseaux de son commerce aient si bonne mine, que tout brutal Anglais y regarde à quatre fois avant d'oser les insulter?

Quant à mes travaux, à mes précautions, les voici. Déjà mon subrécargue est parti pour aller acheter et faire amonceler au port de *Williamsbourg* ou d'*Annapolis*, dans la baie de *Chezapeach*, autant de tabac que mes vaisseaux en pourront contenir; déjà l'ordre est donné au *Cap-Français* de ne laisser partir aucun de mes navires qui y sont ou y arriveront, mais d'y attendre mon vaisseau de *Rochefort* pour charger ensemble et en être convoyés au retour; car, depuis la perte de la *Seine*, ils m'ont encore pris l'*Anna*, parti de *Saint-Domingue*, et l'ont conduit à la *Jamaïque*. Si je ne m'en suis pas plaint, c'est que j'ai trouvé tout le monde ici peu consolant sur mes chagrins.

Déjà le rendez-vous de tous mes vaisseaux, notamment du dernier parti de *Marseille*, et le point de ralliement de ceux qui sont à *Charles-Town* ou dans le nord-est, est fixé à cette même baie de *Chezapeach*. A l'instant où la mer cessera d'être tenable aux croiseurs anglais, mon vaisseau de

Rochefort y entrera pour convoyer tous mes navires et m'en rapporter les cargaisons. Or, me laisser suivre un plan aussi savamment combiné depuis six mois, ou le déranger d'un coup de plume, est la différence de ma ruine entière à mon succès le plus brillant.

Si mon vaisseau reste au port, où trouverai-je des secours pour en équiper d'autres? Qui me rendra dix mille louis que celui-ci me coûte? Qui me remboursera de l'achat et des transports des ballots que j'y ai ramenés de tous les pays pour faire son chargement? Qui me rendra les quinze mille louis que je paye aujourd'hui pour quinze mille fusils que je viens d'envoyer? et les frais de mon dernier armement? et mes achats de *Virginie*, qui s'y gâteront sur les ports faute de les avoir enlevés à temps? et mes faibles vaisseaux, qui seront pris au retour, parce que, comptant leur donner un formidable convoyeur, j'ai négligé de les mettre en état de défense? Un million, Monsieur, oui, un million ne pourrait pas réparer un tel désordre, comme je vous l'écrivis la semaine passée. Est-ce le lord Stormont qui me payera ce dédommagement?

Vous voyez bien qu'en tout ceci les Américains ne sont pour rien; mais moi, qui ne puis envoyer de contre-ordre nulle part, j'y suis tellement pour tout, que si vous arrêtez mon vaisseau, je me vois sur-le-champ ruiné, déshonoré, bon seulement à pendre ou à noyer : je donne le choix pour une épingle.

Après vous avoir parlé sans déguisement, comme chargé d'affaires secrètes, je dois, en ma qualité de négociant français, assurer les ministres du roi qu'avant de faire sortir mon vaisseau de *Rochefort*, ses armateurs connus feront leur soumission, si on l'exige, de rentrer sous six mois dans les ports de France, avec des marchandises bien et dûment expédiées de Saint-Domingue, auquel endroit ce vaisseau va porter les troupes qu'on leur a promises. Les rapports secrets de cette opération de haut commerce avec la politique sont si masqués, Monsieur, qu'on peut bien les regarder comme nuls, et n'avoir aucun égard aux fausses alarmes du plus indiscret des ambassadeurs. De plus, les armateurs s'engageront à se tenir tellement sur la réserve, que si dans les traversées ce navire était obligé d'en venir à bien rosser ceux qui voudraient l'insulter, il le fera si légalement, que ses armateurs se croiront encore le droit de vous demander vengeance, en arrivant, de l'insulte qu'ils auront reçue.

Pareille promesse, un pareil engagement suffit, je crois, pour rassurer le ministère de France, et surtout pour bâillonner l'ambassadeur d'Angleterre.

Maintenant, si les ministres du roi voulaient bien réfléchir qu'il est (tranchons le mot) honteux pour la France que la ferme royale du tabac soit obligée de le payer jusqu'à 120 liv. le quintal, d'en manquer même, pendant que l'Amérique en regorge; et que si la guerre anglaise dure encore deux ans, le roi, pour avoir eu l'honnêteté d'y rester neutre, est dans le cas de voir les trente-deux millions du revenu de sa ferme du tabac compromis, parce qu'il plaît aux Anglais, qui ne peuvent plus fournir cette denrée, de nous en interdire insolemment l'achat dans le seul pays du monde où sa culture est en vigueur; si, dis-je, les ministres du roi veulent bien y réfléchir, ils conviendront que cette insolente tutelle anglaise nous rejette à mille lieues des priviléges de la neutralité que nous affectons; et cela paraît si bizarre à tout le monde, qu'à Londres même, à Londres on plaisante hautement de notre mollesse à cet égard.

Peut-être serait-il à propos ici de mieux poser les droits de la neutralité qu'on ne l'a fait jusqu'à ce jour. Permettez-moi, Monsieur, cette courte digression; je la crois d'une importance extrême.

Milord *Abington*, l'un des hommes les plus éclairés d'Angleterre, vient de publier un ouvrage qu'il signe de son nom, et *qu'il scellerait*, dit-il, *de son sang avec la même alacrité*. Dans cet ouvrage, il établit fort bien que les Anglais, et non les Américains, sont les seuls vrais rebelles à la constitution commune; et c'est ce que je crois avoir prouvé moi-même sans réplique, il y a dix mois, à Paris, aux deux orateurs anglais *Fox* et *Litleton*, comme j'eus l'honneur de vous le dire alors.

Milord *Abington*, plus hardi que moi, finit son travail par proposer ouvertement à toute l'opposition de se retirer du parlement, en écrivant sur les registres, pour cause de leur *secession* (mot nouveau qu'il a fait exprès pour exprimer cette insurrection nationale), que le parlement et le prince ont de beaucoup passé leur pouvoir en cette guerre; que le parlement, uniquement composé des représentants du peuple anglais, n'a pas dû jouer la farce des valets-maîtres, et sacrifier les intérêts de ceux qui les emploient à l'ambition du prince ou de ses ministres; que dans le cas d'un pareil abus, le peuple a droit de retirer un pouvoir aussi mal administré; qu'à lui seul appartient la décision de la guerre d'Amérique, comme législateur suprême et premier fondateur de la constitution anglaise. En cet écrit, lord *Abington* ne ménage personne; mais venons à l'application qu'on en doit faire à notre état actuel.

Si, même en Angleterre, il n'est pas décidé lequel est rebelle à la constitution, de l'Anglais ou de l'Américain, à plus forte raison un prince étranger, comme le roi de France, indifférent et *neutre* en tout cela, peut-il bien ne pas se donner le soin de juger la question entre ces deux peuples, pas même de l'examiner. C'est aussi le terme auquel il se tient.

D'après ce principe d'indifférence et de neutralité, le roi de France a dû faire écrire aux chambres de son commerce, ainsi qu'il l'a fait par vous-même, Monsieur, *que ses ports étant ouverts à toutes les nations pour le commerce, les vaisseaux marchands de l'Amérique septentrionale continueront d'y être admis avec leurs cargaisons, et qu'ils pourront charger en retour des denrées dont la sortie est permise.*

Ainsi, par indifférence pour des querelles étrangères, vous avez justement ouvert vos ports aux vaisseaux américains comme *à ceux de toutes les nations*. Mais en s'attachant à ce principe incontestable, on ne peut s'empêcher de raisonner ainsi:

De même qu'il y aurait contradiction, quand la France ouvre ses ports aux vaisseaux anglais, danois, hollandais, suédois, etc., d'interdire aux négociants français la liberté d'aller commercer à Londres, à la Baltique, au Zuiderzée, etc.; de même, en recevant *les vaisseaux marchands américains sur le pied de toutes ces nations dans ses ports*, la France ne peut, sans contradiction, refuser aux armateurs français la liberté d'aller commercer à *Boston*, *Charles-Town*, *Williamsbourg* ou *Philadelphie*. Car tout ici doit être égal.

Tel est, Monsieur, le principe de la neutralité de la France, et telles sont les conséquences qu'elle en doit tirer relativement à son commerce ; tout ce qui s'en écarte est hors de discussion, et ne présenterait qu'un tissu de contradictions et d'absurdités.

Si, par respect pour vos traités, ou par égard pour vos voisins en guerre, vous voulez bien prohiber les armes et munitions des vaisseaux qui vont de vos ports en Amérique ; si vous faites plus, si vous permettez même aux Anglais d'être les précepteurs des négociants qu'ils prendront en faute à cet égard, il ne me convient point d'entrer dans les motifs de cette condescendance inimitable; mais le riz, le tabac et l'indigo ne sont point des munitions ni des armes. Par quelle étrange subversion de principes ose-t-on vous forcer de les confondre en une même prohibition avec elles? Et comment votre état de puissance libre et neutre, le besoin que vous avez de ces denrées, et le droit reconnu de les acheter partout où vous les trouvez à vendre, ne sont-ils pas l'unique réponse à toutes les objections de l'Angleterre contre les armements de vos négociants?

Je n'ose, en vérité, répéter ici tout ce qu'on débite à ce sujet à Londres ; ce qu'on y dit des prétendues dernières négociations de l'honnête *Parkerforth* en France, et ce qu'il en publie lui-même. Il faudrait rougir seulement d'y penser, si tout cela était vrai. Mais ces vains discours n'en existent pas moins, et leur misérable succès de Ticondérago qu'ils font sonner bien haut, les a tellement rendus insolents, qu'ils dédaignent aujourd'hui de mettre aucun mystère à leurs menaces, à leurs mépris pour nous. *Le moindre pas, disent-ils, que les Français feront vers les Américains, nous saurons bien les en punir par une guerre subite; mais ils n'oseront plus s'y jouer, ajoutent-ils, car nous le leur avons bel et bien fait signifier.* Voilà ce qu'on m'écrit de Londres ; aussi je me mange les bras quand on me parle de désarmer un vaisseau marchand qui n'a nulle munition de guerre, aucun rapport avec la politique, uniquement parce que les Anglais présument qu'il pourra bien aller chercher du tabac en Amérique. O France! où est ta dignité!

Que conclure de tout cela, Monsieur? Que le roi de France a le droit incontestable, en qualité de puissance neutre, de commercer librement d'Amérique en France et de France en Amérique; que recevoir les Américains dans nos ports, en renonçant au droit d'aller dans les leurs, serait tomber dans une contradiction puérile et ruineuse ; que si le roi se relâchait du droit d'acheter du tabac en Amérique, il courrait bientôt le risque de perdre sa meilleure ferme par une condescendance pour les Anglais, d'autant plus blâmable, qu'ils ne lui en sauront jamais nul gré ; que, pour éviter toute agitation future à l'égard de mon vaisseau marchand, ses armateurs connus se soumettront à rentrer dans six mois en France, avec des retours dûment expédiés du Cap-Français ; qu'enfin je serais ruiné de fond en comble, si, malgré mes raisons, on forçait le désarmement de ce vaisseau, lequel n'a jamais été destiné pour les Américains, quoiqu'en ait pensé l'ambassadeur anglais. Je n'ai plus rien à dire ; car je sais bien que le roi reste maître de tout, même de me réduire au désespoir, si ce que j'ai plaidé ne paraît à son conseil aussi élémentaire, aussi fortement posé, aussi bien prouvé qu'il me le semble ; et si malheureusement on n'aperçoit pas la connexion immédiate et secrète entre ce navire et les plus grands événements dont la politique actuelle puisse être occupée.

Je suis avec le plus profond respect,

Monsieur,

Votre très-humble et très-obéissant serviteur

Caron de Beaumarchais.

LETTRE XVII.

A M. Paulze.

Paris, ce 17 janvier 1779.

Une foule de lettres, Monsieur, que j'ai reçues de différents ports de l'Océan, m'engagent à faire encore une démarche auprès de vous, à répondre à votre dernière, qui n'exigeait point d'autre importunité de ma part. Mais les armateurs français, qui me font la justice et l'honneur de me regarder comme un de leurs plus zélés défenseurs auprès des ministres, s'adressent tous à moi, pour savoir s'ils doivent abandonner absolument le commerce de l'Amérique, ou si l'on peut espérer que la ferme générale, seul acheteur des tabacs pour le royaume, cessera d'opposer à ce que vous nommez dans votre lettre *la ruse mercantile*, ce qu'ils appellent, eux, *la ruse fiscale*, et qui ne devrait exister de part ni d'autre en ce moment.

De toutes ces ruses, la plus étrange et la plus funeste, sans doute, est celle par laquelle les fermiers généraux acheteraient sourdement les tabacs que les Anglais nous enlèvent sur mer.

J'eus l'honneur de vous mander qu'on me l'avait écrit de Londres. Vous m'avez répondu que c'était un faux avis, que ce marché n'existait pas; qu'il était même impossible, puisque les Anglais n'avaient pas chez eux de quoi suffire à leur consommation. A la rigueur, cela se peut; mais au témoignage d'un Anglais, rejeté par M. Paulze, je pouvais en ajouter un que M. Paulze n'eût pas récusé : c'est une lettre de la main de M. Paulze lui-même, écrite à l'un des préposés de la ferme pour les achats du tabac; et, cette lettre, je l'ai vue à Bordeaux, et j'y ai lu en substance : *Ne payez pas les tabacs plus de* 80 *liv., parce que j'en attends quatre mille boucauts d'Angleterre, venant de New-Yorck, avec le premier convoi; et que les Anglais m'en font offrir* (*ou espérer*) *dix mille boucauts d'ici à un an, à meilleur prix que les Français ne le peuvent donner.* D'un pareil fait à la possibilité du contrat, vous savez, Monsieur, si la conséquence est bonne ou vicieuse.

Quoi qu'il en soit, et que ce contrat de la ferme avec l'ennemi de l'État existe ou n'existe pas, qu'on le nie d'un côté en l'annonçant de l'autre, la conséquence est la même pour le commerce; et l'incertitude, en pareil cas, n'est qu'un malheur de plus. Si le contrat existe, et que les Français ne puissent pas soutenir la concurrence anglaise, ils doivent rester chez eux; ne plus aller chercher, à grands frais, en Amérique, du tabac, qu'on ne peut vendre en France au seul acheteur qui s'en pourvoit ailleurs : alors le système politique, absolument fondé sur l'agrandissement et la prospérité du commerce, est détruit. Si le marché n'existe pas, l'espoir et le but de son annonce étant d'alarmer le commerçant pour le forcer, dans sa détresse, à baisser ses prix, à perdre gros sur une denrée qui lui coûte aussi cher, il en résultera le même découragement, le même abandon du commerce, et la destruction aussi certaine du système politique.

Or, est-il raisonnable qu'une compagnie puissante, et qui, de temps immémorial, a le bonheur de décimer en paix, au sein de l'Etat, sur tous les trésors qu'on y amène, écrase et sacrifie à l'intérêt d'un moment les utiles citoyens qui vont chercher au loin ces trésors, avec des périls sans nombre? Est-il juste que ce fermier qui, sans aucun danger, remet au roi, d'une main, portion de ce qu'il exige de l'autre, avec des bénéfices immenses, accroisse encore ses gains aux dépens du négociant, qui seul est chargé de rendre à ses périls la vigueur à ce corps d'où le fisc a toujours pompé la substance de ses richesses? Laissons donc de côté, Monsieur, les *ruses mercantiles ou fiscales*, pour traiter simplement la plus importante question qu'on puisse agiter devant les ministres.

Vous avez bien voulu, dans votre lettre, entrer en discussion, et me dire que si les fermiers du roi ont le patriotisme de faire des sacrifices à l'État sur le tabac, le commerce, à son tour, peut bien se contenter d'un bénéfice de vingt-cinq pour cent sur ses spéculations d'Amérique.

Que parlez-vous, Monsieur, de bénéfices et de vingt-cinq pour cent? Eh! que vous êtes loin de la question : l'objet de la justice que je demande à la ferme, au nom du commerce, n'est pas d'obtenir plus de gain sur les tabacs qu'il importe ; mais de ne pas supporter des pertes énormes sur les capitaux qu'il exporte.

Avant que d'agiter la question des sacrifices mutuels, j'ai voulu m'instruire à fond de tout ce qui pouvait me mettre en état de la traiter avec fruit. Ce qui regardait le commerce ne m'embarrassait déjà plus. J'ai eu, depuis quatre ans, de trop grands motifs de l'étudier, pour me tromper aujourd'hui sur son état en plaidant sa cause. Mais, n'ayant pas eu le même intérêt à défricher les sentiers épineux de la ferme générale, il m'a fallu beaucoup travailler, Monsieur, depuis votre lettre, pour parvenir à connaître à fond les vraies dépenses des fermiers du roi pour le tabac, les frais d'achat, de transport, de fabrication, de régie, de manutention, de surveillance, etc., que cette denrée exige.

J'ai dû savoir quelle était avant la guerre la différence du prix d'achat entre les tabacs étrangers et ceux du crû du royaume hors la ferme ; ce qui résultait pour les uns et les autres d'un impôt de trente sous par livre, assis (aux termes de l'édit de 1749) sur les tabacs étrangers seulement, puis étendu bientôt, par convenance tacite, sur la totalité de la vente au public, sous prétexte qu'il n'y avait plus de tabacs intérieurs, quoiqu'on eût eu grand soin d'en augmenter la culture.

J'ai dû m'instruire à quoi s'élevait la consommation totale de cette denrée en France; le prix du bail au roi, celui de la vente au public, le produit net des tabacs du Brésil; celui des taxes sur les tabacs et sons d'Espagne, et de la différence de leur poids; celui du double emploi sur les ficelages (aux termes de l'arrêt du conseil de 1730); celui du fort-denier abandonné aux débitants ; ce qu'il sortait de tout cela en pertes ou bénéfices pour la ferme avant l'augmentation du prix du tabac continental, causé par la guerre; enfin, la comparaison des anciens bénéfices avec le gain actuel, en fesant entrer dans celui-ci la diminution des contrebandes, occasionnée par la rareté de la denrée ; les bénéfices des nouveaux marchés des côtes de feuilles qu'on brûlait et qu'on ne brûle plus ; la livraison du tabac aux distributeurs, faite en poudre, au lieu de la faire en carottes ; les différences données par l'analyse chimique de ces tabacs altérés, avec les excellents tabacs du Maryland et de Virginie que nous vous proposons ; les plaintes qui s'en élèvent de toutes parts dans le royaume, etc., etc., etc.

En vain dirait-on que la ferme ayant un marché fait avec le roi, nul ne peut y porter atteinte aussi long-temps qu'il subsiste. Ce n'est point à ce marché que je réponds, c'est à votre lettre, Monsieur, où vous voulez bien me dire que tout le poids du sacrifice de l'encouragement ne doit pas tomber sur le fermier acheteur, et que si le patriotisme veut qu'il paye plus cher, il n'exige pas que le négociant vendeur fasse des bénéfices trop considérables.

D'après votre lettre et mes travaux, Monsieur, tenant comme vous pour principe certain que celui des deux qui gagne le plus entre le négociant et le fermier, doit en effet offrir un sacrifice honorable à son pays, je me crois en état d'éclaircir la question au gré des connaisseurs.

Nous n'épuiserons point les lieux communs de ces reproches éternels, qui, toujours trop généralisés, ne portent sur aucun objet fixe, et sont facilement éludés par les défenseurs de chaque ordre. Réduisant la question à des faits très-exacts, nous prendrons, si vous voulez, pour exemple, des gains excessifs du commerce, l'expédition du *Fier-Roderigue,* dont la cargaison a été vendue à quatre cent pour cent de bénéfice en Virginie, ou celle *de la Pallas* qui a été vendue en North-Caroline de huit à neuf pour un ; mais dont les tabacs, en retour, ont été achetés à un prix beaucoup plus fort que ceux du Fier-Roderigue. Et pour le plus haut terme des pertes du fermier, nous choisirons le bail courant de *David,* et le temps actuel de la guerre ; c'est traiter la ferme assez favorablement. Mais au tableau que vous m'avez fait des prétendus gains du commerce, j'aperçois d'avance que vous êtes moins instruit de nos affaires que nous ne voyons clair dans les vôtres, et que vous connaissez bien moins nos pertes que nous ne pouvons prouver vos bénéfices.

Je n'approuve pas plus que vous les petites ruses par lesquelles certains vendeurs américains vous ont frustré des tabacs que vous leur avez payés d'avance. Mais comme aucun Français, que je sache, n'a obtenu de vous cette faveur, aucun aussi ne doit partager le reproche de ces tours de gibecière, ni d'avoir abusé de vos avances ; or, c'est des Français seulement que je parle, et pour les Français que je plaiderai.

Je vous demande encore pardon, Monsieur, si je ne pense pas comme vous, que ce soit le haut prix des denrées d'Europe qui ait fait monter excessivement celles d'Amérique. Selon moi, l'abondance ou la rareté met seule, en tout pays, de la différence dans le prix des denrées ; or, l'excessive rareté des envois d'Europe en Virginie n'y a pas rendu le tabac moins commun ; au contraire. Ce n'est donc point le prix des marchandises européennes qui a fait monter le tabac à plus de 100 livres le quintal ; avouons, Monsieur, que c'est le discrédit où est tombé le papier-monnaie, seul représentatif des denrées au continent, et l'intermédiaire de tous les marchés de ce pays-là.

Si ce papier-monnaie éprouve un tel discrédit d'opinion, s'il est tellement déprécié par sa vicieuse abondance, que l'on redoute d'en acquérir ou d'en conserver, alors il en faut beaucoup pour représenter peu de denrées ; elles paraissent vendues plus chères, non qu'elles soient montées de prix, mais parce que le signe de la vente ou la matière du paiement a baissé de valeur.

Voilà, Monsieur, ce qui est arrivé dans le continent, où l'on doit regarder aujourd'hui le papier comme un signe idéal, variable et trompeur, et s'en tenir uniquement, pour compter avec soi-même, à ce que produisent en Europe les denrées d'Amérique apportées en retour d'une cargaison d'Europe, en y comprenant les frais d'armement, mises-hors, assurances, voyages, relâches, désarmements, frais de vente, etc. C'est le seul moyen de connaître le résultat net d'une telle opération ; tout autre compte est chimérique, un rêve de gens abusés, à qui le réveil est toujours funeste.

Or, à cette manière exacte et sévère de régler les comptes de retours, il s'en faut de beaucoup, Monsieur, que les négociants français aient du bénéfice au prix même où ils vous abandonnent leurs tabacs en France; et cela est si certain, que les propriétaires du tabac arrivé par *la Pallas*, quoiqu'ils aient vendu en Amérique à près de dix pour un, vous ont offert de vous remettre toute leur cargaison de retour pour rien, si vous vouliez les rembourser des frais de celle qu'ils ont portée d'Europe. Il n'y a peut-être pas un négociant français qui n'en fît autant. Si vous ne l'avez pas accepté, c'est que vous savez aussi bien qu'eux qu'ils sont loin de bénéficier sur les retours. On peut espérer des temps moins orageux, mais c'est de celui-ci qu'il s'agit. Dans ces premiers moments d'une alliance aussi disputée, où la guerre et le commerce doivent réunir leurs plus grands efforts et semer laborieusement pour recueillir en des temps plus heureux, il faut le dire hautement, et mon devoir est de le répéter : tous les capitaux sont tellement compromis dans les spéculations du continent, et le dégoût devient si général en tous nos ports, que personne ne doit plus, ne peut plus, n'ira plus chercher à sa perte du tabac en Amérique, s'il faut encore le tenir en France à la disposition arbitraire et ruineuse du fermier, seul acheteur, seul vendeur, et seul maître en cette partie.

Alors, par une contradiction exclusivement propre à ce royaume, on pourra voir la sage administration soutenir au loin une guerre dispendieuse, encourager ses armateurs à chercher les ports d'Amérique, employer tous les moyens possibles pour augmenter l'émulation et la prospérité de son commerce; et, dans le même temps, le monopole et la gêne s'établir, arrêter, garrotter les négociants français au retour, et s'armer intérieurement contre la faveur et la liberté que le gouvernement leur avait promises.

C'est ainsi que du tabac arrivé d'Amérique à Bordeaux, n'osant en sortir par mer pour aller à Gênes et Livourne, à cause de l'extrême danger des corsaires, ne peut obtenir aujourd'hui de la ferme une permission de traverser le royaume par le canal de Languedoc pour se rendre à Marseille et passer en Italie, sous prétexte du très-petit danger des versements intérieurs, qu'il lui est si aisé d'empêcher; mais en effet pour forcer le propriétaire d'abandonner son tabac à perte aux fermiers du roi, par l'impossibilité reconnue de l'exportation.

C'est ainsi que, dans tous les ports de France, on a soin de prescrire aux possesseurs des tabacs qu'ils aient à prévenir la ferme des offres que les étrangers leur en feront, sous prétexte qu'elle a le droit de préférence à ces mêmes prix; mais en effet pour dégoûter l'étranger de faire aucune offre à nos négocians, certain qu'ils établiraient un prix pour la ferme, et nullement pour eux.

C'est ainsi qu'en tous ces mêmes ports les permissions de sortie se font tellement attendre, et sont chargées de tant d'obstacles, que toujours les instans favorables se perdent, et qu'il faut en venir à céder le tabac au fermier au prix qu'il en veut donner, faute d'avoir pu l'exporter à temps avec avantage.

C'est ainsi qu'au Havre les fermiers ont ordonné le dépôt, dans leurs magasins, de tabacs arrivant d'Amérique; et que, voyant enfin qu'on ne voulait pas les céder à leur offre, ils ont signifié à l'armateur de les sortir sous quinze jours, sous prétexte qu'ils avaient besoin de leurs magasins; mais en effet pour forcer le possesseur à les livrer à leur prix, par les difficultés, la gêne et le coût d'un pareil déplacement.

Surtout on ne peut lire tranquillement les objections de la ferme contre le transport du tabac demandé par MM. Baignoux et compagnie, de Bordeaux, pour Marseille, par le canal; et j'en suis d'autant plus affecté, que ces objections ont arraché, contre le commerce, un refus net à M. le directeur-général des finances, qui avait consulté les fermiers du roi.

Je les ai sous les yeux, Monsieur, vos objections. Comment une ordonnance faite il y a cent ans et couverte cent fois; comment un dispositif établi sur un commerce tranquille, en temps de paix, en 1681, peuvent-ils être cités en 1779, et servir de réponse à des facilités demandées quand la mer est couverte de corsaires, en pleine guerre, et lorsque les vaisseaux neutres n'offrent eux-mêmes aucune sûreté pour les transports; quand enfin les tabacs encombrés dans les magasins de Nantes et de Bordeaux n'en peuvent sortir par aucune voie extérieure? N'est-il pas clair que le fermier n'obstrue ainsi tous les débouchés internes que pour forcer le négociant de lui livrer le tabac à bas prix, par l'impossibilité de le porter ailleurs?

Et la ferme générale ose avancer, dans son mémoire à M. Neker, *que le transport de Bordeaux à Marseille par le canal de Languedoc, n'est d'aucun avantage au commerce*, quand toutes les autres voies sont fermées! Est-il rien de plus insidieux, de plus dérisoire que d'invoquer le prétendu système de la balance générale de l'avantage de chacun des ports de la France, à l'instant où la guerre et ses effets accumulent vicieusement les tabacs dans les ports de l'Océan, sans qu'ils en puissent sortir; et où ceux de la Méditerranée, qui, par leur position, en sont absolument privés, n'en peuvent envoyer aucuns en Italie? N'est-ce pas ajouter l'ironie à la ruine, que d'accabler d'empêchements réels le port surchargé de tabacs, sous le prétexte vain de favoriser celui qui n'en a point et ne peut s'en procurer en ce moment? Et n'est-ce pas surtout se jouer de la confiance que le directeur-général des finances montre à la ferme en la consultant, que d'abuser d'une déclaration du roi du siècle passé, faite sur un commerce paisible, et en vigueur; de la rapporter à ces temps difficiles, aux commencements d'un commerce ruineux, d'une guerre écrasante, et d'étouffer ainsi dans sa naissance l'émulation des négociants français, que le gouvernement a tant d'intérêt et de désir d'augmenter?

Qui ne connaîtrait pas les précautions multipliées du code fermier contre la fraude, et l'armée de commis que la ferme soudoie, pourrait croire, en effet, qu'il est difficile à cette compagnie d'empêcher des versements dans les passages intérieurs d'un port à l'autre. Mais, je l'avoue avec douleur, à la lecture du mémoire envoyé à M. Neker par la ferme générale, sur la demande des sieurs Baignoux de Bordeaux, pour le transport des tabacs par le canal; à ces insinuations d'un contrat avec l'ennemi, semées sourdement dans un lieu, désavouées dans un autre; à ce plan constamment suivi de détruire le tabac en France et d'en aller acheter en Amérique, quand notre sol en pourrait fournir abondamment; puis, de préférer le tabac d'Europe à l'instant où l'intérêt de l'État commence à exiger faveur pour celui d'Amérique; à toutes les ruses que je vois employer dans nos ports pour décourager le commerce et nuire à la vente, aux transports de ces tabacs, seul retour qu'on puisse apporter du continent; à l'examen de cette foule d'avantages secrets, si savamment combinés par la ferme, et qu'elle a su tirer des édits ou déclarations de 1681, de 1721, de 1730, de 1749, etc., dans la seule partie du tabac, en les rapprochant surtout de ses procédés actuels avec les négociants, il est démontré pour moi qu'un bail de six ans est le plus dévorant ennemi d'un règne de cent ans dans ce royaume; et qu'à moins d'un nouvel ordre, ou dans la ferme, ou dans les spéculations d'outre-mer, la France, après avoir fait une guerre ruineuse, ne recueillera nul fruit de son système actuel, perdra l'Amérique que son commerce pouvait seul conquérir, et verra l'Angleterre, son éternelle ennemie, se relever bientôt de ses pertes, et reprendre sur nous tous ses avantages, par cela seul que l'intérêt de la ferme générale en France est toujours contraire à celui de l'État.

Il est temps de me résumer.

J'ai donc l'honneur, Monsieur ou Messieurs (car je désire que ma lettre soit lue au comité de la ferme générale); j'ai donc l'honneur de vous réitérer ma demande, au nom de tous les armateurs, ou de nous traiter honorablement sur le prix des tabacs, et fraternellement sur les facilités du transport, que l'intérêt de l'État et le nôtre exigent; ou de soumettre au jugement des sages qui gouvernent l'État, nos différentes assertions appuyées de preuves : moi, sur les gains et procédés de la ferme; et vous, sur les gains et prétentions du commerce.

Ceci n'étant point une querelle de particuliers seulement individuelle, mais une question devenue nationale et d'une importance extrême à cause des suites, j'ai cru devoir travailler sans relâche à composer un mémoire instructif en forme de requête, que je me propose de présenter au roi, sur cette matière intéressante, au nom du commerce, et dont cette lettre sera l'introduction.

Et j'ai l'honneur de vous en prévenir, afin que si nulle voie de conciliation ne peut ramener la ferme générale à tendre une main équitable au commerce de France écrasé par cette guerre, et prêt à succomber entre les Anglais et les fermiers, vous soyiez instruit qu'un négociant français, qu'un citoyen, s'est chargé du triste emploi de montrer au gouvernement, à la nation, à sa patrie enfin, d'où vient et à qui l'on doit imputer tout le mal qui va résulter de cet étrange ordre de choses. Et puisse encore, après mes preuves données, ma prédiction n'avoir aucun effet! C'est le vœu le plus ardent de celui qui a l'honneur d'être avec une grande considération,

Monsieur,

Votre très-humble et très-obéissant serviteur. *Signé* CARON DE BEAUMARCHAIS.

P. S. Depuis ma lettre écrite, j'apprends qu'un navire à moi, le *Ferragus*, a été pris et conduit à Glascow; qu'une frégate aussi à moi de 22 canons, le *Duc du Châtelet*, a sauté malheureusement à sa sortie de Nantes; enfin, j'apprends que le *Lyon*, venant de Virginie, et sur lequel je crois avoir à fret 300 boucauts de tabac, a été pris et conduit à New-Yorck. Je laisse à part les réflexions comparatives des gains du fermier et du commerçant, que tout ceci suggère. Mais tant de pertes connues, et dont chaque armateur citerait à peu près les pareilles, pouvant donner à ma lettre un ton d'humeur personnelle qui lui ôterait de sa force, je me crois obligé de vous assurer, Monsieur, qu'en aucune affaire qui me fût propre, je n'aurais mis la fermeté dont cette lettre est remplie. Mais je parle au nom du commerce qui souffre, et à qui ses pertes accumulées rendent le système et les procédés de la ferme encore plus insupportables. C'est pour lui, non pour moi que j'écris, que je veille, que je voyage, que j'étudie, que je travaille enfin depuis quatre ans, bien assuré que la France ayant en elle tous les autres genres de supériorité, celle du commerce maritime, que la fortune lui offrait aujourd'hui de si bonne grâce, allait achever de lui donner sur tous les intérêts du monde, une prépondérance universelle, si nul obstacle intérieur n'avait enchaîné l'essor de ses armateurs.

Le prix des tabacs en Hollande est coté, du 1er janvier, de 120 à 130 liv. Il y a bien loin de là à 80 liv., et quinze livres p. o/o. de tare. C'est le prix mitoyen que le commerce demande, 100 livres.

LETTRE XVIII.

AU MINISTRE DE LA MARINE.

Ce 12 février 1779.

Monsieur de Sartines est supplié de vouloir bien donner des ordres pour que l'on cherche parmi les prisonniers anglais un nommé *Néhémiah Hollond*, qui a été pris sur le *Saint-Peter* ou *Saint-Pierre*, et d'accorder sa liberté à Beaumarchais, qui désire de tout son cœur acquitter l'engagement pris par M. *Mulliers*, officier de la brigade irlandaise, envers un capitaine corsaire anglais, qui non seulement l'a remis en liberté sur un navire neutre, après l'avoir pris dans son passage du continent en Europe, mais lui a généreusement offert sa bourse, en lui demandant pour toute reconnaissance de tâcher d'obtenir l'élargissement de son ami *Néhémiah Hollond*, prisonnier en France.

Dans l'horrible métier de la guerre, il semble qu'on ne peut trop encourager tout ce qui tient à la générosité et s'écarte un peu de la férocité anglaise.

Le trait du capitaine anglais et la récompense qu'y attachera le ministre français, seront tous deux consignés dans le *Courrier de l'Europe*.

LETTRE XIX.

A M. Sw....

Ce 11 avril 1779.

Puisque vous me faites l'honneur, mon cher Sw...., de me consulter sur le grand objet qui vous attire en France, je dois, à l'estime que je fais de vous, de penser tout haut avec vous sur cette affaire : écoutez-moi donc.

Laissez-là, mon ami, toute espèce d'intrigue et de dépenses qui ne vous mèneraient à rien, et pourraient vous nuire, et retenez bien ce que je vous communique.

L'Angleterre, accablée sous le poids de la faute qu'elle a faite en s'aliénant l'Amérique, doit extrêmement redouter d'aggraver son mal, en continuant une guerre avec la France qui ne lui rendra point l'Amérique, et qui, par la réunion prochaine des forces de la maison de Bourbon, et la tournure que prennent les choses en Hollande, peut la jeter dans des embarras dont rien ne pourrait plus la tirer.

La France, absolument sans ambition sur l'accroissement de sa puissance, n'a aucun intérêt à faire la guerre. Le seul qu'elle eût d'abord à la querelle entre l'Angleterre et l'Amérique, était de voir son ennemie tellement occupée par le soulèvement de ses colonies, qu'elle n'eût rien à redouter de cette rivale, toujours injuste envers nous, comme on sait, quand elle peut l'être impunément.

L'Angleterre n'a pas même le droit de nous reprocher notre traité avec l'Amérique, quoiqu'il soit l'unique prétexte de ses hostilités :

1° Parce que ce traité n'a été conclu qu'à l'instant même où l'Angleterre en allait proposer un semblable à l'Amérique, et nous exposer au ressentiment de cette république qui, depuis trois ans, ne cessait de solliciter notre alliance. Forcés de traiter avec les Anglais, dont les Américains avaient tant à se plaindre, notre refus obstiné les aurait enfin réunis avec l'Angleterre pour tomber sur nous, et nous punir, s'ils avaient pu, d'avoir refusé leur alliance.

2° Parce que ce traité, le plus modéré de tous, n'est pas exclusif et n'empêche pas même que l'Angleterre n'en fasse un pareil avec les Américains, en faveur de son commerce, le jour qu'elle reconnaîtra les treize États-Unis pour une puissance indépendante.

Voilà, si je ne me trompe, le véritable état des choses. Maintenant vous désirez savoir à quel prix vous pouvez espérer la paix. Voici ce que j'en pense ; et, sans être dans le secret de l'administration, j'en connais assez le bon esprit pour croire ne pas me tromper dans mes conjectures.

Si l'Angleterre exige pour base de la paix, que la France abandonne les intérêts de l'Amérique, je ne connais aucun avantage qui pût balancer dans tous les esprits, en commençant par notre jeune roi, l'horreur d'une pareille lâcheté.

Mais si l'Angleterre, désirant sincèrement la paix, met à part cette condition à jamais inacceptable, je ne crois pas qu'elle rencontre beaucoup d'obstacles sur les autres conditions ; car ce n'est ni par ambition, ni par amour de la guerre ou des conquêtes que nous guerroyons, mais par le juste ressentiment des procédés affreux des Anglais à notre égard.

En deux mots, le traité avec l'Amérique, qui ne portait d'abord que sur un intérêt de convenance, est devenu pour nous une affaire d'honneur au premier chef. Respectez ce traité ; vous nous trouverez beaucoup plus accommodants que vous n'osez l'espérer.

Que si vous croyez que vos offres puissent recevoir des modifications, n'oubliez pas que l'Espagne s'est rendue en quelque façon médiatrice entre nous; qu'en cette qualité, elle a droit aux égards que sa bonne volonté mérite, et que c'est peut-être la seule voie décente aujourd'hui par laquelle on doive nous faire des ouvertures de paix.

Votre mission, mon cher ami, me paraît donc ou tout à fait impossible ou d'une extrême facilité : impossible, si les droits des Américains ne sont pas à couvert; très-facile, si le ministère peut trouver un milieu pour sauver l'honneur de la couronne d'Angleterre, en laissant à l'Amérique la liberté qu'elle a si bien gagnée;

Et surtout si elle nous fait passer des propositions honorables par la cour de Madrid, dont les procédés nous engagent à ne rien écouter ni recevoir que par son canal.

Je crois franchement, mon bon ami, que tout le succès, que toute la politique de votre affaire est renfermée dans cette courte instruction que je vous consacre de bon cœur :

1º Parce que je la crois juste ;

2º Parce que l'opinion d'un particulier comme moi ne tire pas à conséquence.

Partez avec cela, pour qu'on ne vous accuse pas de faire ici des choses que je sais aussi éloignées de vos principes que contraires au bien même que vous voulez procurer aux deux puissances.

LETTRE XX.

A M. le Comte DE VERGENNES.

Paris, ce 8 juin 1779.

Monsieur le Comte,

Personne ne sait mieux que vous combien la méchanceté est ingénieuse pour nuire. Je ne vous écris pas pour vous demander justice d'une horreur qu'on me fait, parce que cela est impossible ; mais pour me garantir du mal que cette horreur me ferait, si elle allait jusqu'au roi sans que sa majesté fût prévenue, ainsi que M. le comte de Maurepas et vous-même.

A mon arrivée de Bordeaux, j'ai trouvé deux lettres chez moi. Elles sont sans signatures ; mais le motif qui les a fait écrire m'ayant paru louable, sans autre examen, j'ai répondu sur-le-champ, selon que mon esprit et mon cœur étaient affectés, comme je fais toujours. Un article sur les prisonniers français, que j'ai mis dans le *Courrier de l'Europe* avant mon départ de Paris, était le premier texte sur lequel l'anonyme avait exercé sa plume : il paraissait indigné contre les Anglais ; il énumérait ensuite nos désavantages, et semblait attendre mon avis pour fixer le sien.

Tout rempli que j'étais des cris odieux que j'ai entendu faire par-tout, et contre notre marine et contre les ministres, je broche une réponse rapide et je l'envoie à l'adresse indiquée. Pardonnez, M. le Comte, et que le roi me pardonne s'il désapprouve ma chaleur et ma vraie lettre dont je vous adresse une copie littérale, en vous envoyant l'original de celle qui y a donné lieu. Il court aujourd'hui une lettre de moi défigurée, dénaturée, et pleine de libertés ciniques.

Je vois bien qu'on m'a tendu un piége ; je vois qu'on veut encore une fois me nuire, en fesant parvenir au roi cette prétendue lettre, comme on l'a déjà fait une fois sur de prétendus propos tenus, disait-on, à ma table.

Le profond mépris que j'ai pour les méchants, ne doit pas m'empêcher de me prémunir contre eux. J'ose donc vous supplier de mettre sous les yeux de M. le comte de Maurepas et du roi, ma véritable lettre, dont, heureusement, j'ai gardé minute. Je la certifie véritable, et je défie les méchants d'oser en montrer une différente, armée de ma signature.

Je n'ajoute pas un mot : je connais votre équité,

votre bonté. Les clameurs indiscrètes m'indignent, et je deviens doublement Français quand je trouve des gens qui affectent de ne pas l'être. Voilà ce qui me fait parler quelquefois fortement, et ce qui m'a fait répondre à un anonyme qui me semblait honnête.

S'il vous est possible, M. le Comte, de m'accorder une demi-heure cette semaine, je désire mettre sous vos yeux des objets importants et relatifs aux Américains. Je recevrai votre ordre, à cet égard, avec la reconnaissance respectueuse et la foule de sentiments qui m'attachent à vous.

Je suis,

Monsieur le Comte,

Votre, etc.

LETTRE XXI.

Copie de ma véritable lettre.

Paris, le 4 juin 1779.

J'ai trouvé, Monsieur, à mon arrivée de Bordeaux et Rochefort, les deux lettres dont vous m'avez honoré, l'une de Metz et l'autre de Paris. Votre patriotisme mérite beaucoup d'éloge, mais il vous fait peindre avec trop de frayeur la situation de nos armes.

Les Anglais, Monsieur, n'ont aucun avantage militaire sur nous; ils ont pillé notre commerce, à peu près comme les voleurs attaquent les coches sur les grands chemins, en attendant la maréchaussée; peut-être eût-il fallu qu'elle arrivât plus tôt. Mais la plus grande partie de nos navires étaient assurés à Londres; et nous avons sur eux quatre mille prisonniers de plus qu'ils n'en ont à nous.

Notre escadre d'Estaing est dans le plus bel état et ne manque de rien, pendant que Biron, ayant fait la faute d'établir ses troupes de terre sur le cimetière de l'Amérique, y périt visiblement tous les jours, sans oser rien tenter, avec des forces supérieures aux nôtres.

La prise de Pondichéri n'est pas non plus un avantage dont les Anglais puissent se glorifier. Depuis un an une frégate française était partie, avec ordre de donner à M. de Bellecombe celui d'évacuer la place au premier mouvement des Anglais, et de se retirer à l'Isle de France, où le gouvernement avait depuis long-temps résolu de rassembler toutes ses forces, un peu trop dispersées dans l'Inde. La frégate n'est arrivée qu'après la belle défense de M. de Bellecombe, qui ne l'eût pas faite inutilement, n'étant pas assez fort pour tenir, s'il eût reçu plus tôt des ordres de retraite; ce qui n'ôte rien au mérite de M. de Bellecombe.

Quant aux mauvais traitements que les Anglais prodiguent à nos prisonniers, rien ne pouvant les excuser de cette exécrable cruauté, j'ai cru devoir la publier en punition de leur crime; c'est tout ce qu'un particulier pouvait faire, en attendant que le gouvernement s'en ressentît lui-même; et c'est ce qu'on doit attendre de sa sagesse.

Quoi qu'il en soit, croyez, Monsieur, que la France n'a jamais été dans une position plus avantageuse. N'a-t-elle pas donné la paix à l'Allemagne, à la Prusse, à la Russie et à la Turquie? N'a-t-elle pas isolé l'Angleterre de toute espèce d'alliés en Europe, et ne tient-elle pas cette puissance en échec dans son pays même, par les mouvements que nous fesons sur nos côtes? Notre alliance avec les Américains n'a-t-elle pas consolidé cette indépendance qui enlève tout le continent du Nord à la couronne anglaise? Et notre cabinet politique, le plus habile et le premier de l'Europe, n'a-t-il pas acquis une influence universelle sur les actions de toutes les puissances militantes? L'Espagne armée est prête à tonner; la Hollande résolue à défendre et maintenir son commerce et sa liberté maritime; la Suède, le Danemarck et la Russie entrent dans ce plan honorable : que reste-t-il à l'Angleterre? Un isolement funeste, un épuisement total d'hommes et d'argent, des déchirements intestins, la perte de l'Amérique, et la frayeur de perdre l'Irlande. Il est vrai qu'en revanche de la Dominique elle nous a pris le rocher infect de Sainte-Lucie; mais en feignant de menacer nos possessions du golfe, ne voyez-vous pas que les Anglais tâchent de masquer la frayeur qu'ils ont pour les leurs?

Voilà l'état respectif de leurs avantages et des nôtres. Celui qui ne sent pas l'extrême supériorité de notre position lit mal dans le grand livre des événements du siècle.

Laissons de côté les prétendues fautes de M. d'Estaing et les cris des envieux, et ne jugeons pas légèrement un homme assez grand pour dédaigner l'outrage, en fesant imprimer tout ce qu'on lui adresse d'injures anonymes : voyons uniquement le bon état de sa flotte après une si laborieuse campagne; sa vigilance infatigable, et le concert de louanges de tous les soldats et matelots; voyons surtout l'acharnement de ses ennemis à le dénigrer : on ne s'enroue pas à dire autant de mal d'un homme dont il n'y aurait rien à penser; une pitié méprisante est ce qu'on accorde aux gens médiocres, et la colère des rivaux d'un brave homme est un hommage peut-être plus flatteur et plus sûr que l'éloge de ses amis.

Je m'arrête court sur ce sujet, parce que mon opinion ne fait rien à la chose, et que j'ai beaucoup d'affaires qui demandent mon temps.

Si je me suis fait un plaisir de rassurer un honnête homme qui me paraît très-bon Français, c'est qu'emporté par ce torrent de critiques amers qui passent leur vie à diminuer nos avantages, pendant que nos ennemis ne perdent pas une occasion de boursouffler les leurs, il craint pour nous, et m'a demandé mon sentiment; je me suis hâté de le lui dire en deux mots, en l'assurant de tous les sentiments que sa lettre inspire à

Son très-humble, etc.,

CARON DE BEAUMARCHAIS.

LETTRE XXII.

A M. Des Entelles, Intendant des menus, en lui envoyant un exemplaire du Barbier de Séville *et des* Deux Amis.

Paris, ce 2 août 1779.

Monsieur,

J'ai reçu la lettre dont vous m'avez honoré, en date du 29 juillet, par laquelle vous m'invitez, comme auteur dramatique, à concourir de mes faibles ouvrages à la formation de la bibliothèque des Menus-plaisirs. J'ai l'honneur de vous envoyer un exemplaire des *Deux Amis* et un du *Barbier de Séville*, en attendant que la nouvelle édition qu'on fait d'*Eugénie*, mon troisième ouvrage, me permette de le joindre aux deux autres. Je ne doute pas que chaque auteur ne soit dans les mêmes dispositions; et c'est ce dont je m'assurerai plus positivement à la prochaine assemblée que je vais convoquer. Alors, Monsieur, j'aurai l'honneur de vous communiquer le vœu général, en ma qualité de commissaire de la littérature. Il eût été bien à désirer que MM. les gentilshommes de la chambre, accueillant plus sérieusement les travaux que l'ordre des auteurs avait faits d'accord avec eux pour le nouveau réglement si nécessaire au théâtre, eussent daigné s'occuper, comme ils l'avaient promis, du plus noble objet de leur département. Vous savez, Monsieur, si je les en ai invités, comment je les ai pressés, et comment, avec cet art de la cour qui fait tout éluder en promettant sans cesse, on a rendu depuis deux ans nos justes réclamations l'objet des moqueries de la comédie. Outré d'une pareille conduite, je viens de prier M. le maréchal de Duras de vouloir bien me rendre la parole que je lui donnai, il y a deux ans et demi, de me réunir à ses vues, qu'il appelait *conciliatrices*. Comme elles n'ont eu aucun succès, et que je suis sans espoir à cet égard, je vais reprendre la voie juridique, que j'avais abandonnée à sa prière.

Tant que la comédie, Monsieur, sera gouvernée sur les principes actuels, il est bien sûr qu'il n'y aura ni acteurs ni auteurs; et je me flatte de prouver avant peu, dans un ouvrage sérieux, que l'art du théâtre est prêt à retomber dans la barbarie en France, et qu'il est impossible que cela n'arrive point. MM. les gentilshommes de la chambre ou sont trop grands seigneurs pour donner à ce premier des arts une attention dont ils ne le croyent pas digne, ou s'ils s'en occupent, c'est pour l'envisager sous un point de vue absolument opposé à ses progrès, sous un point de vue destructeur de toute émulation; c'est pour contribuer eux-mêmes à sa dégradation par leur négligence : d'où il résulte qu'au lieu d'être les nobles chefs de la littérature dramatique de l'Europe entière, comme ils le pourraient, ils sont à peine aujourd'hui regardés ou comme les sultans d'un grand sérail, ou comme les magistrats d'un foyer indocile et le tribunal indolent des misérables tracasseries d'acteurs qu'ils ne peuvent pas même arranger. En vérité, cela fait gémir tous ceux qui aiment véritablement le théâtre. Un cri général est prêt à s'élever; et moi, qui vois la fermentation de plus près que personne, je me retire, en me contentant de mettre l'avocat des pauvres à la suite rigoureuse de mes droits d'auteur, que je leur donne. Vous m'obligerez infiniment, Monsieur, d'engager M. le maréchal de Duras à m'honorer d'un mot de réponse. Je me suis présenté plusieurs fois à sa porte; mais depuis longtemps il n'est plus chez lui pour les commissaires des auteurs dramatiques.

J'ai l'honneur d'être, avec tous les sentiments que votre lettre m'inspire,

Monsieur,

Votre très-humble, etc.,

Caron de Beaumarchais.

LETTRE XXIII.

A M. le Comte de MAUREPAS.

Paris, ce 11 novembre 1779.

Monsieur le Comte,

Si je n'ai pas encore assez de force pour sauter du lit et vous aller remercier, il n'y a pas non plus de faiblesse qui puisse m'empêcher de vous parler de ma reconnaissance.

On veut me voler 33,000 livres ; et, joignant l'intérêt d'un silence de vingt ans, on double la somme : cela fait 66,000 livres. On y ajoute pour 12,000 livres de frais, et me voilà forcé de payer 80,000 livres à des gens qui, depuis vingt ans, m'en doivent 46,000, et dont le seul titre est que je les ai laissés tranquilles, par horreur des procès.

Vous avez entendu mon ami avec bonté. Je demande à consigner et à compter : je n'ai jamais eu que ce mot. On s'y refuse, en m'opposant des arrêts obtenus par défaut dans mes absences ; et la forme, la forme, ce terrible patrimoine de la justice, sert de couverture à l'iniquité d'une demande atroce.

Consigner et compter, voilà ma requête ; payer comptant, si je dois, voilà quelle grâce je sollicite.

Vous m'avez promis vos bontés ; j'y compte : il n'y a jamais de détours en vos paroles. Vous faites le bien sans faste, et quand vous le pouvez : c'est ce que j'adore en vous.

Si mon pauvre prince de Conti vivait, comme je le ferais rougir de ses injustices à votre égard! Craignez, mon ami, sur toutes choses, me disait-il, de vous attacher à M. de Maurepas. Comme la passion aveugle les hommes! Il ne se doutait non plus de votre ame douce et gaie, que s'il ne vous eût jamais vu. Il m'a empêché pendant deux ans de me présenter devant vous. Et vous, Monsieur le Comte, quoique vous sussiez très-bien que j'étais un de ses plus chers affiliés, vous ne m'avez jamais montré que bonté, loyauté, douce protection et franche adjudance. Et moi, plus touché que je ne puis le dire, je regrette bien que cet obstiné, cet injuste ennemi n'existe plus ; la grande confiance qu'il avait en mon caractère l'eût enfin converti, et le plus reconnaissant de tous vos serviteurs vous eût certainement ramené ce cœur aveuglé sur votre compte

Pardon, Monsieur le Comte, j'aime à parler de lui, parce qu'il m'avait voué un attachement paternel ; et j'aime à en parler devant vous, parce que, sans l'avoir mérité, je retrouve sans cesse en vos procédés pour moi tout ce qui lui avait enchaîné mes affections.

Je prends la liberté de joindre à cette lettre un court mémoire instructif sur la requête qui sera rapportée samedi par M. Amelot au conseil des dépêches.

Je viens d'envoyer à M. de Vergennes un travail faiblement composé, parce que je suis souffrant; mais au moins propre, par la vérité de tous les faits qu'il contient, à repousser victorieusement les insidieux reproches du cabinet de Saint-James sur nos prétendues perfidies.

Ma reconnaissance et mon respect pour vous sont deux sentiments aussi doux à mon cœur qu'ils sont inaltérables.

Votre, etc.,

CARON DE BEAUMARCHAIS.

LETTRE XXIV.

A M. le Comte DE MAUREPAS.

Le 24 mars 1780.

Monsieur le Comte,

De quelque part que sorte une fausse imputation, il me semble qu'on ne peut trop tôt la détruire. M. le maréchal de Duras, ce matin, m'a dit qu'on lui a dit, que vous avez dit, que je vous ai dit, que c'est mal fait d'asseoir le parterre à la comédie.

Si vous avez pu me suivre à travers ce tourbillon de paroles, et repêcher le fait noyé dans tous ces *on dit*, vous savez très-bien, Monsieur le Comte, que tout cela n'est qu'une grosse calomnie qui circule à Paris comme tant d'autres, et qu'on a fait arriver jusqu'à l'hôtel de Duras, pour me faire une tracasserie. Loin d'oser ouvrir un avis contraire à l'idée la plus raisonnable, qui est d'asseoir le parterre au spectacle, je vous supplie de vous rappeler que cette demande est un des premiers articles du projet de réglement théâtral, que j'ai eu l'honneur de vous soumettre cet été au nom et comme commissaire de toute la littérature française.

Mais pour qu'il ne reste aucun doute sur mes principes à cet égard, daignez encore, Monsieur le Comte, recevoir ma profession de foi sur ce point débattu devant vous.

Aucune autre nation que la française n'a la barbarie de supplicier les auditeurs d'un spectacle établi pour leur délassement, en les tenant debout, froissés, étouffés et serrés à disloquer les corps les plus robustes. On est assis en Italie, en Espagne, en Angleterre, et partout. Les seuls gens à Paris qui aient à se louer de notre pénible façon d'exister au spectacle, sont les cabaleurs et les filous, qui n'étant là que pour faire le mal ou prendre le bien d'autrui, rempliraient bien plus difficilement ces deux objets dans un parquet assis, qu'au parterre incommode et indécent de Paris, tel qu'il existe aujourd'hui : ce qui est selon moi d'une grande considération.

Mais, plus je sens l'utilité de cette sage et désirable réforme, plus je crains qu'en manquant de prendre une précaution essentielle, un essai légèrement combiné et précipitamment exécuté, ne ruine, dans l'opinion publique, le désir et l'estime d'un plan aussi salutaire, avant qu'on en ait senti le bon effet.

Votre, etc.,

Caron de Beaumarchais.

LETTRE XXV.

A M. NEKER.

Paris, ce 18 juillet 1780.

Monsieur,

Vous avez fait à mon égard un acte de justice, et vous l'avez fait avec grâce; ce qui m'a plus touché que la chose même. Je vous en remercie. Je puis vous devoir des remercîments plus importants, sur l'indemnité que le roi a bien voulu me faire offrir pour les pertes énormes que m'a causées la campagne d'Estaing. Si quelques éclaircissements peuvent hâter l'effet de la justice du roi, parlez, Monsieur; mes affaires exigent que je supplie S. M. de m'accorder promptement un à-compte que j'ai refusé il y a un an, parce que je n'en avais pas besoin. Le retard inouï de mes vaisseaux, et peut-être leur perte entière, rend ma sollicitation plus pressante. Je suis, de tous les sujets du roi, le moins à charge à l'Etat. Je n'ai demandé ni fortune, ni honneur, ni emploi, ni traitement, et je n'ai jamais désiré d'autre récompense de mes travaux que de n'être jugé sur rien sans être entendu. Jusqu'à présent, j'ai

obtenu des ministres du roi ce premier des biens
pour celui qui marche à travers une foule d'ennemis, et je me trouve heureux que leur justice
m'ait toujours mis à portée de me défendre
quand on m'a calomnié. Mais ce n'est point une
grâce que je demande aujourd'hui, quoique je
sois disposé à recevoir à ce titre la justice rigoureuse que le roi a reconnu qui m'était due. Quel
que soit l'état des finances du royaume, l'à-compte
que je sollicite ne peut en diminuer l'aisance, ni
en accroître la gêne ; car de ce que mes vaisseaux
ont fait à mes dépens, on en eût payé à leur place
qui eussent coûté au roi plus que je ne lui demande.

Je vous porterai l'état de la mise-hors de cette
flotte, aujourd'hui presque anéantie, et je prendrai tous les tempéraments qui conviendront à
S. M., si je le puis sans périr. Je vous remercie
de nouveau des cent mille francs *Nassau* que
vous m'avez remis avant l'époque, et je suis en
attendant le rendez-vous, avec une reconnaissance
aussi franche que respectueuse,

Monsieur,

Votre, etc.

LETTRE XXVI.

Au Comte DE MAUREPAS.

Paris, le 21 juillet 1780.

MONSIEUR LE COMTE,

EN fesant monter la fortune de Marmontel à 15,000 liv. de rente, on vous en imposé de plus de moitié : personne ne la connaît mieux que moi. L'état juste est entre les mains de M. le cardinal de Rohan, et il y a tout mis, jusqu'à une rente viagère de 540 livres sur M. le duc d'Orléans. Sa fortune ne se monte en tout qu'à 6700 liv., dans lesquelles sont compris deux produits très-précaires : 1600 liv. sur la comédie italienne, qui vont se réduire à rien, parce que ses pièces sont usées; et 3000 liv. sur le Mercure qui a déjà fait banqueroute, il y a deux ans. D'ailleurs, quand sa fortune serait égale à celle de son concurrent, ses titres littéraires sont bien plus forts; et quand ses titres seraient égaux à ceux de l'autre, sa médiocre fortune et son état de père méritent d'être mis en balance et peut-être de l'emporter.

Mais il y a ici une considération qui mérite plus encore de vous être offerte. Pour quelque demandeur que votre bienveillance se tourne, n'oubliez pas, je vous en conjure, que si Messieurs les premiers gentilshommes de la chambre se mettent à la tête de la sollicitation, et que si le brevet est remis à aucun d'eux pour le transmettre au plus heureux, de ce moment, se regardant comme les protecteurs des académiciens, ils vont asservir l'Académie, comme ils ont asservi la Comédie. Alors, tout deviendra bas, servile, rampant dans un corps qui ne peut conserver un peu de dignité que par sa dépendance immédiate du roi et des ministres. Faites que le favorisé reçoive la grâce du roi sans intermédiaire.

Personne ne sait mieux que vous qu'on se fait des droits de tout, à la cour; et que la comédie est trop mal administrée pour qu'on étende l'influence de ses chefs jusques sur l'Académie.

La première partie de ma lettre est offerte à l'homme généreux; la seconde au ministre éclairé, pour lequel je porte le plus vif sentiment jusqu'où le plus profond respect me permet de l'étendre.

Signé BEAUMARCHAIS.

LETTRE XXVII.

A M. le Comte DE MAUREPAS.

Paris, le 16 septembre 1780.

Monsieur le Comte,

J'ai l'honneur de vous adresser le mémoire qui doit nous aider à sanctifier les caresses de deux tourtereaux qui courent le monde. Vous jugez si cela presse. Le dégoût suit souvent de si près cette espèce de bonheur, que je crains pour le divorce avant l'hymen, si l'hymen ne se hâte pas d'arriver avant le divorce.

J'ai eu hier la plus satisfesante des conversations avec M. Le Noir, au sujet du spectacle français. Il vous certifiera demain qu'il est parfaitement de l'avis des génies sages qui croient qu'un second théâtre décent serait très-utile à la capitale. Il est bien loin de prendre aucun intérêt à la foule de tréteaux dont les boulevards se remplissent. On vous dira peut-être que je vais séduisant tout le monde, parce que le maréchal de Richelieu, qui s'y opposait, se trouve aujourd'hui de mon avis. Mais, M. le Comte, ne faudrait-il pas renoncer à la raison qui est toujours si froide, et souvent si sévère, si elle ne servait pas quelquefois à faire adopter des idées et des plans utiles? Je tâche d'avoir raison, et de bien simplifier mes idées en les offrant; voilà tout mon secret. Il arrive que sur cent personnes j'en acquiers quatre ou cinq. Il n'y a pas là de quoi se vanter. Puissiez-vous être du petit nombre de ceux qui pensent comme nous! Le théâtre français vous devra sa restauration entière.

Après vous avoir parlé comme auteur dramatique, permettez-moi de prendre ma casaque de porteur d'eau, pour vous demander une nouvelle grâce.

Je suis, ainsi que M. Le Noir, un des actionnaires de la pompe à feu de Perrier, qui doit donner tant d'eau à la ville, qui en a si peu; plus cet établissement est utile, plus vous sentez qu'il est traversé.

M. Le Noir vous dira demain que le plus misérable incident peut retarder de plus d'un an le premier effet de cette salutaire machine, *ignée-aquatique*.

La faveur dont nous avons besoin en ce moment, serait que M. le garde-des-sceaux voulût bien écrire à M. le président de vacation de ne rien prononcer sur l'affaire des entrepreneurs de la machine à feu contre la commune de Chaillot, jusqu'à ce qu'il lui en ait parlé lui-même. Cela donnera le temps de remettre un mémoire à M. le garde-des-sceaux, et à vous, M. le Comte, qui, en vous instruisant de la contestation, excitera votre bienveillance en faveur d'un si utile établissement qui ne coûte pas un sou à l'État.

Mon respectueux dévouement est inaltérable.

Le petit mot de M. le garde-des-sceaux, s'il l'accorde, doit parvenir au président de vacation avant mercredi matin ; M. Le Noir vous en expliquera toute l'importance.

M. le Comte,

Votre, etc.,

Caron de Beaumarchais.

LETTRE XXVIII.

A M. *le Comte* DE VERGENNES.

Bordeaux, le 6 octobre 1782.

MONSIEUR LE COMTE,

Le désir de me rappeler à vos bontés, cède souvent à mon respect pour vos grands travaux : le ministre, chargé du fardeau de l'État, sans doute a peu de temps à donner aux inutilités; mais l'hommage d'un serviteur attaché peut quelquefois servir à lui montrer que son estime et sa bienveillance ne sont pas toujours semées en terre ingrate; et dans le pays où vous vivez, les meilleurs cœurs ont peut-être besoin de ce doux encouragement pour ne pas se dégoûter de faire du bien aux hommes.

Depuis trois mois que je parcours nos villes de commerce maritime, pour envoyer trois frégates à nos îles, et une en Virginie, j'ai vu mourir deux de mes bons amis, hommes de mérite, et qui vous aimaient et respectaient ainsi que moi : *le Marquis de Voyer,* aux Ormes, et *Clonard le père* à Rochefort. A mesure que le jeu de la vie s'avance, le tapis reste, il est vrai; mais les joueurs changent, et ce n'est pas une des moindres afflictions de la vieillesse que d'être obligé de toujours achever la partie avec d'autres que ceux qui la commencèrent avec nous.

En parcourant cette province, j'y vois au moins avec joie combien on est heureux de la savoir sous la protection immédiate de M. le comte de Vergennes : c'est un nom que je n'entends prononcer nulle part sans respect, éloge et bénédiction : et, ce qui ne serait rien à Paris, où l'espérance ouvre et ferme toutes les bouches à la louange, est un garant certain de l'opinion publique au fond des provinces éloignées.

J'ai vu les Bayonnais touchés aux larmes de la bonté que vous avez d'améliorer leur sort qui, certes, n'est pas heureux. Mais, que peut la volonté même d'un ministre vertueux contre l'inquiète avidité de la ferme générale ? C'est ici, surtout, que se vérifie cette cruelle remarque échappée à votre patriotisme en ma présence : que le règne de six ans est le plus grand ennemi du règne de cent ans.

Oui, le bail des fermiers est le seul roi de France.

Dans l'affaire actuelle de la franchise de Bayonne, ils ont eu si grand soin de resserrer, circonscrire et restreindre à un seul défilé le bien que vous faites à la province, qu'enfin la géographie du fisc a mis celle de la faveur en défaut. La franchise de Bayonne sera de nul effet, ou, à peu de chose près, pour le pays de labour.

Une partie absolument en friche sur toutes nos côtes maritimes, est celle qui regarde nos matelots. Tout y est, tout s'y fait au rebours du bon sens : la manière de s'en procurer, de les garder, de les payer, de les renvoyer, d'en recevoir du commerce et de lui en rendre, est un chef-d'œuvre d'ineptie; aussi, tout va...... Mais je m'arrête, ce n'est pas pour critiquer que j'écris à M. le comte de Vergennes; c'est pour lui parler seulement du bien qu'il fait, de celui qu'il peut faire, et surtout pour rappeler à son souvenir le désintéressé, l'inviolable et très-respectueux attachement avec lequel je suis,

Monsieur le Comte,

Votre, etc.

Signé Caron de Beaumarchais.

LETTRE XXIX.

A M. le Comte DE VERGENNES.

Bordeaux, le 19 novembre 1782.

MONSIEUR LE COMTE,

Un moment de votre attention sur le détail qui suit, ne sera pas tout à fait temps perdu. J'aime à marcher devant vous comme David allait devant le Seigneur, avec un esprit droit et un cœur pur. Je vous dois donc un compte exact et simple de ce qui s'est passé depuis dix jours à Bordeaux. Si M. le comte d'Estaing a cru faire sa cour à votre circonspection, en s'en remettant à M. de Castries du soin de vous communiquer son détail, je me fais un devoir de vous adresser le mien, POUR VOUS SEUL, si vous le permettez.

Averti du passage de M. le comte d'Estaing par lui-même, j'ai couru de l'autre côté de la Dordogne à sa rencontre lui offrir mes faibles services, et le prévenir que, malgré mes efforts constants pour rendre les Bordelais moins bruyants dans l'enthousiasme qu'ils lui portent, sa modestie aurait beaucoup à souffrir de la manière éclatante dont ils entendaient l'exprimer. Son premier soin a été alors de s'arrêter à Cuzac, pour n'arriver à Bordeaux qu'à nuit close; et sa seconde précaution, de ne point aller loger au gouvernement où on l'attendait; mais de venir s'enfermer dans une assez vilaine chambre de l'auberge où j'en occupe une autre depuis trois mois. Son troisième soin a été de refuser toute espèce d'invitation et de fêtes dont on voulait l'accabler, et de se priver même d'aller au spectacle dans la plus belle salle du monde, pour échapper aux vaines acclamations dont il n'a que trop été poursuivi dans toutes les rues que sa voiture a parcourues.

Il m'a fait l'honneur de me confier une partie de ses vues, et celui de me demander mon concours pour le succès de sa mission relative à la ville de Bordeaux. La seule annonce d'un nouvel établissement maritime aussi avantageux au commerce, était sans doute un motif assez puissant pour exciter l'émulation générale ; mais sans l'enthousiasme que je voyais pour M. le comte d'Estaing, il n'y aurait eu, selon moi, nul succès à prétendre : mais cet enthousiasme, bien que fragile, est un assez bon instrument dans les mains de ceux qui savent en tirer parti.

Au lieu donc de le laisser s'user en violons, petits pâtés, bouteilles de vins, pétards et girandoles allumées, comme on le prétendait, j'ai pensé que, profitant de la première chaleur, on pourrait la diriger vers un objet plus utile à la chose publique; et passant subitement de cette idée à son exécution rapide, j'ai proposé à tous les négociants que j'ai pu rassembler chez moi, d'ouvrir une souscription d'un million, et d'offrir cette somme en crédit généreux à M. le comte d'Estaing, pour hâter le succès de sa grande réforme, en le laissant maître de régler avec le ministre du roi la forme et le terme du remboursement.

J'ai libellé l'hommage qui précédait les signatures; et pour que tous les gens aisés y puissent concourir sans se gêner, et que la souscription se remplît avec facilité, je n'ai osé signer moi-même que pour une somme de 12,000 liv. Tous ceux que je tenais sous ma main ont suivi cet exemple à peu près, et la souscription a commencé à trotter par la ville avec nos signatures.

Pendant ce temps, M. le comte d'Estaing assemblait, non la chambre du commerce, mais le commerce entier; car une fatalité barbare et théologique éloigne les plus fortes maisons et les négociants les plus éclairés, de l'accès de la chambre: elle ne représente réellement à Bordeaux que quelques maisons catholiques; et l'opération de M. le comte d'Estaing exigeait le concours d'un patriotisme universel. Il a donc très-bien senti la différence qu'il y avait, entre parler *à la place* du commerce (comme la lettre du roi le porte), et ne s'adresser qu'à la seule *chambre du commerce* qui lui eût soufflé plus des trois-quarts de la bonne volonté générale, ainsi qu'on l'a vu lorsqu'il s'est agi de la souscription du don gratuit d'un simple vaisseau de ligne, lequel s'est réduit, par les tripotages de la chambre, à un impôt dont chaque négociant supporte le moins qu'il peut, et qui pèse uniquement sur les propriétaires et consommateurs des denrées de nos îles.

M. le comte d'Estaing s'est donc appliqué à bien faire sentir aux négociants assemblés, l'honneur que le commerce recevait de la lettre du roi, et l'avantage immense qu'il tirerait de la formation du nouveau corps maritime. Il a demandé six députés pour dresser avec lui les préliminaires de l'établissement d'un comité permanent, qui fût chargé de l'examen et de la présentation de tous les capitaines qui s'offriraient pour entrer dans le nouveau corps.

A ce premier travail, il a fallu débattre long-temps la question de former le comité d'autant de membres étrangers à la chambre du commerce que l'on en tirerait de son sein. Messieurs de la chambre voulaient être seuls nommés, ou ne pas être du comité, ou qu'on en fît deux séparés : c'était ramener la division, les questions oiseuses et théologiques, ou bien prononcer l'exclusion des deux tiers du commerce : bref, c'était ne rien faire.

M. le comte d'Estaing a forcé les répugnances en nommant lui-même trois négociants protestants, en exigeant leur réunion absolue au comité à trois membres de la chambre ; tous les six ont choisi un septième pour les départager en cas de diversité d'avis. Ce n'a pas été sans peine que ce point si important au bien du commerce a été enlevé.

La forme de l'examen, la teneur du certificat, les avantages offerts aux nouveaux officiers, l'uniforme même ont été réglés sur-le-champ. Les sept commissaires ont tous signé conjointement avec M. le comte d'Estaing ; et pressé qu'il était de partir, il n'en a pas moins emporté avec lui l'état de la souscription d'un crédit ouvert seulement depuis douze heures, et qui montait déjà à cent mille écus. On y a joint l'état d'une autre souscription gratuite en faveur des matelots dont M. d'Estaing sera content, laquelle a été substituée par un autre petit moyen de persuasion, aux fêtes que le commerce voulait donner à ce général. A son départ, cette seconde souscription montait à plus de 60,000 livres.

M. le comte d'Estaing est parti, en daignant

me prier de veiller à la suite de tout ce qui n'a pu être qu'ébauché en aussi peu de temps : mais quand le feu central s'éloigne, que le soleil se couche, quelle chaleur peut communiquer une faible planète ! Tout s'est refroidi au départ du général : les réflexions, les observations, les divisions, les critiques, les haines et les débats sont venus en foule, et j'ai beaucoup à souffrir à cause de la part que je semblais avoir prise à la formation d'un comité mixte, et surtout à la marche brusque et rapide des souscriptions.

Mais moi, qui sais bien qu'il ne se fait rien de bon qu'en osant marcher à travers les épines, et qu'on ne franchirait aucun marais si l'on craignait les cris des grenouilles, je continue de travailler sans relâche, assistant à tous les comités, expliquant tout ce qui peut être obscur dans les premiers travaux, fesant faire les modèles d'uniforme, les mettant sous les yeux de Monseigneur le comte d'Artois à son passage, et engageant ce prince à réchauffer le commerce par des éloges publics que je voudrais qu'il méritât réellement. Tel est l'état des choses.

En général, le zèle des protestants a tout fait ; la basse jalousie des autres a tout gâté, tout divisé. Mais si tout n'est pas bien, M. le Comte, tout n'est pas mal non plus ; et, en mettant du coton dans mes oreilles, je ne désespère pas de porter la souscription du crédit à 600,000 livres, et d'envoyer à M. d'Estaing (avant son départ de Cadix) seize ou dix-huit excellents sujets.

Pour récompense, à la vérité, je partirai de Bordeaux avec le joli renom d'être arrivé en cette ville pour m'emparer des esprits, y forcer les volontés ; un homme à qui la cour fournit tout l'argent qu'il prodigue aux souscriptions qu'il ouvre; un charlatan enfin qui, bien que catholique, est l'ami secret des protestants, et voudrait gâter l'orthodoxie de la chambre, en y introduisant des hérétiques, etc., etc., quatre pages d'etc. et de bêtises. Je vous sauve l'ennui du reste.

Agréez seulement, M. le Comte, l'hommage de mon zèle pour le bien public ; il vous est dû, à vous qui en êtes dévoré, qui le servez sans relâche à travers l'intrigue et les obstacles, et qui vous occupez d'une bonne paix au milieu de la plus mauvaise guerre.

Agréez aussi l'assurance de l'inviolable et très-respectueux dévouement avec lequel je suis,

Monsieur le Comte,

Votre, etc.

LETTRE XXX.

AU ROI.

1784.

L'auteur du *Mariage de Figaro*, désolé des impressions qu'on a cherché à donner à votre Majesté contre un ouvrage qu'il avait destiné à l'amusement de la reine et au vôtre, Sire, a demandé toujours de nouveaux censeurs à M. Le Noir, chaque fois qu'il s'est agi de mettre cet ouvrage au théâtre, afin d'opposer plusieurs approbations successives à toutes les imputations calomnieuses qu'on fesait à sa pièce ; trois censeurs l'ont approuvée et la réclament pour le théâtre.

Voulant justifier de plus en plus un ouvrage aussi injustement attaqué, l'auteur a supplié M. le baron de Breteuil de vouloir bien former une espèce de tribunal composé d'académiciens français, de censeurs, de gens de lettres, d'hommes du monde, et de personnes de la cour aussi justes qu'éclairées, qui discuteraient en présence de ce ministre le principe, le fond, la forme et la diction de cette pièce, scène par scène, phrase par phrase, et mots par mots : M. le baron de Breteuil, qui a daigné assister à ce dernier examen rigoureux, peut rendre compte à votre majesté de la docilité avec laquelle l'auteur, après avoir subi, sans se plaindre, toutes les corrections qu'il avait plu aux trois censeurs faire à sa pièce avant de l'approuver, il a retranché de nouveau jusqu'aux moindres mots dont ce tribunal de décence et de goût a cru devoir exiger la suppression.

L'auteur a, de plus, prouvé à l'assemblée que sa pièce était tellement dans les grands et vrais principes du théâtre comique, qu'il faudrait aujourd'hui proscrire du spectacle plus de soixante pièces qui en font la gloire et le plaisir, si l'on s'opposait aux représentations de la sienne, plus remplie de saine critique et de vraie moralité, qu'aucune de celles de ce genre qui se jouent aux français.

L'ouvrage étant en cet état, l'auteur se joint aux acteurs pour supplier votre Majesté d'en permettre la représentation.

Depuis long-temps les comédiens français sont privés d'ouvrages qui leur donnent de grandes recettes : ils souffrent ; et l'excessive curiosité du public sur *le Mariage de Figaro*, semble leur permettre un heureux succès. Cependant l'auteur désire que la première représentation de cet ouvrage, qui attirera un grand concours, soit donnée au profit des pauvres de la capitale.

DE VOTRE MAJESTÉ,

Le, etc.,

CARON DE BEAUMARCHAIS.

ÉPITRE DÉDICATOIRE

Aux personnes trompées sur ma pièce, et qui n'ont pas voulu la voir.

1784.

O vous que je ne nommerai point ! cœurs généreux, esprits justes à qui l'on a donné des préventions contre un ouvrage réfléchi, beaucoup plus gai qu'il n'est frivole, soit que vous l'acceptiez ou non, je vous en fais l'hommage, et c'est tromper l'envie dans une de ses mesures. Si le hasard vous le fait lire, il la trompera dans une autre, en vous montrant quelle confiance est due à tant de rapports qu'on vous fait !

Un objet de pur agrément peut s'élever encore à l'honneur d'un plus grand mérite ; c'est de vous rappeler cette vérité de tous les temps : Qu'on connaît mal les hommes et les ouvrages, quand on les juge sur la foi d'autrui ; que les personnes surtout dont l'opinion est d'un grand poids s'exposent à glacer, sans le vouloir, ce qu'il fallait encourager, lorsqu'elles négligent de prendre pour base de leur jugement le seul conseil qui soit bien pur, celui de leurs propres lumières.

Ma résignation égale mon profond respect.

L'Auteur.

LETTRE XXXI.

A Madame MONTANSIER.

Paris, ce 19 mai 1784.

JE retrouve en vous, Madame, ce que j'ai toujours remarqué chez les directeurs de troupes, ou dans les républiques de comédiens, qu'ils aiment leurs intérêts et ne les entendent guère.

Est-ce bien sérieusement que vous me demandez les moyens de faire jouer promptement le *Mariage de Figaro* sur le théâtre de Versailles? *Des personnes de très-bonne famille*, dites-vous, *désirent l'y voir au plus tôt.* Mais comment ignorez-vous que des Dames, de meilleure famille encore que celles que vous voudriez satisfaire, ont proscrit ce misérable ouvrage, et que, cédant à des insinuations trompeuses, elles ont donné des marques d'une disgrâce ouverte au théâtre français, en refusant d'y voir représenter ma pièce?

Je me garderai donc, moi qui suis bien instruit, de porter le manque de respect au point de laisser étendre et s'établir, jusqu'au pied de leur palais, les éclats insensés d'un succès que je désavoue, puisqu'il a le malheur de déplaire.

C'est déjà trop pour moi d'avoir privé le théâtre

français de leur présence auguste, sans que j'aille encore écraser votre spectacle en les éloignant d'un théâtre dont elles se sont montrées protectrices.

Je dois trop, d'ailleurs, au zèle des comédiens de la reine et du roi, lesquels jouent ma pièce beaucoup mieux peut-être que la comédie ne l'a été depuis trente ans, et je les vois trop affectés de la disgrâce que je leur cause, pour que j'abandonne à d'autres comédiens l'honneur de détruire un jour une prévention aussi fâcheuse.

Ils ne sont que trop découragés. La cour entière est contre vous, répètent-ils avec chagrin.—Heureusement, leur dis-je, mes bons amis, le roi n'est pas de cette cour-là. La reine elle-même est trop juste pour être arrêtée long-temps par des clameurs aussi frivoles. Les courtisans, ayant vu quelquefois les citadins punir les succès dramatiques obtenus à la cour, par le blâme d'un moment, usent aujourd'hui de représailles, et croyent bien venger leur injure en dénigrant le fol ouvrage qui réussit trop à Paris.

Qu'ils continuent donc, s'ils peuvent, à tromper la reine, comme ils avaient réussi à tromper le roi sur le véritable objet d'un ouvrage,

>De qui la coupable gaîté
>Va poussant même la licence
>Jusqu'à dire la vérité.

Tout cela, dis-je, mes amis, n'est qu'un jeu puéril de l'amour-propre, et qui ne fait rien, avec le temps, au jugement porté sur les ouvrages de théâtre.

De tout cela, Madame, il résulte que je ne puis laisser prendre aucun rôle d'avance à la comédie française; et que, donnant à la verte intrigue le temps de mûrir et de tomber, je ne dois même imprimer *la Folle Journée* que quand les opinions considérables de la cour se réuniront aux opinions considérées de la ville pour adopter ou rejeter *le Mariage de Figaro*.

J'ai l'honneur d'être,

Madame,

Votre très-humble et très-obéissant serviteur

Caron de Beaumarchais.

LETTRE XXXII.

A M. Pujos.

Paris, ce 11 juin 1784.

Ma prétendue célébrité, Monsieur, n'est que du tapage autour de moi, beaucoup d'ennemis, encore plus de courage, et des succès trop disputés, pour que la belle gravure qui me représenterait ne parût pas déplacée parmi celles des hommes justement célèbres dont vous portez les traits à la postérité.

Voilà, Monsieur, ce que j'ai dit à M. de Saint-Ange, à quoi j'ai ajouté que j'espérais vous posséder un jour à dîner avec plusieurs autres grands maîtres, pour raisonner sur la médaille que je me suis promis de décerner au grand Voltaire.

Lorsque M. Cochin vint m'enlever de profil en 1773, ce fut à titre d'homme malheureux, injustement persécuté, dont le courage pouvait servir de leçon, que je me laissai faire, et je lui serrai la main en m'enfuyant à Londres. Il y avait alors une espèce de moralité dans son crayon : on ne verrait aujourd'hui dans le vôtre qu'une sotte vanité de ma part; et la rage envenimée qui me poursuit ne manquerait pas de m'en faire un nouveau tort, si j'acceptais votre offre honorable. Recevez donc mes actions de grâces, et faites-moi la justice de me croire avec la plus douce reconnaissance de votre aimable prédilection,

Monsieur,

Votre très-humble et très-obéissant serviteur

CARON DE BEAUMARCHAIS.

LETTRE XXXIII.

Aux Auteurs du Journal de Paris.

Ce 12 août 1784.

Messieurs,

Je suis forcé de mettre au jour le plan de bienfesance annoncé par moi dans votre feuille du 4 août, avant même que j'aie pu rassembler toutes les notions qui lui donneront de la consistance :

Parce que je ne puis trop tôt détromper les personnes malheureuses à qui ma lettre a fait prendre le change sur mes idées, mon crédit et mes moyens ;

Parce que je n'ai pas assez de temps pour répondre aux trois ou quatre cents lettres que le journal m'a attirées ; je supplie leurs auteurs de trouver bon que celle-ci m'acquitte envers eux, et, je le dis avec vérité, sur un objet auquel je n'ai eu part qu'incidemment. Je suis aussi loin de mériter les éloges qu'on m'a donnés, que les injures qui m'ont été écrites.

Quoi qu'il en soit, voici mon plan, dont la douce utilité peut échauffer des personnes assez puissantes pour lui donner une étendue, sans laquelle il n'est presque rien.

Ce qui m'en a fourni l'idée mérite d'être rapporté.

Un homme de qualité, philosophe sensible, dissertant un jour avec moi sur la mendicité, dont on s'est toujours moins occupé que des mendiants, me dit : Enseignez-moi le moyen d'employer en charités 12,000 francs, bien noblement. — Si ce n'est pas *utilement* que vous entendez par ce mot, je me vois hors d'état de diriger vos vues. — Oui, c'est utilement, dit-il; mais d'une utilité plus étendue que ne peut l'être un don individuel. — J'entends : vous voulez un emploi d'argent qui puisse devenir l'aiguillon, l'encouragement d'un bien généralement adopté : cela n'est pas aisé, mais j'y réfléchirai.

Voici, Messieurs, ce qui m'est venu dans l'esprit, et m'a déjà valu deux souscripteurs; car je l'ai dit à deux personnes.

On applique avec jugement un don de bienfesance, lorsqu'on arrache à la prison les malheureux qu'on y retient faute de payer les mois de leurs enfants. En épousant une fille capable de gagner 20 sous, l'ouvrier qui en gagne 40 a calculé qu'ils pourraient vivre; mais au bout d'un an, ils sont trois; un an après, les voilà quatre :

ici les moyens deviennent courts en ce que la charge est accrue.

Quelqu'un a dit bien sensément : la charité serait mieux faite, si l'on prévenait l'emprisonnement au lieu de le faire cesser.

En comptant les jours qu'ils y perdent, les frais d'entrée et de sortie, et ceux d'huissiers qui les précèdent, on ferait plus de bien, sous cette forme, avec 60 francs, qu'on en obtient sous l'autre avec quarante écus. Et moi, je vais plus loin ; je dis :

Un des plus grands travaux du magistrat de la police, est de faire venir de cinquante lieues des femmes et des mères pauvres, pour enlever et nourrir des enfants d'autres pauvres. Et pourquoi cette subversion si fatale aux enfants qui naissent? N'oublions jamais, s'il se peut, qu'il n'y a pas de sein tari sans qu'on trouve un enfant qui souffre ; que le déplacement d'un nourrisson nécessite l'abandon d'un autre ; et la chaîne fût-elle de vingt nouveaux-nés déplacés, dès que le premier n'a plus de mère, il faut que le dernier périsse. On en raisonnerait cent ans sans pouvoir se tirer de là.

Rendons son cours à la nature : on a trop dit que le lait des pauvres femmes de Paris ne vaut rien ; qu'elles ne sont pas logées pour nourrir ; que, forcées de gagner leur vie, leurs fruits périraient faute de soin. Quiconque a vu le quartier des Juifs à Amsterdam, sent la futilité de ces redites. Les rues les plus étroites, les maisons les plus hautes pullulent d'enfants entassés ; les femmes y travaillent comme ici : *le lait des mères supplée à tout, rien ne supplée au lait des mères ;* et voilà où j'en veux venir.

Je propose un institut de bienfesance vers lequel toute femme reconnue pauvre, inscrite à sa paroisse, puisse venir, son enfant au sein, avec l'attestation du curé, nous dire : Je suis mère et nourrice ; je gagnais 20 sous par jour, mon enfant m'en fait perdre 12.

Vingt sous par jour font 30 livres par mois : offrons à cette nourrice 9 francs de charité ; les 9 livres que son mari ne donne plus à l'étrangère, en voilà 18 de rentrées. La mère aura bien peu de courage si elle ne gagne pas 8 sous par jour en allaitant ; voilà les 30 livres retrouvées.

Mais où est donc le bénéfice ? Sur cent pauvres enfants qui naissent, le nourrissage étranger en emporte soixante ; le maternel en conservera quatre-vingt-dix. Chaque mère aura nourri son fils, le père n'ira plus en prison, ses travaux ne cesseront plus. Les femmes des pauvres seront moins libertines, plus attachées à leurs ménages ; peu à peu l'on se fera une honte d'envoyer au loin ses enfants ; la nature, les mœurs, la patrie y gagneront également : soldats, ouvriers et matelots en sortiront de toutes parts. On ne fera pas plus d'enfants ; il s'en élevera davantage. Voilà le mot ; il est bien important.

Si ce digne établissement a lieu, j'ai 30,000 fr. d'assurés. C'est bien peu pour une aussi grande chose ; mais que l'on dirige vers nous des charités bien entendues, de ce faible ruisseau d'argent vont sortir des fleuves de lait, des foules de vigoureux nourrissons.

Je plaide pour les mères nourrices ; que d'enfants, que d'hommes perdus, pour avoir séparé ces deux noms ! Les réunir est mon objet ; c'est celui de mon noble ami, de quelques autres généreux commettants.

Et moi donc, n'y mettrai-je rien ? Quand je devrais être encore traité d'homme vain, d'ignorant, de méchant et de sot auteur, j'y mettrai tout mon *Figaro* ; c'est de l'argent qui m'appartient, que j'ai gagné par mon labeur à travers des torrents d'injures imprimées ou épistolaires. Or, quand les comédiens auront 200,000 francs, mes nourrices en auront 28, avec les 30 de mes amis ; voilà un régiment de marmots empâtés du lait maternel. Tout cela paye bien des outrages ! mais n'oublions pas que ces premiers secours ne sont rien, si un peu de chaleur française ne vient soutenir notre essai. Que ma douce et libre convention s'établisse entre les deux classes d'hommes qui embrassent la masse des richesses, ceux qui donnent les places et ceux qui les postulent!

En effet, quel homme en crédit, ou quel ministre bienfesant (et la vraie grandeur l'est toujours) n'accueillera pas une demande équitable avec plus de faveur qu'une autre, s'il voit à la fin du placet : en cas de succès, Monseigneur, cinq cents louis pour les *mères nourrices*.

Pourquoi la charité est-elle souvent sèche, triste et parcimonieuse? C'est qu'on en a fait un devoir. Donnons gaîment pour *le bon lait*, et nommons cela *bienfesance*.

Et même, pour que plusieurs sortes de malheureux trouvent leur bien dans notre affaire, mes amis et moi promettons dix écus au pauvre cœur malade ou desséché qui prouvera le mieux, dans un bon libelle anonyme, qu'il y a dans notre projet un dessous de carte malhonnête qu'on découvrira quelque jour (*).

J'ai l'honneur d'être, etc.

Signé CARON DE BEAUMARCHAIS.

Dans peu je dirai quelque chose sur la manière de recueillir et d'administrer ces secours.

(*) La malveillance se réveilla à cette proposition de bienfesance ; jamais elle ne voulut souffrir que Beaumarchais fût le père des pauvres dans sa ville natale. Mais une bonne idée fructifie toujours quelque part. M. de Montazet, archevêque de Lyon, l'adopta; et ce respectable prélat forma, dans cette grande ville si remplie d'ouvriers, un institut de bienfesance en faveur des pauvres mères qui nourriraient leurs enfants : et voici quel en fut le résultat, tel que je le trouve dans le rapport suivant qui en fut publié en 1786.

« On croit devoir annoncer ici un succès trop marqué pour qu'on puisse se flatter d'en obtenir autant chaque année, mais qui n'en est pas moins la preuve la plus éclatante de l'excellence de l'allaitement maternel. Depuis long-temps on avait généralement reconnu que sur les enfants nourris à la campagne il en mourait au moins un quart dans la première année ; or, dans tout le cours de 1786, *sur plus de cent enfants nourris par leurs mères aux frais de l'institut, il n'en est mort que SEPT.* Pourrait-on ne pas s'intéresser à un moyen de sauver la vie de tant d'enfants, surtout quand on pense qu'indépendamment de la première année, ceux qui ont puisé dans le sein maternel une constitution plus vigoureuse se conservent mieux dans les années suivantes, sont pour toute leur vie plus sains, et par conséquent plus heureux? »

Ainsi une multitude d'enfants devinrent hommes, et durent la vie à Beaumarchais. Excepté M. de Montazet et les directeurs de ce pieux institut, personne ne lui en sut gré; il n'en recueillit dans son pays que des injures. On grava, il est vrai, une fort belle estampe où l'on représenta Figaro ouvrant les prisons des pères de familles, et donnant de l'argent aux mères qui allaitaient. Ce fut la seule marque de reconnaissance qu'on donna, dans Paris, à Beaumarchais pour cette idée utile.

Les pauvres le bénissaient, le public l'applaudissait, les artistes et les acteurs s'enrichissaient de ses conceptions; les mers se couvraient de ses vaisseaux, le congrès des Américains lui adressait des remercîments, et ses ennemis le fesaient calomnier et cherchaient à irriter contre lui le roi, dont il multipliait les sujets en secourant la pauvreté des mères.

TABLE

DES ARTICLES

CONTENUS DANS CE VOLUME.

Avertissement de *l'Éditeur.* Page j

Compte rendu de *l'affaire des Auteurs dramatiques.* 1

Autre Avertissement de *l'Éditeur.* 180

Rapport fait aux Auteurs dramatiques, 1791. 187

Pétition à l'Assemblée nationale, au sujet de l'usurpation de la propriété des Auteurs dramatiques. 217

Lettres de M. de Beaumarchais. Avertissement de l'Éditeur. 246

Lettre i, *à la Duchesse D**** 247

— ii, *à Nosseigneurs les Maréchaux de France.* 250

— iii, *à Nosseigneurs les Maréchaux de France.* 258

Lettre IV, à M. Menard de Chouzy.   Pag. 260
— v, au Roi.   263
— vi, à M.***   264
— vii, à M. de Sartine.   267
— viii, à M. R.***   269
— ix, à M. Gudin.   286
— x, à M. de Sartine.   301
— xi, au même.   305
— xii, au même.   308
— xiii, au même.   309
— xiv, à M. de Miroménil, Garde-des-Sceaux.   312
— xv, au Ministre de la Marine.   314
— xvi, au même.   316
— xvii, à M. Paulze.   327
— xviii, au Ministre de la Marine.   344
— xix, à M. Sw....   345
— xx, au Comte de Vergennes.   349
— xxi, Copie de sa véritable lettre.   352
— xxii, à M. Des Entelles.   356
— xxiii, au Comte de Maurepas.   359
— xxiv, au même.   362
— xxv, à M. Neker.   364

DES ARTICLES.

Lettre XXVI, *au Comte de Maurepas.* Pag. 366
— XXVII, *au même.* 368
— XXVIII, *au Comte de Vergennes.* 371
— XXIX, *au même.* 374
— XXX, *au Roi.* 381
   Épître dédicatoire aux personnes trompées sur ma pièce. 383
— XXXI, *à Madame Montansier.* 384
— XXXII, *à M. Pujos.* 387
— XXXIII, *aux Auteurs du Journal de Paris.* 389

FIN DE LA TABLE DE CE VOLUME.

DE L'IMPRIMERIE DE LA Ve JEUNEHOMME,
RUE HAUTEFEUILLE, n° 20.

www.ingramcontent.com/pod-product-compliance
Lightning Source LLC
Chambersburg PA
CBHW070930230426
43666CB00011B/2389